Literacy, Ideology, and Dialogue

Towards a Dialogic Pedagogy

이데올로기와 대화 그리고 작문교육의 새로운 패러다임

Irene Ward 지음
박태호, 이경화, 이수진, 최민영 옮김

아카데미프레스

Literacy, Ideology, and Dialogue:
Towards a Dialogic Pedagogy
by Irene Ward

역자 서문

지금으로부터 20년 전인 1994년에 이 책이 미국에서 출간되었다. 당시 학계의 반응은 호의적이었다. 대화 이론과 교육학 이론에 기초한 학제적 접근을 바탕으로 대화중심의 작문 교육 이론의 유형을 제시한 최초의 학술서적이었기 때문이다. 그때에 대다수의 연구자들은 대화중심 교수법의 중요성을 강조할 뿐 각 이론을 관통하는 학문적 기반은 무엇이고, 서로의 공통점과 차이점은 무엇인지에 대해 구체적으로 논의하지 않았다. 이 책은 당시의 어떤 선행연구에서도 시도하지 않았던 새로운 연구를 시도하였다. 표현주의, 사회 구성주의, 포스트모더니즘, 급진적 교육 이론에 기초한 작문 교육 담론들을 관통하는 이데올로기와 대화 요소를 추출하여 대화중심 작문 교육 이론의 유형을 제시한 것이다. 이후 작문 교육 이론에 대한 논의들이 풍성해졌고, 현재 이 책은 미국 작문 교육의 과거가 되었다.

20년 후인 2014년에 우리는 이 책을 다음의 이유로 한국에서 출간하기로 하였다. 1990년대 중반 이후 한국에서도 작문 교육에 대한 논의가 풍성하게 전개되었다. 연구자들은 주로 인지 심리학의 연구 성과를 바탕으로 작문 과정, 작문 모형 및 전략에 초점을 맞추어 연구를 진행하였다. 과정중심의 작문 패러다임에 속하는 이러한 논의들은 한국 작문 교육의 발전에 큰 기여를 하였다. 그러나 인지 심리학의 연구 성과에만 초점을 맞추었기에 표현주의, 사회 구성주의, 급진적 교육학, 포스트모더니즘과 같은 다양한 작문 교육 이론을 반영하지 못하였다. 이러한 담론들을 작문 교육 분야에서 수용하면, 작문 교육 현상을 다양한 관점에서 해석할 수 있다. 표현주의를 수용하면, 글쓰기를 표현 주체의 내적 대화에 기초한 자아 발견의 과정으로 파악할 수 있고, 사회 구성주를 수용하면 공동체 구성원들 간의 대화에 기초한 사회적 상호작용의 과정으로 파악할 수 있으며, 급진적 교육학 이론을 수용하면 글쓰기를 표현 주체가 현실을 성찰하는 도구로, 글쓰기 교육을 현실 참여를 위한 의식화 교육의 일환으로 파악할 수 있다. 아울러 포스트모더니즘에서는 보편성과 안정성 및 지식의 객관성에 기초한 전통적 작문 교실의 위계를 타파하고, 글쓰기를 해석과 상호작용에 기초한 의사소통 행위로 파악할 수 있다.

이 책이 나오기까지 많은 분의 도움이 있었다. 그 중에서 특히 이 책의 편집을 맡아 열과 성을 다한 아카데미프레스의 편집부, 어려운 출판 여건에서도 이 책이 세상에 나올 수 있도록 도움을 주신 아카데미프레스 홍진기 대표님께도 감사의 마음을 전한다.

감사의 글

이 책을 출간하기까지 많은 분의 도움을 받았다. 먼저, 이 책을 기획하고 출간할 수 있도록 격려하고, 개념과 내용을 꼼꼼히 살피면서 교정을 한 Gary A. Olson에게 감사의 말을 전한다. 다음으로 아주 중요한 시기마다 내가 이 일에 대해 확신을 가지고 전념할 수 있도록 격려하고 도움을 준 Henry Giroux와 David Bleich에게 감사의 말을 전한다. 아울러 문장 하나하나를 꼼꼼히 읽으면서 논평을 하고, 부족한 부분을 보완하여 더 좋은 책을 출간할 수 있도록 도움을 준 Joe Moxley, Sara Deats, Alma Bryant, Richard Preto-Rodas에게 감사의 말을 전한다. 그 외에도 이 책에 대해 함께 이야기하고 논의를 한 Laura Sells, Kansas 주립대학교의 동료 교수들의 격려와 지지를 잊을 수 없다. 특히, Dean Hall, Dave Smit, Bonnie Nelson, Tom Murray에게 감사의 말을 전한다. 마지막으로, 지원팀의 Rebecca Albrecht, Kenda Morris, Nina Marilyn Minor와 뉴욕주립대학교(SUNY) 출판팀에게 감사의 말을 전한다. 특히 이 책이 세상에서 빛을 볼 수 있도록 기다려 주고, 격려해 준 Priscilla C. Ross에게 감사의 말을 전한다.

저자 서문 및 책 소개

대화와 작문 이론 그리고 작문 교실에 대해 소개하고 있는 이 책은 더 큰 맥락에서 보면 문식성 교육에 관한 논의, 학생들의 일반적인 문식성을 촉진하는 대학 작문 강좌의 역할에 관한 논의, 학생 중심의 교수법과 협력적 교수법의 다양한 형태에 관한 논의, Jonathan Kozal과 다른 학자들의 문식성 관련 논의를 바탕으로 한다. 그동안 많은 교육자들이 대화적 교수법과 언어 학습의 상호작용적 특성에 대해 관심을 보였고, 교수 학습에서 대화의 역할에 대해 지속적으로 연구하였다.[1]

대화 과정으로서의 글쓰기

오늘날 많은 작문 이론가들은 문어적 의사소통이 작가가 언어라는 도관을 통해서 보내는 메시지를 독자가 해독하는 일방적인(one-way) 과정이라는 개념을 포기하고 있다. 문어 담론의 생산에서 작가와 독자 그리고 문화적이고 역사적인 맥락들이 훨씬 더 복잡하게 관여하기 때문이다. 문어 담론을 생산하는 것은 의사소통적이고 수사학적이며 무엇보다도 대화적인 과정이다. 텍스트는 더 이상 단일한 개인에 의해 '저작' 되는 것이 아니라 언어적, 역사적, 문화적 요인들의 방대한 망 안에 있는 하나의 흐름으로서 텍스트의 의미를 제한하기도 하고 확대시키기도 하는 개인 및 제도들의 협력을 통해 생산된다고 여겨진다.

작문 수업에서 대화적 기법을 사용하기 위한 제안들이 학문적 문헌에 점점 더 빈번하게 나타나고 있다. 대화주의에 대한 탐구가 점점 더 늘어나는 데에는 세 가지 중요한 이유가 있다. 첫째는 많은 교육자들이 학습 과정에서 학생들의 적극적인 참여가 중요하다는 것을 인식하고 있다는 점이고, 둘째는 다양한 문화적 · 언어적 배경을 가진 학생들을 위한 효과적인 교육을 제공할 필요성이며, 셋째는 읽기 및 쓰기 교육 이론의 패러다임이 구조주의에서 포스트구조주의로 이동하는 것이다. 많은 작문 이론가들은 대화적 교수법이 언어적으로나 문화적으로 주류가 아닌 일부 학생들의 어려움을 해결할 수 있는 대안이 될 수 있다고 믿는다. 교육 기회의 평등이라는 가치를 고려할 때, 일부 학자들은 이러한 교수법들이 전통적인 방법들보다 훨씬 더 정의롭고 학생들에게 더 많은 권한을 부여하는 것으로 보고 있다. Kenneth Bruffee와 Ken Macrorie, Peter Elbow와 Thomas Kent, William Covino와 Paulo Freire와 같이 다양한 이론적 가정을 가진 이론가들은 모두 대화적 교수법을 활용한 수업을 지지하고 있다. 전혀 다른 인식론적 · 이데올로기적 시각을 지닌 다양한 작문 이론가들이 대화적 교수법을 지지하고 있는 점을 고려한다면 이 시점에서 대화적 교수법을 재조명할 필요가 있다고 생각한다. 이 책에서는 다양한 학문 분야에서 논의되는 대화주의를 작문 교육에 적용하는 방안에 대해 살펴보고자 한다.

작문 교육에 관한 몇 가지 가정

나는 이 연구에서 대부분의 학생 글쓰기가 교실에서의 실제 그 이상을 요구한다고 생각한다. 학생들은 학술적 청중뿐만 아니라 다양한 공적인 청중을 대상으로 글을 쓸 수 있는 준비를 해야 한다. 글쓰기 수업은 학교에서의 읽고 쓰는 행위에만 지나치게 협소하게 초점을 맞출 것이 아니라 일반적인 공적인 문식성을 높이는 방향으로도 진행되어야 한다. 다음에 제시되는 내용은 이러한 생각을 뒷받침하는 몇 가지 근거들이다.

Susan Miller는 미국 글쓰기 교육 역사의 정점은 학생 문식성-매우 독특한 사회적이고 텍스트적인 상황에 머무르는-이라는 특수하고 독특한 형태의 결과물을 가져왔다고 주장한다. 많은 작문 이론가들은 학교 담론이 일상의 담론과는 다르다는 것을 인식하고 있다(Ken Macrorie와 James Britton의 사례가 이를 명확하게 나타낸다). Miller는 이에 대해 "학교의 폐쇄된 담론 내에서 학생들의 글쓰기는 아무리 옳고 독창적이거나 도발적이어도 연습에 지나지 않는다. 학생의 글쓰기는 드레스 리허설처럼 항상 연습용에 머무르고 있다"(163)라고 주장한다. 교실에서는 수사적 상황의 인위성 때문에 실제의 의사소통적 상호작용을 재생산하기가 상당히 어렵다. Elbow가 지적한 바와 같이, "교사들은 가장 까다로운 청중들 중 하나이다"(『Writing With Power』 216). 교사들은 실제 청중처럼 행동하지 않으며, 단순히 '학생 작품에 대한 약점과 강점을 잘 지적하는 사람'이 된다(225). 결과적으로, 학생들은 '현실적 글쓰기를 충족시킬 수 없다는 불안'을 경험하게 된다(228). 요컨대, 전통적인 작문 교육에서, 심지어 과정중심 패러다임에서조차도 학생들은 제한된 형식의 문식성을 경험한다. 학술적 형식과 학술적 청중의 기대치를 숙달함으로써 좋은 성적을 얻는 학생들도 다른 청중들의 요구를 평가하기 위한 효과적인 전략은 배우지 못한다. 따라서 학생들이 분석 및 통합 능력을 나타내도록 하는 글쓰기 과제는 다양한 청중들을 겨냥한 연습-학생들이 완전한 문식성을 갖추도록 바란다면-으로 대체되지 못하는 한계를 갖는다.

또한 Miller와 다른 학자들은 글쓰기의 어느 특정 단계나 수사적 능력이 자동적으로 다른 수준 및 상황들로 전이될 것이라고 기대하는 것이 어렵다고 주장한다. Miller는 개별 학생들이 매번 새로운 맥락에서 글을 쓰는 주체로 성장하는 것은 Mina Shaughnessy가 말하는 미숙한 필자들이 문어적 담론의 텍스트적 세계로 들어가는 것만큼이나 어려운 일이라고 주장한다. Miller에게 있어서 Shaughnessy가 말하는 미숙한 필자는 '현대적 글쓰기와 현대의 모든 작가들이 낯선 텍스트의 세계로 입문하려는 것의 살아있는 상징' 이 된다. 즉, "모든 작가는 어떤 면에서는 여전히 미숙하다" (165). 어떠한 숙련도를 가지고 있는 학생이든 새로운 담론 공동체에 입문하려고 한다면 그는 담론 생산의 기본부터 다시 배워야 하는 미숙한 작가에 지나지 않는다.

'쓰기 학습' 이라는 개념은 글쓰기 기술의 전이성에 대한 가정을 함의하고 있는 위계적인 과정이라기보다는 회귀적인(recursive) 과정이다. James Kinneavy는 작문의 수준(문법, 용법 등)이 전체(작문하는 행위와 최종 결과물의 완성)와 어떠한 관련이 있는지에 대해 탐구한 논문에서 다음과 같이 질문한다: "문법적, 자료적, 용법적, 논리적 역량의 전이가 이루어지는 시점은 언제이며, 그 결과 작문에서 효과적으로 그러한 역량들이 사용되는 시점은 언제인가?" Kinneavy는 이와 관련하여 다음과 같이 결론을 내린다:

> 상황적 맥락이 결정적인 단계인 것으로 보인다. 상황적 맥락을 가진 언어를 사용할 때만이 단어를, 그 다음에는 문장, 문단 그리고 텍스트가 실제의 망설임, 변화하는 관계, 상대성을 만나고 호혜적인 상호의존성을 변화시킨다. … 그렇다면 교실에서 우리가 실제의 의사소통 상황을 가정할 경우 그러한 역량들이 전이될 가능성이 가장 높다. 그렇지 않으면 상황 맥락도 모의 훈련에 불과하다. 상황 맥락에서 그 단계가 멀어질수록 전이를 위한 동기부여는 점점 더 희박해진다.(312)

Michael Carter는 전문가 이론을 작문에 적용함으로써 비슷한 결론에 도달했다: "일반적으로 전문 작가라는 것은 없다. 작가들은 경험과 기술을 습득하는 수사적 맥락 내에서만 전문가가 된다" (65).

이들 작문 이론가들은 작문 교수법이 공적 담론의 실제 수사적 상황에 보다 근접하게 규정될수록, 그 교수법은 보다 효과적으로 학생들이 다양한 상황에서 효과적인 담론을 구성할 수 있도록 해줄 것이라고 말한다. 요컨대, 교실이 실제 글쓰기 상황에 보다 가까워질수록 또는 일상생활에서 글을 쓰는 것처럼 다른 사람들과의 의사소통을 보다 면밀하게 구정하면 할수록 그러한 교수법은 더욱 효과를 갖는다고 생각한다. 작문 교육이 '학술적 담론' 의 생산에만 초점을 맞추어서는 안 된다. 따라서 학생들에게는 공동체에서 자신이 표현하고자 하는 담론의 유형을 연습할 수 있는 다양한 기회를 제공해야 한다. 아울러 그런 교육은 학생들이 민주주의에 관심을 가지고 생산적인 참여자가 될 수 있도록 도와줄 것이다.

문식성과 이데올로기, 대화

1장에서 나는 Ken Macrorie, Donald Murray, Peter Elbow로 대표되는 표현주의 학파에 관해 살펴볼 것이다. 표현주의 이론가들은 쓰기 수업에서 대화적 교수법을 사용했지만 그들이 사용한 교수법의 전반적인 목표는 개별 학생들의 자아 발견이다. 새롭게 발견되는 자기 이해(self-knowledge)는 학생의 글쓰기에서 '진정성 있는 목소리(authentic voice)' 를 통해 드러난다. 이 목소리는 독창적이고 다른 사람들에게 자신의 경험 그리고 더 나아가 인간 경험의 보편적 진리에 관한 진정한 인식 또는 '진리' 를 드러낼 수 있게 한다. Macrorie와 Murray는 자아의 표현을 가장 중요하게 강조하는 반면, Elbow는 의사소통을 위한 글쓰기에서 청중의 역할을 보다 더 강조한다.

하지만 이들 세 작문 이론가들은 모두 쓰기 수업에서 학생들이 서로 간에 대화를 나누도록 장려한다. Macrorie의 경우 학생들이 대화에 참여하도록 하는 것은 서로의 글에서 진위성을 파악하도록 돕기 위함이고, Murray의 경우는 어떤 작문 전략이 가장 효과적인지를 파악하도록 돕기 위함이며, Elbow의 경우는 대역을 통해 미래의 '실제' 청중을 경험하도록 돕기 위함이라고 주장한다. 세 사람의 교수법이 모두 학생의 대화를 옹호하고 있지만, 각각의 사례에서 대화는 조금씩 차이가 난다. 또한 이들 이론가들은 글쓰기를 일방적인 과정으로 보고 있다. 즉, 담론의 의미를 작가가 기호화하고 독자가 해독하는 것으로 본다. 이들은 글쓰기를 사람들 사이의 교류나 대화의 참여로 인식하지 않는다. Elbow의 후기 연구를 제외하면, 이들은 주로 글쓰기를 통한 학생들의 자아 발견 과정만을 강조하고 청중과 글쓰기의 목적에 대해서는 전혀 고려하지 않는 한계를 지닌다.

2장에서는 글쓰기를 사회적 활동으로 간주하는 여러 작문 이론을 유형별로 살펴볼 것이다. 사회적 활동으로서의 글쓰기는 작가의 언어, 독자, 문화와의 상호작용을 수반한다. 사회 구성주의 작문 이론가들은 지식이 지식 공동체 안이나 지식 공동체 간의 상호작용 속에서 '만들어진다'고 가정한다. 이러한 관점에서 볼 때 글은 작가에 의해 생산된 특정 텍스트와 다른 작가에 의해 생산된 특정 텍스트와의 상호교섭의 결과나 이에 대한 답으로 그리고 그에 대한 명시적인 반응을 유도하는 지속적인 대화의 산물로 간주된다.

이 장에서 나는 Marilyn M. Cooper, Karen Burke LeFevre, Anne Ruggles Gere, Kenneth A. Bruffee의 연구를 살펴본다. 이 학자들은 모두 사회 구성주의와 작문 이론을 이론적으로 연결시키려 한다. 그러나 가장 큰 영향력을 미치면서 사회 구성주의에 기초한 가장 포괄적인 작문 교육 방법을 고안한 사람은 바로 Bruffee이다. 예를 들면, '동료 비평(peer criticism)'은 담론 공동체의 상호작용 작문 교실이라는 구조보다 작은 사회 구조에서 실천하도록 돕기 위해 구안한 것이다. 이 장의 마지막 부분에서 나는 사회 구성주의 작문 교수법이 보다 효과적인 작문 교육 방법으로 인정받기 위해 개선되어야 할 한계에 대해 논의한다.

대다수의 사회 구성주의 작문 이론가들은 사회 구성주의 이론을 기반으로 한 대화적 교수법이 필연적으로 보다 민주적인 상호작용을 이끌어내고, 학생들에게 보다 많은 권한을 부여한다고 가정한다. 나는 이 장에서 소개한 사회 구성주의의 작문 교수법이 필연적으로 진정한 민주적 대화가 발생하는 교실의 상황으로 이어지는 것은 아니라고 생각한다. 교실 밖의 사회적 관계에서 나타나는 명백한 권력의 불균형, 예를 들어, 성, 인종, 민족, 계급을 바탕으로 한 불균형이 단순히 교실 안에서 학생들을 소집단으로 나누어 학습하게 하고 대화에 참여하도록 하는 것만으로 약화될 수 있다고 생각하지 않는다.

3장에서는 브라질의 문식성 이론가 Paulo Freire의 영향을 받은 작문 이론가들의 연구를 검토한다. 주로 제3세계 국가들에서 발전한 Freire의 교육법은 대화 이론을 기반으로 하고 있으며, '은행 적금식 모형' 이라 부르는 전통적인 전달 교육법에 대한 급진적 대안으로 제시된 교수법이다. Freire는 전통적인 교수법이 학생들을 교사의 명령에 따르는 수동적 객체로 파악하여 학생들을 비인격적으로 다루었다고 주장한다. 이와는 대조적으로, 해방 학습(liberatory learning)은 학생들이 교육에서 능동적인 역할을 하도록 권장하며, 학습의 객체가 아닌 주체가 되도록 촉진한다. 학생과 교사 모두 '실천' (praxis: 성찰과 행동이 합해진 것)에 참여하는데, Freire는 이것을 '의식화' (conscientizacao)라고 불렀고, 이러한 개인적이고 정치적인 의식화는 대화를 바탕으로 한다.

북미 작문학자들이 Freire의 문식성 이론을 대학 작문에 적용하였으나 결과는 좋지 않았다. 그 이유는 후속 연구자들이 Freire 이론의 대화적 측면을 무시했거나 또는 보다 정교하게 적용하지 못하였기 때문이다.

4장에서는 최근 작문 이론가들이 한편에서는 포스트구조주의 이론과 철학을 연결하고, 다른 한편에서는 작문 이론과 교육학을 연결하려고 했던 시도들에 대해 검토한다. 해방 학습 이론처럼 포스트구조주의 교수법 역시 교사와 학생의 전통적인 교실의 위계를 붕괴시키려 한다. 이 교수법은 진리와 지식의 보편성과 안정성을 기반으로 하고 있지 않지만, 한편으로 지식과 진리가 수사학적 창작의 과정과 거의 유사하다고 추정되는 해석적, 상호작용적, 의사소통적 과정들 속에서 전개된다는 것을 이해한다.

이 교수법의 목표는 학생들에게 안정된 진리를 제시하는 것이 아니라 학생과 교사가 학습의 과정들을 '수행' 하도록 하는 것이다.

이 장은 전반적인 포스트구조주의 교수법의 개념을 제시하기 위하여 수사학적 창작과 수행의 명시적 연결로서 Gregory Ulmer의 포스트구조주의 교육학에 관한 개념을 활용한다. 이어서 William A. Covino의 연구를 살펴보는데, Covino는 모호성, 다원적 시각, 개방성의 가치를 인식하는 고전 수사학의 측면들을 복원하기 위하여 포스트구조주의 관점으로부터 고전 수사학의 역사에 대한 수정주의적 해석을 제시한다. Covino는 이 해석을 바탕으로 글쓰기 수업에서 대화나 드라마와 같은 장르에 초점을 맞추어야 한다고 주장한다. 이 교수법은 글쓰기 수업에서 폐쇄성과 명확성을 요구하는 전통적 학술 담론쓰기를 반대한다. Covino는 학생들이 반드시 마지막 결론을 내릴 필요 없이 다양한 관점들을 탐구하도록 허용하는 대화적 교수법을 제안하고 이를 통해 항상 대화가 지속되도록 유도한다.

비록 Covino는 학생들에게 대화적 상황에 기초한 담론 형식을 장려하게 하고 있지만, 안타깝게도 학생들은 대화적 상황보다는 독백적 상황에서 글을 쓴다. 교실에서의 상호작용은 주로 교사와 개별 학생 간에 이루어진다. 협력적 상황은 선택적으로만 제시될 뿐 이 교수법의 구성 요소가 되지 못하고 있다. 또한 각 학생들의 문어적 담론은 점수를 받기 위한 목적으로 교사를 대상으로 생산될 뿐 그 글에 대한 실제적인 답변을 제공할 수 있는 일반 청중을 향하는 경우가 거의 없다. 따라서 학생들의 글쓰기는 의사소통적 상호작용을 수행하지 못하기 때문에 비수사학적인 (arhetorical) '글쓰기 연습' 에 머물게 된다.

4장의 마지막 부분에서는 Thomas Kent의 방대한 연구를 살펴보고자 한다. Kent는 Jacques Derrida, Donald Davidson 등의 연구를 참조하면서 사회 구성주의 이론의 여러 가지 기본 가정들을 비판한다. 아울러 포스트구조주의에 기초한 대화주의 교수법의 이론적 기반을 제공한다.

Kent는 쓰기와 읽기가 본질적으로 작가와 독자가 참여하는 '해석적 추측(hermeneutic guessing)', 즉 다른 사람들이 이해할 것에 대해 해석적 추측을 하는 대화의 과정이라고 주장한다. 이러한 추측 전략들은 체계화될 수 없는데, 그 이유는 두 대화적 상황이 정확하게 동일한 경우가 거의 없기 때문이다. 따라서 Kent는 담론 교육의 목표는 학생들이 해석적 추측 전략들을 정교화할 기회를 갖도록 상황을 제공하는 것이라고 주장한다. 이러한 전략들은 학생들이 의사소통적 상호작용에 참여하여 그들의 추측이 어느 정도 성공했는지 즉각적인 피드백을 얻을 수 있는 대화적 상황에서만 다듬어질 수 있다. 다시 말해, 의사소통적 상호작용은 교실에서 수행되는 것이다. 그러나 Kent의 연구는 자신의 생각에 대한 예시를 지나치게 발화 상황에 의존하고 있으며, 담론 공동체의 개념을 간과하고 있을 뿐만 아니라 담화를 이해하는 데 있어 관습의 중요성을 부정하고 있다. 나는 포스트구조주의의 작문 이론의 특성과 잠재성에 관한 몇 가지 결론을 도출하는 것으로 4장을 마무리한다.

5장에서는 앞선 네 개의 장에서 논의했던 대화의 개념들을 통합하고 대화적 교수법의 기능적이고 종합적인 이론을 제시해 본다. 종합적인 대화적 교수법은 지식이 다른 사람들과 의사소통하는 과정에서 전개된다는 것을 파악할 것이다. 그리고 이 과정의 의견교환(give-and-take)에서 사람들은 자신과 다른 사람들 그리고 구체적인 세계에 관한 것들을 알게 된다. 또 다른 중요한 구성 요소는 학생들이 내면화된 타자들과의 대화—전통적으로 성찰적 사고(reflective thought)라고 불리는 것—에 참여할 수 있는 능력의 개발이 될 것이다. 하지만 내적 대화의 목표는 '이념적 인식(ideological becoming)' 이다. 이것은 지식에 관한 개인적인 개념이 아니라 관계적인 개념으로, 한 개인의 지식이 다양한 공동체의 지식과 어떻게 관련되는지와 그 상호작용에 영향을 미치는 불평등한 권력 구조와 어떻게 관련되는지에 대한 인식을 말한다. 또한, 학생들은 글로 쓴 문서에서 타자의 목소리들을 만나게 되는데, 다른 작가들의 목소리는 그들이 내적으로 설득력 있는 담론을 구성하는 데 도움을 준다.

대화적 교수법의 또 다른 구성 요소인 동료 비평(peer criticism)은 학생들이 글쓰기 수업에서 의사소통적 상호작용에 참여할 수 있는 가장 생산적인 방법 중 하나이다. 그 이유는 학생들이 구체적인 청중들을 다루게 되고, 이 청중들의 반응이 적시에 주어져서 학생들로 하여금 그 반응을 수용할 것인지 아니면 반응에 대응할 것인지를 고려할 수 있도록 해주기 때문이다. 생산적인 대화적 교수법은 학생들이 공적인 청중을 겨냥하고 그 사람들에게 영향을 미칠 목적으로 글을 쓸 것을 권장하는데, 그 이유는 앞에서 논의한 바와 같이 작문 교수법이 공적 담론이 이루어지는 실제 수사학적 상황과 유사하면 할수록 이 교수법의 교육적 효과가 커지기 때문이다.

대화적 작문 교수법이 간과하고 있는 것은 학생들 사이에 존재하는 차이에 대한 인정과 인종차별, 성차별, 계급차별과 관련된 사회 전반의 불평등한 사회구조가 어떻게 일부 학생들에게는 불이익을 주고 다른 학생들에게는 특권을 부여하는 방식으로 교실의 환경에 영향을 미치는지에 관한 것이다. 나는 이 문제를 해결하기 위하여 철학자 Lorraine Code의 전통적 인식론의 수정이론과 Sharon Welch의 의사소통적 윤리의 개념을 빌려왔다. 이를 통해 교사와 학생들이 민주적 대화가 불평등한 대화적 상호작용에 의해 훼손될 수 있다는 것을 인식하도록 하고, 모든 학생들이 동등하게 참여하는 공개적으로 수용적이고 윤리적 입장을 취함으로써 작문 교실에서의 성차별, 인종차별, 계급차별의 부정적 효과를 재생산하는 것을 피하게 하고자 한다. 종합적인 대화적 교수법의 가장 중요한 요소는 바로 포용성이다. 그것은 모든 학생들이 어떠한 '차이(difference)' 에 상관없이 더 높은 수준의 교육을 받도록 격려하는 것이다.

대화주의가 점점 작문 이론과 작문 교수법의 중심으로 자리 잡아감에 따라 작문학자들은 협소한 이념적 지향을 깨고 좀 더 포괄적인 대화주의의 개념을 포용하도록 노력하는 것이 필요하다. 이 책에서 설명한 종합적, 기능적 대화주의는 시작에 불과할 뿐이다. 이제 필요한 것은 대화적 상호작용의 사회적이고 심리적인 역동성에 관한 광범위한 연구이다. 그러한 연구는 작문 수업에 적합한 보다 완전하고 유용한 대화주의의 성립에 기여할 수 있을 것이다. 확실한 것은 대화주의가 현대 작문 교수법의 본질이 되었다는 사실이다. 오직 대화를 통해서만 학생들은 인류의 대화에서 주체적 위치에 서는 것을 배울 수 있다. 이 책은 작문 연구 및 작문 수업에서 대화적 교수법에 관한 이론 및 그 적용에 필요한 관점을 제공하는 데 가장 큰 목적이 있다.

주석

1. 예를 들면, Ronald C. Arnett, Deborah Brandt, Henry Giroux 참조.

차례

제5장 | 작문을 위한 기능적 대화주의

제1장

표현주의자들: 자아 발견과 내적 대화

(Expressivists: Self-Discovery and Internal Dialogue)

여러분이 글쓰기를 통해 자아 발견이라는 새로운 세상을 경험하였으면 좋겠다. 아울러 글쓰기가 자아 발견이라는 최상의 증거는 바로 글에 담겨 있는 진정한 목소리일 것이다.

—Stewart, 『진정한 목소리(The Authentic Voice)』

1장에서는 Ken Macrorie, Peter Elbow, Donald Murray와 같은 대표적인 표현주의 학자들을 살펴보려고 한다. 이들 세 학자의 이론이 상호 합치되는 것은 아니지만, 대화주의 작문 교육의 이론 정립에 크게 기여했다는 점에서 각각의 연구물을 살펴보는 것은 의미 있는 일일 것이다.[1] 이들 세 이론가는 교육을 '대화'로 정의한다. 하지만 모든 표현주의 학자들이 대화를 교육의 핵심으로 바라보는 것은 아니다. 예를 들면, 앞의 세 학자들과 함께 대표적인 표현주의 학자로 분류되는 William Coles Jr.와 Donald Stewart는 대화적 교수법을 그다지 크게 지지하지는 않는다.[2]

비록 Donald Stewart가 대화적 교육을 주장한 이론가는 아니지만, 위의 인용문에는 표현주의 수사학의 기본 가정인 "학생은 언어를 통해 자아를 인식하게 된다"는 내용이 잘 나타나 있다. 이에 대해 James Berlin은 다음과 같이 말한다:

> 표현주의 수사학에서는 한 개인과 자아를 연결하는 도구가 되는 언어 사이의 변증법적 관계에 관심을 가진다. 심지어 작가와 편집진 사이의 변증법적 방식조차 작가가 타자의 반응을 고려함으로써 언어 속에 담긴 자신의 정체성을 이해할 수 있다.(『Rhetoric and Reality』 153)

표현주의에서의 또 다른 일반적인 가정은 '글쓰기를 배울 수는 있으나 가르칠 수는 없다.' 는 것이다. 이에 대해 Elbow는 다음과 같이 말한다:

> 나는 교사가 없는 쓰기 교실을 제안함에 있어서 흔히 학습과 교수 사이에는 필연적인 관련성이 있다는 생각을 부정한다. 교사가 없는 글쓰기 교실이란 학생이 글쓰기를 배우고는 있으나 교사가 글쓰기를 가르치지 않는 교실을 말한다.(『Writing Without Teachers』 ix)

이러한 가정은 다음 장에서 소개할 대화적 교육을 주장하는 많은 이론가들의 공통적인 생각이다. 이들 대화주의 작문 교육 이론가들에 따르면, 교사는 교실에서 학생들이 글쓰기와 관련된 경험을 할 수 있도록 환경을 제공하고, 필요할 때 도움을 주는 안내자나 촉진자의 역할을 해야 한다. 이러한 교실에서 학생은 친구 또는 교사와 대화를 하면서 자신의 글쓰기 과정과 결과물에 대한 피드백을 서로 주고받는다. 대다수 표현주의 작문 교육 이론가들의 이론적인 가정은 기본적으로 동일하지만, 대화의 특성에 대한 개념적 이해는 학자들마다 다소 차이가 있다.

대화적 '협의하기(Helping Circles)' 와 진리의 탐구

1963년 어느 날, 한 학생이 Ken Macrorie 교수를 찾아와 다른 교사에 대하여 쓴 글을 평가해 달라고 부탁했다. 지금은 매우 유명해진 그 구절을 소개하면 다음과 같다:

> 그는 위대하고 전지전능한 신처럼 행동하는 것이 재미있다고 생각했지만 사실상 반 학생들만 그의 말을 따랐을 뿐이다. 어느 날 우리는 잔디밭으로 뛰어 들었고, 그는 나에게 말했다. "그렇게 나쁜 행동을 하면 언젠가 혼날 거야."(『Uptaught』 18)

Macrorie 교수는 James Joyce의 산문을 패러디한 위의 구절을 예로 들면서, 'Engfish' 라는 단어를 사용하여 당시 어느 학생의 글에서나 쉽게 발견할 수 있는 '생명이 없는 글' 의 유형을 설명한다. 그는 이러한 글을 '과장되고 가식적인 언어' 또는 '느낌도 내용도 없는 언어, 라틴어처럼 죽은 언어, 리듬이 결여된 언어' 라고 비판하면서(『Uptaught』 18), 학생이 이처럼 생명이 없는 글을 쓸 수밖에 없는 원인을 전통적인 교수 방법에서 찾는다:

> 지난 몇 세기 동안 학교는 우리에게 전통적 쓰기 관습에 따라 정해진 문장과 그것을 조합하여 글을 쓰게 하였다. 우리는 이러한 글을 시험이나 과제물(권위 있는 전문가가 소개하는 글 또는 그들이 말한 것을 요약하는 것 등)의 형식으로 교사에게 제출해야 했다. 이처럼 학교에서 요구하는 방식에 따라 과제물을 제출할 경우 학생들은 글을 쓰면서 자신의 생각과 경험을 발전시킬 수 없으며, 그 과정에서 어떠한 학습도 이루어지지 않는다.[3](『Telling Writing』 289)

Macrorie 교수는 적어도 자신의 전공 분야에서만이라도 이러한 비효율적이고 비합리적인 교수 방법을 지양하고, 글쓰기를 효과적으로 지도할 수 있는 방법을 찾고자 하였다. 그는 학생들에게 다양한 방법으로 글쓰기를 지도하여 학교에서 흔히 볼 수 있는 '죽은 글' 이 아닌 '살아있는 글' 을 쓰게 하고 싶었다. 그리하여 그는 실험을 통해 자신만의 두 가지 핵심적인 교수 방법을 제안하였다. 그것이 바로 '자유롭게 글쓰기

(writing freely)' 와 '협의하기(helping circle)' 이다.

오늘날 우리에게 잘 알려진 '자유롭게 글쓰기' 는 바로 Macrorie 교수가 자신의 학생들을 가르쳤던 경험을 바탕으로 하여 개발한 글쓰기 전략이다. 1964년의 어느 날, 지나치게 형식적인 학생들의 글에 크게 실망한 Macrorie 교수는 학생들에게 다음과 같은 과제를 제시했다. "집에 가서 마음에 떠오르는 내용을 무엇이든지 자유롭게 써 보세요. 멈추지 마세요. 10분 동안 계속 쓰거나 아니면 종이 한 장을 다 채울 때까지 멈추지 말고 써 보세요." (『Uptaught』 20) 그가 '자유롭게 글쓰기' 라고 이름 붙인 전략[4]을 적용한 이후 학생들의 글쓰기는 점차 향상되었으며, 글에 자신들의 경험을 조금씩 반영하기 시작했다. Macrorie 교수는 학생들에게 죽은 글 대신에 그들 내면의 목소리가 담긴 살아있는 글을 쓰도록 지도하는 방법을 찾았다고 생각했다.

'협의하기' 에서 학생들은 서로의 글을 읽고, 글에 담겨 있는 내면의 목소리를 발견할 수 있도록 서로에게 도움을 준다. 먼저 Macrorie 교수가 다른 학생들이 보는 앞에서 특정 학생의 글을 다듬어 준다. 그런 다음 해당 학생은 Macrorie 교수가 다듬어 준 글을 반 친구들 앞에서 큰소리로 읽는다. 그러면 반 친구들은 그 학생의 글을 듣고 나서 자신의 생각과 느낌을 말한다. 이러한 과정을 통해 학기 초에 죽은 글만을 접했던 학생들은 드디어 죽은 글과 살아있는 글을 구별할 수 있게 된다. 이때 Macrorie 교수가 사용한 전략은 '진실 말하기(truth telling)' 이다. 학생들은 '자유롭게 글쓰기' 와 반 친구들의 솔직한 답변을 통해 죽은 글을 쓰던 모습에서 벗어나 점차 내면의 목소리(진실 전달의 원천)가 살아있는 글을 쓸 수 있게 된다. 내면의 목소리는 필자로 하여금 글에 담겨 있는 내용을 재경험할 수 있게 하고, 독자에게는 그것을 간접적으로 경험할 수 있게 한다(『Telling Writing』 286).

Macrorie 교수는 대학 작문 교재인 『Telling Writing』에 자신이 지도한 학생들의 글을 수록했고, 학생과의 대화 방법을 설명하는 대신에 협의 내용을 그대로 보여 주었다. 그리고 협의하기에서 이루어지는 대화의 일반적인 특징과 여섯 가지 원칙을 다음과 같이 설명한다:

1. 처음에는 글의 사소한 부분을 지적하지 않는다. 먼저 글쓴이가 여러분의 전체적인 생각에 대하여 알 수 있도록 가급적이면 긍정적으로 평가한다. 그런 다음 글쓴이와 토론을 하면서 낱말의 추가와 삭제 그리고 문단 수정과 같이 글의 세밀한 부분을 자연스럽게 지적하고 수정하게 한다.
2. 만약 여러분이 협의하기의 진행자라면, 협의과정에서 가급적이면 단정적으로 말하지 않도록 한다. 그보다는 "자, 이제 여러분은 몇 가지를 선택할 수 있다. 다른 사람의 의견을 잘 생각해 두었다가 글을 다시 쓸 때에 그것을 반영할 수도 있고, 아니면 모두 반영하지 않을 수도 있다."와 같이 말하는 것이 좋다. 협의하기의 목적은 논쟁이 아니라 서로에게 도움을 주기 위한 것이기 때문이다.
3. 만약 자신이 협의하기에서 말을 지나치게 많이 하거나 너무 적게 하고 있다는 생각이 들면, 최고의 조력자는 가장 적절하고 도움이 되는 최선의 생각을 제시해 주는 사람이라는 사실을 기억한다.
4. 만약 별로 논평을 하고 싶지 않다면, 다른 사람들에 대한 책무성에 대해 생각해 본다. 이 세상에서 여러분과 똑같은 경험을 한 독자는 아무도 없다. 그러므로 그냥 한 명의 독자로서 글이 어떠했는지에 대해 여러분이 생각하고 느낀 것을 편하게 이야기하면 된다. 자신의 논평이 필자가 글을 쓰는 데 영향을 미친다는 사실을 아는 것은 매우 중요하다. 그러므로 글을 읽고 진실한 반응을 보여주는 것이 중요하다. 그러면 그 자체가 필자에게 도움이 된다.
5. 때때로 친구가 낭독하는 글을 청취하는 동안 잠시 눈을 감는다. 물론 이러한 행동은 지루해서가 아니라 친구의 글을 좀 더 집중해서 듣기 위함일 것이다. 단, 이러한 행동이 허용되는 모임에서만 한다.

6. 여러분은 때때로 자신의 생각을 자신 있게 말하지 못하는 다른 구성원의 반응을 이용할 수도 있다.
"당신은 그 이야기가 너무나 귀엽다고 이야기했지요? 왜 그렇게 생각하는지 좀 더 자세히 말해줄 수 있나요?" (87)

Macrorie 교수는 글을 쓰는 일련의 과정에서 학생들이 자신의 글에서 잘못된 것이 무엇인지 파악하고 그것을 고칠 수 있는 능력을 갖추기 전까지는 부정적인 질타보다는 긍정적인 성취감을 맛볼 수 있도록 해주어야 한다고 생각한다. 그러한 이유로 Macrorie 교수는 다음과 같이 말한다. "필자가 동료들로부터 자신의 글에 대한 칭찬을 먼저 듣게 되면, 대개 그 다음에 이어지는 단점에 대한 지적을 쉽게 받아들인다. 궁극적으로 모든 필자는 글의 수준을 높이기 위해 부정적인 논평을 하는 방법을 배우는 것이 좋다." (285) 그는 또한 협의하기가 완전히 끝나기 전에 학생들의 글에 대하여 반응하는 것을 자제해야 한다고 말한다. 그렇지 않으면 자신의 생각과 느낌에 따라 반응하기보다는 교사를 의식해서 교사가 원하는 대로 반응을 하거나 모방할 수 있기 때문이다. Macrorie 교수는 필자가 자신의 글을 향상시키기 위해 활용할 수 있는 가장 효과적인 피드백의 세 번째 원천으로 협의하기를 들고 있다.

> 모든 필자들이 종종 두려워하는 협의하기는 좋은 글을 쓰기 위한 세 번째 전략이다. 첫 번째는 자신의 경험(생각, 느낌 그리고 다른 것들로부터 얻은 지식을 포함)이고, 두 번째는 글쓰기 기술이다. 그리고 세 번째인 협의하기는 필자가 글쓰기 기술을 보다 정교하게 갈고 닦는 데 도움이 된다.(74)

협의하기의 주된 목적은 자신의 글을 고치고 다듬는 능력을 기르는 것이다. 협의하기에서 이루어지는 대화는 서로가 진실을 말할 수 있도록 그리고 글에 자신의 실제 경험을 반영할 수 있도록 돕는 데 초점을 맞춘다.

Macrorie 교수는 이외에도 협의하기에서 학생들의 글을 어떤 형태로든(그저 출력해서 게시판에 붙여 놓는 방법이라도) 출판하는 것을 추천한다. 학생들에게 그들이 쓴 글을 출판하겠다는 약속을 하면, 그들은 교사만이 아닌 학급의 전 구성원에게 관심을 갖는다. 이때 학생들은 교사만이 아니라 더 많은 독자가 자신의 글을 읽는다는 것을 인지하면서 대화를 하고, 그러한 과정에서 자신의 글을 더욱더 정교하게 다듬고 고치게 된다.

정리하면, Macrorie 교수가 주장하는 대화적 교육의 목표는 학생의 글에 나타난 죽은 표현을 제거하는 것이다. 즉, 더 이상 학생들이 죽은 글을 쓰지 않도록 하는 것이다. 이때 대화를 통한 협의하기 활동은 학생들로 하여금 자신의 진솔한 심정을 잘 드러낼 수 있도록 도와준다. 학생들은 이 활동을 하면서 보다 진실한 글, 자신의 경험이 담긴 살아있는 글을 쓰게 된다.

Macrorie 교수는 '자유롭게 글쓰기'와 '협의하기', '학생들의 글 출판하기'에 기초한 대화적 쓰기 교육을 실현한다. 또 다른 표현주의자 중 한 사람인 Donald Murray 역시 Macrorie처럼 '진실한 자기 표현'을 촉진시키기 위해 대화 집단을 활용해야 한다고 주장한다. 사실 많은 학자들은 Murray를 철저한 신낭만주의 작문관을 지닌 전형적인 표현주의 학자로 생각하였다.

자아 발견으로서의 쓰기

Donald Murray에 따르면 작가는 상대방의 이해를 얻기 위해 글을 쓰는 것이 아니라 자신을 이해하기 위해 글을 쓴다고 한다. 그는 "작가에게 있어 글쓰기는 세상을 바라보는 방법이고, 내면의 목소리에 귀를 기울이는 방법이며, 의미를 발견하는 과정이다."('Explorers' 4)라고 말한다. 그리고 작가는 자신의 정체성을 탐구하고 발견하는 의사소통에 관심을 갖는다고 주장한다. 다음은 Murray가 쓴 글 중에서 우리에게 잘 알려진 세 편의 대표적인 부분을 발췌한 것이다.

> 우리가 말한 것을 글로 보면, 우리는 글에서 자신을 발견한다. 여러분이 자신의 목소리와 만날 때 자신의 정체성을 발견한다. 문체는 유행하는 옷처럼 수시로 바꿔서 입을 수 있는 것이 아니다. 문체는 바로 여러분 자신이다. 다시 말해 그것은 글을 쓰는 방법만이 아니라 여러분이 말해야 하는 글의 내용이다. 우리는 우리 내면에 존재하는 보이지 않는 우주와 별자리를 탐험하기 위해 글을 쓴다. 우리는 자신만의 언어로 그러한 우주와 별자리 세계를 그려 나간다. 작가는 자기 내면의 세계를 발견하고 탐험하기 위해 계속 글을 쓰고, 내면 세계의 발전 과정을 밖으로 표출하기 위해 글을 쓴다.('Explorers' 7)
>
> 필자는 특정 독자에게 다가가기 위해 또는 그와 효과적으로 대화하기 위해 자신의 글을 최종적으로 손질하고, 어휘를 수정하고, 특별한 비유를 사용하기도 한다. 그러나 전문 작가는 마지막 편집 단계에서조차도 언어 자체를 살펴보는 것이 아니라 자신이 말하려는 내용을 중심으로 살펴본다. 보통 필자는 글을 쓰면서 자신이 말하려는 내용을 수정하지 않는다. 다시 말해, 일반 필자는 처음부터 독자를 고려하거나 독자가 듣고자 하는 내용을 쓰지 않는 것이다. 하지만 훌륭한 필자는 언어를 통해 견고한 사고를 발견하며, 이것을 기반으로 독자와 대화한다.('Interior View' 11)
>
> 우리는 자신과 대화할 때에 글을 쓰고 싶은 충동을 느낀다. 타자는 나중에 고려할 수도 있고, 전혀 고려하지 않을 수도 있다. 생각을 나누고, 즐겁게 하고, 설명하고, 설득하면서 독자와 소통하는 것은 만족스러운 일이다. 하지만 내면의 목소리를 듣는 것, 혼란에서 벗어나기 위해 요동치는 의미로부터 흘러나오는 소리를 조용히 귀 기울여 듣는 것은

> 더욱 위대한 개인적인 즐거움이다.('What Makes' 111)

확실히 Murray는 타자와의 의사소통보다 자아의 의사소통을 보다 더 강조하였고, 이것이 작가 자신의 정체성 발견으로 이어진다고 생각하였다. 글을 쓰는 동기는 작가로 하여금 타자와의 대화에 참여하도록 이끄는 것이 아니라 작가 자신과의 대화로 이끌어 주는 것이다. 타자와의 의사소통은 단지 쓰기 활동의 부산물일 뿐이다. 그럼에도 불구하고 Murray는 대화적 작문 교육의 가장 대표적인 학자이다. 다만 타자와의 대화보다 내적 대화를 보다 강조하였을 뿐이다.

타자와의 대화

Murray의 대화적 교육은 작가가 글을 쓸 때 고려하는 '타자(other self)' 를 발견하고 개발하는 데 그 목적이 있다. 그가 말하는 타자는 필자가 가장 먼저 고려하는 '내포 독자' 이다. Murray는 타자를 쓰기 과정 전체를 조정하는 탐구자 또는 마음의 지도 제작자(map maker)로 비유한다.

> 타자는 글쓰기 전체 영역, 망각, 장면, 글의 흐름, 사용된 언어 등을 자세하게 조사한다. 탐험가인 작가는 의식의 저편에서 초고가 멋지게 완성되기를 기대한다. 우선 작가는 글의 전체적인 관점을 살피는데, 이것은 글에 담겨 있는 의미를 보다 명확하게 해줄 수 있다. 그런 다음 글의 흐름에 대해서 고민하고, 언어를 살피는 것은 잠시 미룬다. 끝으로, 필자는 의식의 흔적을 따라 놓여 있는 위험, 통사상의 숨겨진 함정, 장황한 표현들을 자세히 살펴본다. 그 과정에서 작가는 자신의 목소리를 찾았다가 잃어버리고, 또다시 찾는다.('Teaching the Other Self' 166)

타자는 종이에 실제로 쓰여 있는 글의 내용을 알 뿐만 아니라 작가의 쓰기 과정을 이해하고 앞으로 완성될 글을 예상하기도 한다. 보다 중요한 것은 미처 생각하지 못한 부분도 파악한다는 것이다(166). 타자는 사고의 과정을 조정하고, 하나의 완전한 생각이 될 때까지 생각의 조각들을 이어 간다(165). 타자는 자아와 대화를 하면서 보다 고차원적인 사고 기능과 관련된 다양한 기능들을 수행한다.

Murray는 작문 연구가 글쓰기 과정에서 이루어지는 타자의 역할에 대해 충분한 연구 결과를 제시하고 있지 않다고 지적한다. 하지만 그는 작문 연구 분야에서 타자 연구의 초기 연구자로 Sondra Perl, Nancy Sommers를 인용한다. Murray는 선행 연구를 기반으로 글을 쓰는 과정에서 타자가 수행하는 역할을 설명한다:

- 타자는 지금 일어나고 있는 활동을 추적한다. 어떤 의미에서 글이란 그것이 읽혀지기 전까지는 아무런 의미가 없다. 타자는 텍스트가 진행되는 과정을 기록한다.
- 타자는 작가가 초고를 살필 때에 반드시 필요한 거리를 부여한다. 작품에서 한 걸음 물러서기는 작가의 글을 치료하는 데 필요한 중요한 요소이다.
- 타자는 작가로 하여금 텍스트를 전개할 수 있게 해준다. 작가가 생각을 더하고 삭제하고 기록할 때, 타자는 각각의 변화가 초고에 어떠한 영향을 주는지 추적한다.
- 타자는 글쓰기의 과정 즉, 작가가 텍스트를 발전시키는 기술, 직면한 문제를 기록하는 기술적 원천, 시도되거나 실패한 또는 아직 시도되지 않은 해결책을 제시하는 과정을 설명한다.
- 타자는 작가의 글에서 글쓰기가 이루어지고 있는지를 지속적으로 살피는 비평가이다.
- 타자는 또한 작가를 지지해 주는 동료이자 위로와 용기를 주는 친

> 구이다. 뿐만 아니라 작가의 불만을 귀 기울여 들어주고 과거의 성공 경험을 상기시켜 준다. 우리가 쓰기 과정에 깊이 다가가면 다가갈수록 정서적인 측면이 인지적인 측면에 얼마나 큰 영향력을 지니는지 알게 될 것이다. 그 이유는 글쓰기가 정의적인 환경에서 이루어지는 지적 활동이기 때문이다. 글쓰기는 마치 거대한 폭풍이 몰아치는 대서양을 항해해 나아가는 보트와 같다. 배의 선장은 길을 잃지 말아야 하고, 두려움과도 싸워서 이겨야 한다.(166-67)

그러나 경험이 없는 작가와 쓰기 지도자는 이러한 타자 중요성을 인식하지 못한다.

Murray의 대화적 협의 방법

Murray는 학생들이 글을 쓰는 과정에서 타자를 고려할 수 있도록 돕는 가장 효과적인 방법으로 개별적인 협의를 들고 있다. 이러한 협의에서 교사는 학생에게 지금 쓰고 있는 글에 대하여 먼저 말하게 한 다음, 이에 대한 학생의 반응을 토대로 피드백을 준다. 이때 교사는 "인상 깊은 장면은 무엇이니?", "가장 재미있는 장면은 무엇이니?", "그 다음 내용은 무엇이니?"와 같은 열린 질문을 할 수 있다. 하지만 Macrorie나 Elbow의 대화적 교수법 모형에 따르면, 교사는 학생의 글에 대한 방향을 지시하거나 그에 대한 직접적인 평을 해서는 안 된다. 대신 학생들이 특정 단계에서 글쓰기 과정에 대하여 말할 때에는 반응할 수 있다. 아래의 내용을 살펴보면, Macrorie나 Elbow처럼 Murray는 글을 평가하는 독자가 아닌 타자를 만들기 위한 조력자의 역할을 한다:

> 예전에 내가 가르친 학생들로부터 이해가 안 가는 글을 받은 적이 있다. 글을 읽으면서도 내용을 전혀 추측할 수 없었다. 하지만 학생이 내게 어

> 떤 목적으로 어떤 내용의 글을 썼는지에 대해 말을 하자 즉, 타자가 말을 하기 시작하자 나는 그 글이 논리적으로 작성되었다는 것을 알 수 있었다. 그 학생이 사용한 잘못된 서두, 적절치 않은 원리 또는 효과가 없는 논증이 나의 이해를 방해한 것이다.(168)

Murray는 학생의 초고에 나타난 오류 유형을 지적하기보다는 그 학생이 말하고자 하는 내용에 대하여 반응한다. 짧은 시간 동안 협의를 하면서 Murray는 학생의 글쓰기 과정 혹은 사고 과정을 살펴보고 교정을 한다. 이 과정에서 그는 작가의 감정이 사고 기능을 통제한다는 것을 발견했다. 그리하여 남성 작가는 종종 거짓 자신감을, 여성 작가는 거짓 겸손을 표현한다는 것을 알게 되었다. 이러한 상황에서 Murray는 타자들을 지지함으로써 앞에서 언급한 '거짓' 된 감정을 처리해야만 했다(169).

Murray가 협의하기에서 학생의 글을 일차적으로 그리고 직접적으로 다루지 않는 한 가지 이유는 초고에 대한 학생의 생각이 영향을 미치지 않기 때문이다.

> 나는 비슷한 수준의 초고에 대한 학생 반응이 판이하게 다르다는 것에 거듭 놀란다. 한 학생은 "이 글은 형편없어요. 저는 더 이상 글을 쓸 수 없어요. 이 과정을 그만두는 게 좋겠어요." 라고 말한다. 그리고 바로 뒤에 어떤 학생은 앞의 학생과 비슷한 수준의 글을 들고 와서는 이렇게 말한다. "저는 이렇게 재미있는 글을 써 본 적이 없어요. 이 글은 정말 잘 쓴 것 같아요. 선생님께서는 제가 작가가 되어야 한다고 생각하지 않으세요?" (169)

각각의 사례에서 만약 학생이 자신의 글을 어떻게 평가해야 하는지 알지 못한다면, 교사는 그 학생이 잘못된 자기 평가를 계속하고 그것이 초고를 개선하기 위한 적절한 노력을 방해하는 위험을 감수해야 한다. 협의하기의 목표는 학생이 계속해서 더 나은 글을 쓰고, 글에 담긴 의미가 학생과 교사 모두에게 명확해질 때까지 고쳐 쓰도록 도움을 주는 것이다.

일대일 협의는 교실, 소집단과 대집단 워크숍에서 더 효과가 있다:

> 의도했던 대로 협의는 매우 역동적이다. 모둠장이 글쓴이에게 묻는다. "우리가 어떻게 도와줄까?" 타자는 글을 쓰는 과정 또는 텍스트에 대하여 말한다. 워크숍 참가자들은 귀로 들은 타자의 언어에 기반하여 텍스트를 듣고 읽는다. 그런 다음 그들은 타자가 변화하는 텍스트의 보다 효과적인 독자가 될 수 있도록 노력한다.(171)

학생은 협의와 워크숍에 참여하면서 실수와 실패가 아니라 성공을 경험한다. Murray는 "훌륭한 작가는 좋은 글을 쓰기 위해서 너무 많은 수정을 하지 않는다"라고 주장한다(170). Murray의 대화를 통한 협의하기 방법은 학생들이 성공하는 글을 쓸 수 있도록 도움을 준다.

학기가 진행되면서 Murray는 더 이상 학생에게 대화를 시작하기 위한 질문을 할 필요가 없다. 그냥 학생이 들어와서 그에게 초고를 어디까지 썼으며, 앞으로 자신이 무엇을 할 것인지에 대하여 말한다. 이 과정에서 Murray는 학생들에게 지금까지 배운 내용을 명확하게 알려주고, 성공적인 글쓰기 경험을 제공하고, 일반적인 글쓰기 전략들을 사용할 수 있도록 격려해 줄 때 가장 좋은 학습이 이루어진다는 것을 알게 된다.

Murray의 교육에서 대화의 목표는 학생들이 언어적 상호작용을 통해 스스로를 알도록 반응을 하고, 이러한 개인적 탐구를 통해 그들이 발견한 것을 진실하게 표현할 수 있도록 도움을 주는 것이다. 작가에게 제공된 반응과 그들의 '타자'는 작가의 내적 성찰을 도와준다. 그러나 Murray는 타자를 단순히 내적 독자의 개념으로 이해하지는 않는다. 그의 생각에 따르면, 타자는 특별한 종류의 내적이고 정신적인 관리자이다. 만약 잘 훈련된 타자라면 작가가 계속해서 글을 쓰도록 도울 것이다. 이 '내적 독자' 의 개념은 Murray만 사용한 것이 아니다. 이것은 Peter Elbow의 핵심 개념이기도 하다.

대화와 교사 없는 교실

Peter Elbow는 자신의 교수법을 설명하는 데 있어서 대화주의나 대화적이라는 용어를 사용하지 않았다. 그러나 그가 기술하는 교실 활동의 상당 부분은 학생들이 서로의 글에 대하여 이야기하는 것과 관련이 있다는 점에서 그의 교수법은 분명히 대화적이라고 할 수 있다. 그의 수업에서 학생들은 서로의 글에 대하여 즉각적인 피드백을 주기 위해 개별 학생들이 쓴 글에 대하여 대화를 나눈다. Elbow 교수법의 두 가지 중요한 개념－'교사 없는 교실' 과 '독자' －은 대화적인 성격을 지닌다.

Elbow는 『Writing Without Teachers』에서 쓰기를 보다 효과적으로 배울 수 있는 가장 좋은 방법은 '교사가 없는 쓰기 수업' 이라고 주장한다. 이 수업은 개별 그룹의 형태로 이루어질 수 있다. 또한, 교사는 쓰기 수업에 이러한 방식을 활용할 수 있다.(만약 그렇게 한다면 교사는 매주 같은 구성원에게 무언가를 쓰고 서로 나누게 해야 한다.) 3장에서 논의할 해방 학습(liberatory learning) 모형처럼 Elbow의 교수법에서 교사의 역할은 전문가가 아니라 글쓴이나 동료에 가깝다.

Elbow는 특히 경험이 없는 작가들은 다양한 독자들로부터 직접적이고 즉각적인 피드백을 받지 않으면 글을 잘 쓰지 못한다고 한다. 피드백이 모든 작가의 글쓰기 능력 신장에 중요하다는 것이다. 작가는 자신의 언어가 독자들에게 어떻게 읽히는지 알아야만 한다. Elbow의 말처럼, "독자들이 여러분의 글을 읽는 동안 어떠한 생각을 하는지 알 필요가 있다"(『Writing Without Teachers』 77). 교실에서의 대화는 글을 쓴 학생에게 독자들이 그의 글을 읽을 때 마음속에서 어떤 일이 일어나는지 알려준다. Elbow는 Macrorie나 Murray와는 다르게 글의 의사소통적 기능에 좀 더 주목하며, 학생 필자로 하여금 자신이 예상한 독자와 친구들이 그 글을 어떻게 읽는지에 대해 경험하게 하는 일에 관심을 가졌다.

그러므로 Elbow의 교수법에서 대화는 학생과 학생 사이에서 이루어지며, 대화의 주요 내용은 서로의 글에 대한 것이다. 교사 없는 교실의 목적은 학생 필자에게 실제 독자를 만나기에 앞서 대화적인 피드백을 제공하는 것이다. 여기서의 대화는 2장에서 논의할 사회적 인식 이론에서 '실제' 독자와 작가 사이에 이루어지는 대화와 같이 명확하게 나타나지는 않는다. 하지만 학생 필자들은 대화를 통하여 글의 내용과 그것을 기술하는 방법에 대하여 서로에게 조언을 해준다. 이 교수법의 궁극적 목표는 학생 필자들이 더 이상 모둠 활동에 의존하지 않고 자신의 적절한 감각을 활용하여 글을 쓸 수 있도록 충분한 경험을 제공해 주는 것이다. 다시 말해 타인으로부터 독립하여 성공적인 자신만의 글쓰기 과정을 갖도록 하는 것이다.

Elbow에 따르면, 교사 없는 쓰기 수업은 비록 규모는 작지만 다양한 헌신적인 글쓰기 그룹으로 형성되어야 한다. 그리고 그 그룹은 매주 무언가를 쓰고 성실하게 서로의 작품에 반응해야 한다. Elbow는 수업 초기에는 참가자들 사이에 래포(rapport)가 형성될 때까지는 참석 여부를 강제로 정하지 않았다. 하지만 모둠별 학생 수가 적어도 10주 동안 매번 7명에서 12명 정도는 되어야 이상적인 수업을 할 수 있다고 한다.

각 모둠원들은 수업시간마다 자신이 직접 쓴 글—편지나 보고서, 시 등 장르에 상관없이—을 가져온다. 수업을 시작하면 한 명씩 자신의 글을 소리 내어 두 번 읽고, 다른 모둠원들은 그 글에 대한 감상을 말해준다.(말로 할 수도 있고 글로 쓸 수도 있다.) Macrorie의 교수법과 다르게 '교사 없는 쓰기 수업'에서는 피드백을 할 때에 평가를 하지 않는다. 모둠원들은 동료의 글에 대한 자신의 생각과 느낌만을 표현한다. 여기서 이루어지는 대화의 목표는 그 글이 좋은지 나쁜지 또는 어떻게 하면 좋아질지에 대해 판단하는 것이 아니다. 단지 글에 대한 생각과 느낌을 묘사해서 작가가 자신의 글이 독자들에게 어떻게 받아들여졌는지 정확하게 알도록 하는 데 초점을 맞춘다.

작가는 자신의 글을 소리 내어 읽은 후에 다른 모둠원들이 글에 대하여 말하는 내용을 듣거나 글로 쓴 반응을 확인한다. Elbow는 이때 작가에게 다른 사람들이 자신의 글에 대한 반응을 말할 때, 그것에 대하여 자신이 어떻게 느끼는지를 겉으로 드러내서는 안 된다고 말한다. 만약 다른 모둠원들이 작가가 자신의 글에 대해 방어적이라고 느끼게 되면, 그들은 글에 대한 생각과 느낌을 말하는 것을 조심스러워할 것이고, 작가는 독자들의 반응을 제대로 확인하지 못할 것이다. 작가는 모둠원들의 말을 경청하고 수용해야 한다. Elbow는 작가에게 다음과 같이 조언한다. "모든 것을 받아들여라. 여러분이 무언가 다른 것을 쓰고 있거나 고쳐 쓰고 있다고 생각해 보자. 여러분은 지금 독자들이 말한 내용에서 글을 어떻게 써야 하는지에 대한 시사점을 얻을 수 있을 것이다." (105)

Elbow는 대화적 피드백을 독자에게 보다 효과적이고 일관되게 제공하는 몇 가지 수업 기술을 제안하였다. 예를 들면, 그는 대화를 진행하는 전략으로 지적하기(pointing), 요약하기(summarizing), 말하기(telling), 보여주기(showing)의 네 가지를 제시하였다. '지적하기' 에서 독자는 중요하다고 생각하는 단어나 어구에 밑줄을 긋는다:

> 직감적으로 중요하다고 생각되는 단어나 어구에 표시를 하면서 시작하라. 아마도 그러한 단어나 어구는 어떤 강력한 목소리나 에너지를 가진 것으로 보이거나, 진실한 울림이 있거나, 특별한 설득력을 지니고 있을 것이다.(85)

Elbow는 독자에게 '특별히 약하거나 부족하다' 고 느끼는 부분에 밑줄을 긋게 한다. 이러한 밑줄 긋기는 작가에게 그가 쓴 글의 좋은 점과 나쁜 점을 나타내 줄 뿐만 아니라, 독자에게는 글을 전체적으로 읽고 난 후 작가에게 자신의 생각과 느낌을 말하는 단계에서 기억을 도와주는 장치의 역할도 한다. 만약 작가가 자신이 쓴 글을 소리 내어 읽으면, 독자의 지적하기는 작가의 읽기가 끝난 후 생각나는 인상적인 단어나 구를 회상하여 간략하게 메모하는 형태로 이루어지게 된다.

그 다음은 '요약하기' 이며, 이 활동은 네 단계로 이루어진다:

가) 먼저 여러분이 파악한 중요한 내용과 글에 대한 느낌을 재빨리 말합니다. 이어서 15초 동안 여러분의 마음에 떠오르는 것을 정리합니다. 예를 들면, "어디 보자. 너무 슬픈 것 같아. 죽음이 중요한 사건으로 보여. 또 … 하지만 그녀의 농담도 인상적이었어. 많은 옷들." 과 같이 해봅니다.
나) 그러고 나서 한 문장으로 요약합니다.
다) 다음으로 글에서 전체의 내용을 가장 잘 요약할 수 있는 '한 단어' 를 고릅니다.
라) 그런 다음 글에 나오지 않는 단어로 내용을 요약합니다.(86)

Elbow는 지적하기와 요약하기를 대화가 이루어지는 동안 독자가 작가와 대화하는 가장 효과적이고 정확한 방법이라고 말한다. 다른 방법들은 시간이 부족하면 생략할 수도 있지만, 지적하기와 요약하기는 어떤 수업에서든 항상 사용해야 한다(87).

'말하기' 에서, 독자는 자신이 글을 읽는 동안 어떠한 생각을 했는지에 대하여 "나는 이렇게 느꼈어요. 그러고 나서 이런 일이 일어났어요." 와 같이 이야기한다. 작가가 아닌 모둠원들은 그 글이 얼마나 좋은지 나쁜지에 대해서가 아니라 단순히 글에 대한 생각과 느낌을 간단히 이야기하면 된다. Elbow에 따르면, 작가의 글에 대하여 그에게 직접적으로 이야기하면 안 되는 내용도 있다. '보여주기' 는 여러분이 가지고 있지만 대체로 잘 사용하지 않는 지식인 적절한 비유를 선택하는 과정이다(90).

Elbow는 특정 글에 대한 독자의 반응을 묘사적인 비유로 나타내는 24가지 방법을 제시하고 있다. 다음은 그중 다섯 가지를 제시한 것이다:

가. 목소리를 묘사하듯이 글에 대하여 이야기한다. 예를 들면, 소리치거나, 짜증내거나, 구슬피 울거나, 속삭이거나, 엄하게 훈계하거나, 단조롭다거나, 객관적으로 말하거나 하는 식으로 이야기한다. 글 전체에 대한 반응뿐만 아니라 글의 세세한 부분들에도 이러한 어휘들을 적용한다.
나. 동작이나 움직임에 대하여 이야기하듯 글에 대하여 이야기한다. 예를 들면, 행진한다거나, 올라간다거나, 기어간다거나, 굴러간다거나, 발끝으로 걷는다거나, 산책한다거나, 뛰어오른다거나 하는 식으로 말한다.
다. 색조: 전체적인 색조는 어떠한가? 부분의 색조는 무엇인가?
라. 글은 자유자재로 주무를 수 있는 진흙덩이와도 같다. 그 진흙을 가지고 무엇을 할 건인지 말해 보시오.
마. 글 또는 글의 다른 부분들에 의해 온몸이 영감을 얻을 수 있도록 한다. 아마도 소리와 움직임을 결합시키는 것이 좋을 것이다.(90-92)

Elbow는 성공적인 보여주기의 사용은 학급에 따라 다를 수 있다고 주장한다. 어떤 학생들은 비유 표현을 사용하는 것을 지나치게 부끄러워하고, 어떤 학생들은 비유 표현을 사용한다.

Elbow에 따르면 대화적 반응 혹은 대화적 피드백은 한 개인의 글쓰기 능력을 신장시켜 준다. 특히 자신의 글이 타인에게 어떻게 수용되는지에 대하여 전혀 알지 못하는 초기 단계에서 효과적이다. 자신의 글에 대한 피드백을 얻는 것은 어렵다. 그 이유는 독자가 작가의 글에 대한 피드백을 주기 위해서는 특별한 관심이 필요하고, 독자가 작가와의 대화에서 특정 부분에 대한 자신의 반응을 언어로 전달하지 않는 한 그 피드백의 상당부분은 작가에게 전달되지 않기 때문이다.

기준 중심 피드백과 독자 중심 피드백

『Writing With Power』에서 Elbow는 『Writing Without Teachers』에서 묘사한 피드백의 개념을 독자 중심 피드백(reader-based feedback)이라고 정의하고, 여기에 기준 중심 피드백(criterion-based feedback)을 새롭게 덧붙였다. 이 두 종류의 피드백은 작가에게 각기 다른 종류의 정보를 제공한다. 기준 중심 피드백은 작가의 글이 '설명적이거나 사실적인 글'의 평가 기준에 맞게 쓰여졌는지 판단할 수 있도록 도와준다. 앞에서 논의한 것처럼, 독자 중심 피드백은 작가의 글이 특정 독자에게 어떻게 수용되었는지에 대한 정보를 제공해 준다(240). 이 두 가지 형태의 피드백은 실제로 쉽게 구별되지 않는다. Elbow가 언급했듯이, "독자는 자신의 주관적인 감정을 완전히 배제한 채 기준 중심 피드백을 할 수는 없을 것이다. 또한 적어도 판단이나 지각의 기준을 활용하지 않고서는 독자 중심 피드백을 할 수 없을 것이다"(241).

Elbow는 일련의 발견적(heuristic) 질문 목록을 제시하였다. 작가는 더 이상 교사 없는 쓰기 교실에서 대화 상황에 얽매이지 않고 자신의 글에 대하여 어느 누구와 대화를 할 수 있으며, 이 때 다음의 질문들을 사용할 수 있다. 먼저 기준 중심 피드백에서 활용되는 질문의 내용은 다음과 같이 네 영역으로 나눌 수 있다:

가. 글에 담겨 있는 내용(아이디어, 대상에 대한 인식, 관점 등)의 수준은 어떠한가?

나. 글은 얼마나 잘 조직되어 있는가?

다. 언어를 얼마나 효과적으로 사용하는가?

라. 문법 오류나 적절하지 못한 표현은 없는가?

이어서 Elbow는 독자 중심 피드백에서 활용할 수 있는 질문들을 다음과 같이 제시한다:

가. 글을 읽는 순간순간마다 여러분의 머릿속에는 어떤 일이 일어났는가?
나. 글을 요약하시오: 요약을 하면서 글이 말하고자 하는 것 또는 글 안에서 일어나고 있는 일을 당신은 어떻게 이해했는지 말하시오.
다. 글에 대한 이미지를 만들고, 그것이 여러분과 상호작용을 하게 하시오.

이들 발견적 질문은 작가가 친구와 교사 등 그 글을 읽은 사람과 대화를 시작하고, 그 대화의 흐름을 조정하는 일종의 대본이 된다.

Elbow에 따르면, 작가는 독자로부터 주어지는 피드백의 종류와 질을 조절해야 한다. 단순히 누군가에게 글의 내용에 대하여 설명하고, 그에 대한 생각을 물어보는 것은 독자로 하여금 어떤 말이든 할 수 있도록 해준다. 작가의 친구들이나 가족은 보통 글에 대하여 비판적으로 이야기하여 상대방에게 상처를 주는 것이 걱정되어 글에 대한 반응을 솔직하게 말하려 하지 않는다. 그리고 글에 대한 자신의 생각과 느낌을 말해 본 경험이 거의 없는 사람은 작가가 글을 쓰는 과정에서 필요한 피드백을 쉽게 하지 못할 수도 있다. 하지만 작가가 특별한 질문을 가지고 대화에 임하면 보다 만족스럽고 생산적인 피드백이 이루어질 수 있다.

Elbow는 각 피드백의 장점에 대하여 다음과 같이 말한다:

> 간략히 이야기하면, 두 종류의 피드백은 독자에게 다른 역할을 요구한다. 여러분이 독자에게 기준 중심의 피드백을 요청하면, 독자는 전문가,

> 코치, 해설자와 같은 역할을 해야 한다. 이것은 독자가 마치 무대에서 바이올린을 연주하는 여러분을 객석에서 바라보는 역할과 동일한 것이다. 이렇게 하면 독자는 여러분의 글쓰기 기법에 대하여 말하게 된다. 반면에 독자 중심 피드백을 요청하면, 독자는 청중의 역할을 해야 한다. 마치 콘서트 객석에 앉아 연주에 몰입하면서 감상하는 청중처럼 말이다. 이때의 독자는 객석의 감흥을 연주자에게 전달하듯이 여러분이 쓴 글에 대한 감흥을 말해야 한다.(251)

각각의 대화에서 독자가 작가에게 주는 특정 관점의 피드백은 작가가 실제 독자에게서 듣고 싶어 하는 반응을 전해주는 역할을 한다.

글 공유하기와 반응하기

『Writing Without Teachers』와 『Writing With Power』는 글쓰기 수업 교재로 자주 활용된다. 이 책들은 원래 글쓰기를 어려워하는 일반 독자들을 대상으로 하여 출판된 것이다. 1989년에 Elbow와 Pat Belanoff는 대학교 1학년 학생들의 작문 교재로 매우 인기를 얻은 『A Community of Writers: A Workshop Course in Writing』이라는 책을 출판하였다. 이 책에서는 Elbow가 말한 대화적 피드백의 개념을 보완하였다. 『A Community of Writers』는 『Sharing and Responding』이라는 얇은 소책자와 함께 패키지로 나왔는데, 이 소책자는 학생들이 자신이 쓴 글에 대하여 생산적인 대화를 시작할 수 있게 도와주는 질문 목록을 자세히 잘 다루고 있다. Elbow와 Pat Belanoff는 일련의 피드백들이 이제는 순서대로 이루어져야 한다고 주장한다:

> 우리는 비평을 하기 전에 먼저 '공유하기'를 하고, 그런 다음에 비평적인 반응을 하는 것이 매우 중요하다는 것을 알았다. 이것은 안전하게 시

> 작해서 점차 위험한 것으로 옮겨가는 것을 의미한다. 이러한 점진적인 진행은 여러분 자신에 대한 믿음과 함께 여러분과 함께하는 동료들에 대한 믿음을 만들어 낸다. 여러분은 믿음이 없는 상황에서 작가에게 글에 대한 양질의 반응 또는 도움이 되는 반응을 줄 수 없다.[5](1)

요약하면, Elbow는 학생들이 서로 특별한 종류의 반응을 주고받을 수 있도록 작성 중에 있는 자신의 글을 공유하는 대화에 참여하게 한다. 여기서 특별한 반응이란 글이 자기에게 어떠한 영향을 주었는지, 또는 '좋은 글' 의 기준으로 평가할지에 대하여 표현하는 것이다. 작가는 이러한 정보를 자신의 글에 반영하거나 무시할 수 있다.

Elbow는 Macrorie와 Murray가 자기표현의 진실성과 실제성을 강조한 것과는 다른 방식을 취한다. 그는 수업에서 학생들에게 실제 독자가 작가에게 어떻게 반응하는지를 경험할 수 있도록 해준다. 작가들은 특히 자유롭게 글쓰기를 할 때 무엇을 말해야 하는지를 스스로 찾도록 하기 위해 글쓰기 절차에 따르도록 주의를 받는다. 그럼에도 불구하고 여기에서 이루어지는 모둠 대화는 작문이 대상 독자들에게 출판되기 전에 독자의 반응을 살피기 위한 방법으로 사용된다.

이어지는 내용은 Elbow가 말한 청자의 개념과 그들이 대화적 관계에서 어떻게 보일 수 있는지 그리고 이들 용어를 받아들이는 것이 어떠한 교육적 가치를 가지는지에 대하여 다루고 있다.

Elbow의 내적 대화

Elbow는『Writing With Power』와 'Closing My Eyes As I Speaking: An Argument for Ignoring Audience' 에서 청자의 개념과 청자와의 관계가 어떻게 작가를 방해하기도 하고 도와주기도 하는지에 대하여 자세히 설명하고 있다. 그는 작가와 청자 사이의 관계 유형을 정리하여 작가들이 글을 쓰는 과정에서 글의 초점을 잃거나 방해받지 않도록 청자를 능숙하게 다루는 방법을 학습할 수 있게 하였다. 유형화된 청자를 능숙하게 다루는 이들 방법은 자신과의 내적 대화를 실천하는 방법으로, 여기서의 내적 대화는 가장 좋은 상황에서 작가가 아이디어를 탐구하고 정련할 수 있게 해준다.

Elbow가 설정한 청자의 개념은 서로 다른 유형의 내적 대화를 비유하고 있다. 다양한 부류의 내포 청자와 이루어지는 이들 내적 대화는 대화의 과정을 확장시킨다. 이것은 청자로 하여금 작가가 '말할 거리를 더 많이 찾게 하거나 말로 더 잘 표현할 수 있는 다양한 방법' 을 찾을 수 있도록 도움을 준다(『Writing With Power』 179).

Elbow는 자신이 말한 '개인적 글쓰기' 를 전적으로 내적인 글쓰기로 바라보는 것에 반대한다. 이어지는 내용에서는 Elbow가 말한 청자의 개념과 그러한 개념을 다루는 방법에 대하여 그가 제안한 내용을 살펴보고자 한다. 또한 내적이고 사회적인, 그렇기 때문에 대화적인 청자 이해의 본질과 Elbow 자신의 주장에도 불구하고 어떻게 이 개념이 Elbow의 대화적 교육에서는 인정되지 않는지에 대하여 설명하려 한다.

Elbow의 역설적 청자

'역설' 은 Elbow가 『Writing With Power』에서 청자에 대해 언급하면서 다룬 주제이다. 그는 여기서 글쓰기 상황에서 작용하는 청자의 복잡성에 대한 주제를 비유적으로 나타내는 세 가지 역설에 대하여 이야기한다:

- 쓰기는 대체로 타인과의 대화이다. 하지만 가장 중요한 상호작용은 자기 자신과의 대화이다.
- 때때로 여러분은 독자의 존재를 인식하거나 그에 대해 심각하게 생각하기 전까지는 자신이 무엇을 말하기 원하는지 그리고 어떻게

말할 것인지에 대해 떠올릴 수 없다. 때로는 독자로부터 멀어질 때에만 여러분이 글에 담고자 하는 의미와 그것을 명확하게 전달하는 방법을 떠올릴 수 있다. 실제 독자는 여러분을 괴롭히거나 방해할 수 있다.

- 여러분이 어떤 것을 말하거나 그것을 잘 말하기 전까지는 독자가 여러분의 말에 귀 기울이지 않는다. 하지만 주변을 보면 여러분이 실제로 말하고 글을 쓰는 방법을 이미 배우고 있다. 여러분은 처음부터 여러분의 이야기를 잘 들어주는 청자를 가지고 있다.(그 첫 번째가 부모님이고, 그 다음은 선생님, 모둠 친구들, 끝으로 보다 큰 규모의 독자가 바로 그들이다.) 여러분은 독자의 도움을 바탕으로 이야기할 거리를 더 많이 찾거나 그것을 보다 잘 표현할 수 있는 방법을 찾게 된다.(179)

Elbow에 따르면, '위험한' 그리고 '안전한' 청자는 그들이 적대적인 비평가이든 아니면 협조적인 친구이든 간에 어느 정도는 객관적이다. 하지만 어떤 면에서 이들 청자의 개념은 주관적이기도 하다: "어떤 사람들은 아무리 우호적인 청자라 하더라도 겁을 내고, 또 어떤 사람들은 심지어 부정적 청자에게도 친밀감을 느낀다."(184-85). 다음은 Elbow가 위험한 청자와 안전한 청자에 대해 이야기한 것이다:

> 위험한 청자(Dangerous Audience). 여러분이 청자를 위험하다고 느낄 때: (가) 여러분은 너무 무서워서 아무 것도 쓸 수 없다. 또는 (나) 여러분은 극도로 긴장한 나머지 자신이 저지를지도 모르는 실수에 너무 집착하여 자연스럽고 부드러운 어휘를 찾을 수 없고, 따라서 생각에 쉽게 집중할 수가 없다. 또는 (다) 단어나 생각을 하는 데는 전혀 방해받지 않을 수 있지만, 여러분을 방어적인 목소리로 안전하게 글을 쓰게 만들어 결국에는 힘이 없는 목소리를 내게 한다.

> 안전한 청자(Safe Audience). 반면, 여러분이 청자를 안전하다고 또는 고무적이라고 느낄 때 여러분의 사고는 활짝 열린다: 더 많은 아이디어를 생각하고 이미지를 느끼고 단어가 더 쉽게 떠오른다. 그러나 때로는 안전한 청자가 여러분이 이전에는 느끼지 못했던 내면의 목소리를 발견하도록 종용할 수도 있다.(187-88)

이어서 Elbow는 실제로 글을 읽는 사람들인 실제 독자와 '우리 머릿속에 있는' 또는 우리가 내적 대화를 함께 수행하는 청자 사이의 차이점을 구별한다(186). 우리 머릿속의 청자는 흔히 일반적인 독자(readers-in-general)로 종종 특정 수사학적 상황에서 잘못되거나 부적절한 반응을 이끌어 내고, 실제 청자에 대한 인식을 왜곡할 수 있기 때문에 위험하다(186). Elbow에 따르면, 이들 네 가지 청자 개념—위험한 독자와 안전한 독자, 실제 독자와 우리 머릿속에 있는 독자—의 상호작용은 글쓰기의 질과 양 모두에 영향을 준다.

Elbow에 의하면 '힘 있는 글쓰기'의 한 가지 비결은 비록 처음에는 실제 독자와의 상호작용이 거의 없다 할지라도 작가를 격려해 주는 청자를 찾는 것이다. 긍정적인 청자(enabling audience)는 글을 쓰는 과정에 따라 글쓰기가 이루어지는 상황에 따라 달라질 수 있다. 예를 들면, 초기 단계에서는 실제 청자에 대해 너무 많이 생각하는 것이—또한 그 청자가 위험한 독자라면—작가의 글쓰기 과정을 방해할 수 있다. 나중에는 안전에만 탐닉하는 것이 글을 지루하고 재미없게 만들 수 있다. 작가는 초점을 날카롭게 하거나 생동감 있는 글을 쓰기 위해 위험한 독자를 머릿속에 떠올릴 수 있다. 때로는 위험한 독자에 대한 분노를 표현하는 것이 글을 보다 명료하고 강력하게 진술할 수 있게 해준다(『Writing With Power』 188-90).

내적 대화: 청자 조정하기

청자를 조정하는 것은 누군가 글을 쓸 때 일어나는 내적 대화를 생성하고 조정하는 방법이다. 이것은 Elbow가 말한 대화적 교육의 다른 측면이라 할 수 있다. Elbow 자신은 모든 개인적 글은 사회적이고 그렇기 때문에 대화적이라는 생각에 반대하지만, 필자는 개인적인 글은 항상 '내포 청자(audience of self)' 와의 사회적 대화를 통해 작성된다고 생각한다. 따라서 Elbow가 언급한 무청자(nonaudience)의 개념보다 '내포 청자' 가 작가를 위한 보다 긍정적인 비유라고 할 수 있겠다.

'Closing My Eyes as I Speak' 에서 Elbow는 학생들이 청자를 보다 의식하게 하는 기존의 교육 방법에 반대하여 '청자 무시하기의 좋은 점'을 강조하려고 하였다(50). 그래서 그는 다음과 같이 주장한다:

> 내 말의 요지는 작가가 청자를 결코 고려하지 말아야 한다는 것이 아니다. 중요한 것은 청자를 고려하는 시기의 문제이다. 청자는 힘의 장(field of force)을 형성한다. 우리가 이들 독자를 생각하면 할수록 독자가 우리의 마음에 끼치는 영향은 강해진다. 그렇다면 이 시점에서 '특정 청자는 항상 작가에게 도움이 되는가? 아니면 작가를 혼란스럽게 하거나 방해하지는 않는가?' 와 같이 보다 실제적인 질문을 해야 한다.(51)

Elbow는 작문 교육에서 청자와 작문 목적에 관심을 가질수록 학생들을 혼란에 빠트려서 글쓰기를 어렵게 하거나 왜곡된 청자가 학생의 글쓰기를 방해할 수 있다고 우려한다. 이와 함께 그는『Writing With Power』에서 했던 주장을 다시 언급하고 있다. 그 주장이란 무청자 글쓰기 즉, 청자를 전혀 고려하지 않고 글을 쓰는 것이 가능하다는 것이다. 무청자의 개념은 다음과 같이 두 가지로 나누어진다:

안전한 무청자. 누군가를 위해 글을 쓰는 것이 아닐 때(쓰고 나서 휴지통에 버리는 글, 자기 자신을 위해 쓰는 글, 그냥 쓰는 글) 여러분의 머릿속에는 종종 어휘들이 미친 듯이 떠오른다. 이때 여러분은 새로운 인상과 목소리 그리고 분위기를 찾게 된다.

위험한 무청자. 정말로 실재 청자가 존재하지 않을 때—여러분의 마음에 지금 즉시 혹은 미래에라도 떠오르는 청자가 아무도 없을 때—는 글을 전혀 쓰지 못하고 헤매게 된다. 그리하여 말하고 싶은 것도 없고, 머리에 떠오르는 생각도 없고, 타인과 공유할 생각도 없다.(『Writing With Power』 188)

Elbow는 개인적(공적인 의미와 반대되는)인 글쓰기에는 청자가 없을 수도 있고 소통 의도가 없을 수도 있다고 한다. 즉, 그는 자아와 그 어떤 종류의 대화도 하지 않는 상황이 있을 수 있다고 말하는 것이다. 하지만 무청자는 학생들을 망칠 수도 있으며, 오히려 Elbow의 무청자와 비슷한 '내포 청자' 가 훨씬 긍정적일 수 있다는 것이 나의 생각이다.

Elbow는 청자가 없는 진정한 의미의 개인적 글의 개념에 반대하는 주장에 대하여 잘 알고 있으며, 'Closing My Eyes as I Speak' 에서 이러한 반대 주장을 수용하려고 시도한다:

모든 담화를 사회적으로 보는 어떤 독자들은 공적인 글과 개인적 글(저항적 사고의 덫) 사이에 위치한 나의 주장을 반대할 것이고, 완전히 개인적인 담화는 없다고 주장할 것이다. 소위 개인적으로 보이는 것, 개인의 고독한 정신 활동으로 보이는 것은 실제로는 사회적이다.(61)

그는 심지어 사회적인 비평에 찬성하는 것처럼 보이기도 한다:

'개인적 글' 의 기저에 사회적인 성격이 깔려 있다 하더라도, 그것이 독

> 자에게 어떤 작용을 하는지 혹은 어떻게 이해되는지에 대해 사실 걱정할 필요가 없다. 우리는 청자가 우리에게 조언하는 것들('글을 쓸 때 마음에 청자를 담으려는 노력과 분산시키려는 노력')을 삼갈 수 있다. 그러므로 이러한 사회적 담화 이론은 '개인적 글쓰기'의 장점을 훼손하지 않는다. 따라서 "글을 쓸 때는 항상 (의도된) 청자를 고려하려고 노력해야 한다."는 전통적인 수사학의 충고는 설득력을 잃게 된다.
>
> 사실 이 사회적 담화 이론은 부수적으로 내가 해왔던 두 가지 주장을 보충해 준다. 첫째, 비록 글을 쓰는 과정에서 모든 청자를 고려해야 한다고 하더라도, 더 많은 청자를 초청하여 글을 쓰게 되면 글쓰기를 방해하는 청자로부터 벗어날 수 있다. 둘째, 청자의 문제는 실제 독자뿐만 아니라 '내포 독자'의 환상으로부터도 생겨난다(『Writing With Power』 186). 우리가 외적인 독자와 내적인 독자 양쪽의 영향을 보다 잘 인식하는 방법과 언어를 다루는 방법을 배우면 골칫거리 유령 독자의 그늘로부터 벗어날 수 있다.(62)

Elbow는 사회적 담화 이론이 여러 가지 면에서 자신의 주장을 지지한다는 것을 깨달았다. 하지만 그는 자신이 그동안 축적해 온 연구 성과에도 불구하고, 공적인 글과 개인적인 글을 구별하는 것과 무청자 글쓰기의 가능성을 포기할 수 없었다.

Elbow는 개인적인 글쓰기에서 내포 독자의 필요성에 동의하지만, 또한 '내포 독자와의 대화가 없는' 상황도 인정한다(63). 그는 이와 관련된 두 상황에 대하여 다음과 같이 설명한다:

> 독자가 없는 자유 글쓰기—자신을 위해 글을 쓰지만 정작 자신에게 쓰는 것은 아닌—의 목표는 대화가 아니라 그것이 이끄는 대로 대상을 보도록 느낌이나 사고를 훈련하는 것이다. 이런 종류의 자유 글쓰기를 할 때에는 (그리고 많은 사람들이 그것을 배우지 않는다) 특별히 앞에 쓴 내

> 용을 돌아보거나 다시 읽지 않는다. 그냥 글을 써 나가고, 이미 쓴 내용은 무시한다. 반면에 유일한 '진짜 산물' —자유 글쓰기에 의해 마음에 생성된 새로운 인식, 사고 혹은 감정—은 누적되고 다시 보여진다 (여러분이 언어를 전혀 경험하지 않았다는 것이 아니다. 다만 수신자나 청자로서가 아닌 화자로서, 송신자로서 그리고 발행자로서 그것을 경험했다는 것이다. 그것은 청자 되어 보기와 같은 것으로 '화자' 와 '청자' 사이의 차이점을 부정하는 것과 같다.)
>
> 엑소시즘으로서의 쓰기는 내포 독자를 고려하지 않는 개인적인 글쓰기의 보다 극단적인 예에 해당한다. 어떤 사람들은 생각이나 감정을 지우기 위해 글쓰기를 배운다. 집요하게 머릿속을 맴도는 것들을 자유롭게 글로 옮김으로써 마침내 그것을 밖으로 방출해 낼 수 있다.(63)

이런 종류의 글쓰기에는 의사소통을 할 의도가 없다고 말하는 것은 '의사소통' 은 항상 화자가 아닌 다른 누군가를 향한 것이라는 오개념을 형성한다. 이 사례가 의도하는 의사소통의 목표는 바로 자아와의 소통이다; 이는 사고의 훈련 혹은 감정이 안내하는 대로 대화하는 것인데, 탐구적인 대화에서 흔히 사용되는 수사적 목적이다.

내적 청자 또는 내적 독자에 대한 논쟁에서 혹자는 '화자' 와 '청자' 의 차이를 부정하기도 하는데, 이는 구어 수사학의 논의를 바탕으로 하는 것으로 어떤 글쓰기 상황에서는 화자와 청자의 차이가 명확하게 드러나지 않는다고 한다. 하지만 이 주장은 옳지 않다. 어떤 글쓰기 상황에서건 작가는 청자를 고려한다. 개인적 글쓰기에서 주체 스스로 청자의 요구를 설정한다고 보는 것이 오히려 타당하다. 다만 그 요구가 지나치게 긍정적이어서 잘 드러나지 않지만 자기 자신과의 대화에서는 여전히 필요하다. 이것은 '내포 독자' 냐 '무청자' 냐의 문제라기보다는 정도의 문제라 할 수 있다. Elbow가 말한 '엑소시즘으로서의 글쓰기' 와 같은 극단적인 글쓰기 사례에서도(대학 수준의 작문 수업에 적당한 담화 형식이 아닌) 주체는 언어를 쏟아낼 때 그 자신의 목소리에 귀를 기울인다. 여러분이 한 페이지의 글을 쓰는 동안에 아무것도 듣지 않으려고 하는 상황을 가정해 보자. 설사 그 페이지가 시야에서 사라지거나 컴퓨터 화면이 꺼지더라도 말이다. 가장 개인적인 글이라 할지라도 청자는 상상 속에서 각기 다른 유형의 청자들이 각각의 목소리를 내는 것과 매우 유사한 방식으로 작가의 머릿속에서 작용한다.

결국 보다 중요한 것은 여러분이 좋아하는 이론상의 용어가 무엇인지가 아니라 어느 것이 작가에게 보다 긍정적인 기여를 하는가이다. 이러면에서 나는 Elbow와 의견을 같이한다:

> 특히 교사로서 우리는 '개인적인 글쓰기' 를 지도하기 위해 그 개념을 구분하고 강조할 필요가 있다. 뿐만 아니라 청자나 사회적인 자극에 의존하지 않고 생산적이고 확장적인 사고를 할 수 있게 해주는 핵심 사고 능력을 지도해야 한다. 많은 학생들이 실제 독자에게는 반응할 수 있지만 머릿속의 내포 독자와는 생산적인 대화를 잘 하지 못한다. 그런 학생들은 종종 자신들이 매우 관심 있어 하던 주제에 대한 흥미를 잃는다. 그 이유는 그들이 그것에 대해 흥미롭게 이야기를 나눌 수 있는 타인을 찾지 못하며, 자기 자신과 반성적인 대화를 나누는 방법을 배우지 못하였기 때문이다.(62)

개인적인 글을 쓸 때 청자를 전혀 고려하지 않거나 개인적인 글을 쓰는 상황에서 '위험한 무청자' 의 덫에 빠지는 이유는 바로 그들이 자유 글쓰기를 할 때 자신과 대화할 수 있는 내포 독자를 찾지 않기 때문이다.

대신에 작가가 개인적 글쓰기를 자아와의 대화로써 생각하고, 자신이 완전히 통제할 수 있는 수사학적 상황을 마음속에 그리도록 격려하는 것이 훨씬 더 생산적일 수 있다. 많은 긍정적 청자를 만들어 내는 자유 글쓰기는 Elbow가 말한 다소 공허한 의미를 지닌 '무청자' 라는 용어보다 작가에게 훨씬 더 의미 있다. 여기서 놓치지 말아야 할 점은 자아는 잘 경청하도록 동기화되기도 하지만 때로는 그렇지 않을 수 있다는 점이다. (그 이유에는 여러 가지가 있다. 때로는 어휘가 자아를 위협하기도 하고, 때로는 자아에게 아무런 가치가 없거나, 검열을 당하기도 하는 것 등이 바로 그 이유이다.) 우리에게 필요한 것은 무청자가 아니다. 오히려 우리는 청자(listener)－때로는 잘 듣지 않는 것처럼 보이기도 하는－가 필요한데, 그 청자는 아주 조용해서 무청자처럼 보이기도 하지만 언어를 기록하기 위해서는 들어야 한다. 이것은 그야말로 정도의 문제이다.

궁극적으로, Elbow가 주장하는 교수법의 목표는 글을 쓰는 과정에서 내적 대화를 활성화시키는 것이다. 교실에서 이루어지는 대화들은 학생들이 홀로 글을 쓸 때, 글쓰기 과정을 안내하는 내적 기제를 발달시키는 데 기여한다. 작가가 청자의 개념을 조절할 때, 작가는 또한 내적이고 긍정적인 대화의 과정을 조절하고 있는 것이다.

표현주의 대화

지금까지 설명한 것처럼 대화적 교육은 다른 목표를 가질 수 있고 그 목표에 따라 다른 결과가 나올 수 있다. 예를 들면, Macrorie와 Elbow가 말하는 대화 집단은 미래의 '실제' 청자를 대신하여 작가에게 즉각적인 피드백을 제공한다. 그러나 Murray의 대화 집단은 우선 학생의 글쓰기 과정에 대한 반응에 관심을 가진다. 다시 말해, 최종 산출물로서의 글을 생산해 내기 위해 하는 일련의 행동에 관심을 갖고 그에 대해 반응하는 것에 초점을 맞추는 것이다. 대화의 내용은 작가의 생각을 정확하게 혹은 부정확하게 반영한 글에 나타난다. Murray의 대화는 글쓰기 과정에서 작가가 쓴 글의 내용이나 그것이 독자에게 어떠한 반응을 불러일으켰는지에 대한 것이 아니라 작가가 자신이 쓴 글에 대하여 어떻게 인식하고 있는지와 그것을 생산하는 과정에 대한 것이다.

이어지는 세 장에서 논의할 사회 구성주의자, 급진적 교육 이론가, 후기구조주의자들과는 달리 표현주의자들은 대화에 대하여 자기들만의 개념을 가지고 있다. 그들은 타인과의 대화적 상호작용에 관심을 갖지만 그들이 말하는 대화적 상호작용은 작가가 내적 자아와 보다 효과적으로 대화하는 능력을 촉진시키고 그렇게 함으로써 작가로 하여금 내적 자아를 알도록 도와주는 것에 국한된다. 그렇기 때문에 사회적 대화는 이차적인 문제가 되며, 자아와의 대화에 종속된다. 표현주의 작문 이론은 쓰기가 지닌 사회적 대화의 특성을 강조하지 않으며, 쓰기를 사회 집단에서 일어나는 보다 큰 대화의 일부분으로 여기지 않는다. 표현주의자들은 작문 행위를 궁극적으로 자기 자신－작가가 진실로 말할 필요가 있는 것들을 모호하게 할 수 있는 수많은 목소리들로부터 떨어져서－에 의해 가장 잘 수행되는 외로운 과제로 바라본다. Elbow가 『Sharing and Responding』의 서두에서 말한 것처럼 "우리는 동료와 대화하지만 글은 혼자 쓰는 것이다"(1).

표현주의는 자기인식(self-knowledge)과 자기표현을 강조하기 때문에 쓰기를 사회적 상호작용으로서의 대화나 타자와의 의사소통 과정으로 보지 않는다. 다만 대화를 통한 사회적 상호작용이 작가로부터 자아의 독특한 세계 경험의 진실을 이끌어 낼 때에만 관심을 갖는다. 그들은 초보 작가에게 독백(self dialogue)에 참여할 기회를 주면서 학생들이 그러한 지식과 비판적 인식에 접근할 수 있도록 해주는 내적 대화를 촉진시킨다.

어떤 의미에서 살펴보면 표현주의자들은 정치적인 발언을 하고 있다고 할 수 있다. 그들은 개인적인 글쓰기에서 완전히 탐구되지 않고 완전하게 표현되지 않는 것을 위험하다고 본다. 표현주의자들에 의하면, 쓰기는 항상 '거짓'을 표현할 위험을 가지고 있다. Macrorie의 목표는 학생들이 자신의 글에서 '진실을 말하는 것'이다. '좋은' 글의 정의는 정확히 '진실을 말하는 것'으로 대치되기 때문이다. Murray는 "작가란 먼저 청자를 고려하고, 이를 바탕으로 그가 듣고 싶어 하는 것을 글로 쓰는 사람이 아니다." ('Interior View' 11)라고 썼다. 그는 만약 작가가 다른 사람을 위해 글을 쓴다면, 그들이 듣기 원하는 것을 쓰고 진실을 무시할 수도 있다고 암시하고 있다. Elbow도 역시 청자를 의심한다. "청자는 힘의 장(field of force)이다. 우리가 이들 독자를 생각하면 할수록 독자가 우리의 마음에 끼치는 영향은 강해진다." ('Closing My Eyes as I Speak' 51) 청자를 바르게 다루지 않으면 작가는 점점 진실로부터 멀어질 가능성이 있다. 표현주의 쓰기 교육의 목표는 항상 개인 존재의 진실성을 발견하고 표현하는 데 있다. 물론, Elbow는 Macrorie와 Murray보다도 어떤 점에서 쓰기는 사회적이어야만 한다는—출판되거나 읽히거나, '타인의 머릿속'으로 들어가야 한다는—것에 중점을 둔다. 문제는 단순히 이것이 언제 일어나느냐는 것이다. Elbow는 개인적인 안목이 먼저 발달되어야 한다고 생각한다.

표현주의 이론에서 공적인 것과 개인적인 것, 자아와 타자, 이론과 실천 사이에 모순이나 긴장이 있다는 것이 아직 명확하게 구분되지 않았기 때문에 여기서 다시 다루고자 한다. 모순되게도, 표현주의자들은 사회적 상호작용과 관련이 있는 대화적 교수법을 이용하지만 글쓰기는 본래 자아 발견의 행위이지 의사소통 행위가 아니라고 주장한다. 그러나 그들은 누군가의 자아를 이해하는 가장 효과적인 방법은 타인과의 대화에서 이루어지는 집단 조력이라고 말한다. 많은 학자들이 표현주의의 학문성에 대해 보다 자세히 연구하기 시작했지만 여전히 이러한 모순이 해결되지 않고 있다.[6]

2장에서는 표현주의자들과 비슷한 교수 방법을 활용하지만 쓰기 과정 자체를 사회적 행위로 생각하는 이론가들에 대하여 논의하고자 한다. 그들은 세계를 이해하기 위한 목적을 지닌 글이든 단순한 사실을 기록하기보다 '의미를 만드는' 데 목적을 지닌 글이든 간에 모든 글은 궁극적으로 타자와 관련을 맺는 보다 큰 대화의 일부분이라고 생각한다.

주석

1. Berlin과 Faigley 참조.

2. Coles의 작품에는 많은 학생들의 토의가 묘사되어 있는데, 토의의 목적은 Coles 자신이 받아들일 수 있는 담화를 설정하는 것이다. 이 코스의 주제는 언어, 경험, 개인의 정체성과 관련 있다. Coles는 학생들에게 글쓰기에 대한 새로운 시각을 보여 주려고 한다. 그가 텍스트를 바라보는 관점은 타당하며, 학생들은 그의 방식대로 사물을 바라보는 토의를 하게 된다. 그들은 서로의 글에 대해 반응하지 않을 뿐만 아니라 글쓰기를 청자와 작가 사이의 상호작용으로 바라보지 않는다. Donald Stewart가 사전쓰기(prewriting)을 지지했을지라도 Coles는 상호작용을 중요하게 생각하지 않는다.

3. 3장에서 논의할 Freire가 말한 주입식 교육(banking education)*의 개념을 간략하게 정리해 보라.

4. Lindemann에 따르면, Macrorie는 North Carolina 대학의 대학원생 때부터 자유 글쓰기에 대한 실험을 시작했다. "Ken Macrorie" 362쪽 참조.

5. 3장에서 논의할 것이지만 대화를 유지하기 위해 신뢰를 구성하는 요소는 일반적으로 Freire 이론과 급진적 교육에서 중요한 문제이다.

6. Harris 참조.

---

* 역주: Freire가 전통적인 교육 시스템을 비판하기 위해 사용한 용어로서, 학생들은 가만히 있고 교사가 지식을 학생들의 머리에 넣어줌으로써 학생의 비판적 사고력과 자기 주도적 학습능력을 저해하는 교육 방식에 대한 비유적 표현이다.

제2장

사회 구성주의와 대화주의

(Social Constructionism and Dialogism)

앞 장에서 논의한 것처럼 표현주의 수사학은 '좋은' 글은 모두 개인으로부터 나온다고 가정한다. 작가의 과제는 세계를 해석하기 위해 내면을 들여다보는 것이다. 다시 말해 글쓰기는 개인적인 문제인 것이다. 표현주의자들은 1970년대와 1980년대 초반까지 작문 연구 분야에서 커다란 영향력을 행사하였다. 그러나 사회적 인식론을 바탕으로 글쓰기를 '사회적' 행위로 바라보는 작문 학자들에게 점차 공격을 받았다. 표현주의자들을 공격한 작문 학자들은 주로 '사회 구성주의(social constructionism)' 인식론의 영향을 받았다. 이후 사회 구성주의자들은 작문 연구에서 가장 강력한 영향력을 행사하게 되었고, 쓰기 · 언어 · 인식론에 대한 '사회-인식적(social-epistemic)' 관점은 최근 여러 학문에 널리 퍼졌다. 이러한 사회적 관점의 쓰기는 대화적인 성격을 매우 중시한다.

사회적 구성과 신념의 정당성

사회적 구성은 지식이 사회적 상호작용의 산물이라는 인식론에 근거를 둔 개념이다. 우리가 소위 '지식' 이라고 부르는 것은 담화 공동체 구성원들 사이의 협상과 합의의 산물인 것이다. 사람들은 지식을 더 이상 인간 외부에 존재하는 어떤 것—사회적 상호작용과 분리되어 존재하며, 발견되리라고 기대하는—으로 보지 않는다. Kenneth A. Bruffee는 다음과 같이 말한다:

> 어떤 학문에서건 사회 구성주의자들은 우리가 흔히 실재, 지식, 사고, 사실, 텍스트, 자아라고 부르는 실체들이 유사한 생각을 공유하고 있는 공동체 구성원들에 의해 만들어진다고 생각한다. 사회 구성주의에 따르면 실재, 지식, 사고, 사실, 텍스트, 자아 등은 공동체에서 생성되고, 공동체를 유지하는 언어적 실체이며—더 넓게 말하면 상징적 실체—이러한 언어적 실체들은 다시 공동체를 정의하거나 '구성' 한다.('Social Construction' 774)

사회 구성주의자들은 지식이란 경험적 방법을 통하여 '실제' 세상의 '외부' 에서 발견되는 어떤 것이 아니라 사실, 자아, 실재, 심지어 지식 자체까지도 언어, 문화, 사람 그리고 물질적 세상 사이의 변증법적 상호작용에 의해 만들어지는 것이라고 주장한다.

사회 구성주의자들의 관점은 부분적으로는 Thomas Kuhn의 업적에서 파생되었다. Kuhn은 지금은 유명해진 『과학 혁명의 구조(Structure of Scientific Revolutions)』에서 상식적인 믿음과는 반대로, 과학적 지식은 과학자들이 '진실' 에 가까이 접근하는 과정의 산물이 아니라고 주장한다. 그보다 과학적 지식은 과학 공동체 안에서 이루어진 합의의 산물이라고 말한다. 즉, 지식은 발견되는 것이 아니라 창조된다는 것이다. Kuhn은 과학자들이 보통의 지식 체계 혹은 패러다임 안에서 사고하고 작업한다고 주장한다. 그리고 현재의 패러다임이 특정 현상을 더 이상 만족스럽게 설명하지 못할 때 새로운 지식이 나타난다고 말한다. 이때 과학자들은 새로운 설명적 패러다임을 찾고 만들어 낸다. 만약 새로운 패러다임이 이전 것에 비하여 합리적인 대안으로 보이면, 과학 공동체의 구성원들은 이전 것을 새로운 것으로 교체하는 데 동의하고, '과학 혁명' 이 일어나는 것이다. 그러므로 과학적 지식은 우리가 일반적으로 생각하듯이 진화하는 것이 아니라 혁명을 통해 새롭게 등장하는 경우가 많다.

Kuhn의 획기적인 연구에 기대어 철학자 Richard Rorty는 지식의 개념을 합의의 산물로 확장시켰다. Rorty는 과학적 지식뿐만 아니라 모든 지식은 대상에 대한 옳고 그름을 결정하는 특정 공동체의 구성원들에 의해 창조된다고 주장한다. Rorty는 서구의 형이상학과 분석 철학을 통렬하게 비판하면서 지성의 역사가 검증 가능한 진실의 토대 위에서 지속적으로 형성되어 왔으며, 이를 통해 우리가 진실된 '앎' 에 점점 더 가까이 다가가고 있다는 수세기 동안 지속되어 온 낡은 믿음을 거부한다. 대신 Rorty는 그러한 토대가 더 이상 존재하거나 지속될 수 없다는 '반정초주의(anti-foundationalist)' 의 입장을 취한다. 지식은 영원불멸하고 확고부동한 것이 아니라 일시적이며 구성과 관련이 있다는 것이 그의 생각이다. 즉, 지식은 특정한 시간과 장소에 묶여 있으며, 우리가 이것을 보다 '유용한' 구성물과 교체하기 전까지 세상에 대처할 수 있도록 도와주는 어떤 것이다.

Kuhn과 Rorty가 말한 "지식은 합의를 통해 구성된다" 고 한 개념은 담화와 대화가 매우 중요하다는 것을 의미한다. 언어는 더 이상 사고와 지식을 전송하는 전달자가 아니다. 그보다 언어는 지식 그 자체의 구성물이 된다. 사실상 모든 지식은 수사적이며 담화의 산물이다. 오로지 대화, 협상, 합의의 과정을 통해서만 지식이 구성되는 것이다. 그렇다면 누군가는 모든 지식이 대화적이라고 또는 적어도 대화주의의 산물이라고 말할 수 있겠다. 사실 곧 논의하겠지만 흔히 이처럼 대화적 성격을 띠는 과정은 '대화(conversation)'에 비유된다.

사회 구성주의와 데카르트의 '인지적 인식론'의 차이점은 몇 가지 더 있다. 전통적인 데카르트 사고에서는 지식의 이면 혹은 지식의 기저에 어떤 종류의 보편적인 토대, 기반, 기본, 틀, 구조가 있어야만 한다고 생각한다. 우리가 아는 것은 확실성이나 진실을 보장하면서 만들어진다(Bruffee, 'Social Construction' 776). 이러한 토대는 지식의 참된 가치를 평가하는데 사용된다. 예를 들면, 미신은 신이라는 어휘의 토대에서 평가할 수 있다. 이러한 논의의 맥락에서 보면, 표현주의 수사학에서 진실의 가치는 세상에 대한 개인의 내적 시각(vision)을 토대로 평가받는다. 반대로, 사회 구성주의자들은 지식의 구조에 대한 어떠한 토대도 거부한다. 대신에, "단지 식견 있는 동료들로 구성된 공동체에 의해 도달되는 합의와 동의만이 있을 뿐이다"(777).

두 번째 가정은 이렇다. 마음은 어떤 보편적 양식에서 기능하고, 사고의 어떤 양식은 마음의 '블랙박스' 안에서 타고난 것인 동시에 객관화되어 있으며, 심지어는 측정 가능한 실체들일 것이다(777). 오히려 사회 구성주의는 사고를 마음의 산물이 아니라 담화가 내면화된 것이라고 가정한다. 바꾸어 말하면, 사고는 이미 본질적으로 사회적이며, 담화의 사회적 행위 또는 내면화된 대화로부터 발생하는 것이다.

세 번째, 인지주의자들의 인식론은 "개인의 자아는 모든 사고의 매트릭스(matrix)이다"라고 가정한다. 즉, "나는 생각한다. 고로 나는 존재한다"는 것이다. 이와는 다르게 사회 구성주의자들은 다음과 같이 가정한다:

> 사고의 매트릭스는 개인의 자아가 아니라 지식 공동체의 구성원과 그 공동체의 언어에 의해 만들어진 것이다. 즉, 사회 구성주의는 지식과 지식의 권위를 공동체에서 생성된 것 그리고 공동체를 유지시키는 상징적인 유물로 이해한다.(777)

마찬가지로 분리되고 자동화된 자아의 개념은 사회 구성주의에서 받아들여지지 않는다. 대신에 자아는 개인적이고 문화적인 맥락에서 상호작용에 의해 사회적으로 구성된 것으로 이해된다. 사회 구성주의 이론에서 자아는 사회적 집단과의 관계에서 변증법적인 방식으로 창조된다.

작문 연구에 있어서 사회 구성주의자들의 가장 중요한 가정은 지식과 언어는 분리할 수 없다는 것이다. 인지주의 인식론은 언어를 사고의 매개 또는 통로(사고의 외형)로 보았다. 따라서 언어를 지식의 주변부에 두었다. 그러나 Bruffee에 따르면, 사회 구성주의는 언어와 지식을 동일한 것으로 이해하고 있으며, 언어와 수사학을 지식과 그 권위를 이해하려는 노력의 중심에 두고 있다('Social Construction' 778).

분명 사회 구성주의자들은 언어를 '사회적' 행위로 이해한다. Kenneth A. Gergen이 지적한 대로, 언어는 본질적으로 공유되는 행위이다. 확실히 소리나 표시가 공동체 안에서 공유되기 전까지는 그것을 언어라고 부르기 어렵다(270). 언어는 그것이 말이든 글이든 아니면 개인적이든 공적이든 간에 그 자체로 존재하지 않으며, 어떤 사회적 관계를 공유하는 둘 또는 그 이상의 사람들의 약속에 따라 존재한다. 적어도 언어는 대화의 형태를 띠지 않으면 존재하지 않는다.

사회 구성주의 인식론을 끌어온 작문 이론가들은 작가의 임무를 언어와 타인, 문화와의 상호작용으로 이해한다. 그리고 이 상호작용을 통하여 지식이 만들어지고 유지된다고 주장한다. 이러한 관점에서 보면, 글쓰기는 전적으로 사회적 행위이다. 글쓰기는 타인과의 협력을 포함하는 행위이며, 쓰여진 글 자체는 사회적 상호작용의 일부로서, 공동체나 집단 사이에서 진행되는 일련의 대화나 담화의 일부로 이해된다. 글은 더 이상 다른 문서와 다른 사람들과 무관한 것으로 생각되지 않는다. 다시 말해, 글쓰기는 더 이상 단순하게 한 사람이 다른 사람에게 일방적으로 지식을 전달하는 행위가 아니라 작가와 독자가 지식을 함께 생산하고 유지하는 대화의 일부분인 것이다. 작문 연구에서 쓰기에 대한 이러한 관점을 흔히

'사회 구성주의' 또는 '사회-인식적' 관점이라고 부른다.

Marilyn Cooper의 생태학적 모형

일부 작문 이론가들은 사회-인식적 관점이 글쓰기에 주는 시사점을 보다 구체적인 방법으로 이해하기 시작했다. 그리하여 학생들이 왜 사회-인식적 관점에서는 글쓰기를 사회적인 행위라고 말하는지에 대해 완전히 이해할 수 있도록 돕기 위한 모형을 개발하고 있다. 이러한 설명적 모형들 중 가장 먼저 소개할 것은 Marilyn M. Cooper의 '생태학적' 모형이다. 그녀는 작가를 '이상적으로' 바라보는 제한된 쓰기 관점에 대하여 다음과 같이 말하고 있다:

> 나는 사회로부터 분리된 작가를 고독한 작가라고 부른다. 고독한 작가는 자신의 마음 안에서 혼자 글을 쓴다. 그는 자신이 대상에 대하여 알고 싶은 것을 발견하고 다른 사람에게 말하고 싶은 것을 찾기 위해 자유글쓰기와 발견 학습법을 사용한다. 그는 글의 목적을 발견하기 위해, 자신의 글을 읽을 독자를 상상하기 위해, 글쓰기에 사용할 전략을 결정하기 위해, 글의 내용을 조직하기 위해 자신이 가지고 있는 분석적 기술을 사용한다. 또한 그는 성공적인 글을 쓰는 데 필수적인 마지막 고쳐 쓰기를 하면서 자신의 글이 독자들에게 어떻게 읽힐 것인지 상상한다.(4)

이와는 다르게 사회적 또는 생태학적 쓰기 관점은 개인 작가와 그들을 가까이 둘러싸고 있는 것들을 포함한다. 생물학에서 묘사되는 자연 생태계처럼 글쓰기는 모든 행위가 다른 행위에 영향을 끼치는 상호 연관되고 역동적인 시스템으로 그려진다. 작문 상황을 묘사하기 위해 Cooper는 "누군가가 하나의 거미줄 위에 서면 거미줄 전체가 진동하는"(9) 거미줄의 은유를 사용한다. 작가에 의해 발생한 움직임은 체계(시스템)의 관계를 변화시키고, 결과적으로 작가의 상황을 변화시킨다. Cooper는 이들 '체계'는 일련의 제한된 범주로 구성되는 것이 아니라, 글을 쓸 때에 작가에 의해 만들어지고 재생되는(7) 체계의 '거미줄'이라고 강조한다. 이들 체계는 또한 보다 긴 시간에 걸쳐 변화하는 더 크고 역동적인 문화적, 역사적 힘의 영향을 받는다. 뿐만 아니라 이들 체계는 '실제 시간'에서는 항상 변화하는 반면에, 어떤 주어진 시간에서는 여전히 특정화되어 있다.

Cooper는 이들 상호작용 체계를 다섯 가지로 나누어 설명한다. 첫째, '아이디어의 체계'는 개인의 경험과 관찰을 지식으로 전환시키기 위해 작가가 그들의 세상을 이해하는 수단이다. 작가가 아이디어와 상호작용하는 과정은 대화적이다. Cooper는 텍스트와의 직접적인 대면에 의해 아이디어가 나온다고 주장한다. 아이디어를 만들어 내는 대화의 과정은 '연속적'으로 이루어진다. 그 과정은 공동체의 구성원들이 대화에 참여하는 한 지속된다. 그것은 어떤 단일한 구성원에게 필연적으로 의존하지 않고, 많은 세대에 걸쳐 지속될 수 있다. 다만 오랜 시간이 흐르면서 그 대화의 내용이 변할 뿐이다(8).

둘째, '목적의 체계'는 공동의 대화에서 달성되는 것 혹은 Cooper가 말한 것처럼 작가가 그들의 행위를 조정하는 수단을 말한다. 예를 들면, 논쟁은 안건을 만들어 내려 하고, 약속은 예정표와 관계를 만들어 내려고 하는 것과 같은 것이다. 아이디어의 체계에서와 같이 대화의 목적은 상호작용으로부터 발생된다. 개인의 목적과 집단의 목적은 서로를 수정한다. 사실상 Cooper가 설명한 대로 개인의 욕구나 필요가 타인에게 인식되었을 때에만 목적이 된다(8).

셋째, '대인 관계적 상호작용의 체계'는 작가가 다른 사람에 대한 접근을 조절하는 수단이다. 다시 말해, 누가 누구에게 말하는 것을 승인하는 체계이다. 이 체계는 명령 계통과 특정 상황에서 대화의 예절을 통제하는 제도적인 위계성과 같이 명백하고도 은밀한 방식으로 나타난다. 작가가 타인과 상호작용하는 방식을 통제하는 두 가지 요소는 '친밀함'과

'힘' 이다. 먼저, 친밀함은 가족관계, 종교, 직업과 같이 상호 간에 관련된 것으로 보이는 유사성에 기반한 가까움의 정도를 말한다. 반면에, 힘은 필자가 타인의 행동을 통제할 수 있는 정도를 말한다(8). 다시 말하면, 대화는 친근감이라는 사회적 관계에 의해 인가받고, 개별 화자나 집단이 소유한 힘에 의해 인가받는다. 예를 들면, 서구 문명 사회에서 백인 남성은 여성, 어린이 또는 유색 인종보다 더 자유롭게 다양한 상황에서 대화에 참여할 수 있도록 인가받는다.

넷째, '문화적 규범의 체계' 는 대화에서 개별 화자의 역할을 결정한다. Cooper의 설명에 따르면, 사람은 항상 집단에서 글을 쓴다. 작가의 역할은 대학, 전문가 또는 기업과 같이 제도에 포함된 보다 조직적이고 사회문화적인 규범 체계로부터 정해진다. 즉, 작가의 역할은 그가 인문학자, 학생, 과학자, 회계원 등 어떤 역할에 기반하여 글을 쓰느냐에 따라 달라진다. 생태학적 체계처럼 문화적 규범의 체계는 작가의 역할을 구성하기도 하고, 반대로 그 체계 안에서 상호작용하는 작가에 의해 구성되기도 한다(8-9).

다섯째, '텍스트 형식의 체계' 는 작가가 의사소통하는 수단이다. 텍스트 형식은 충분히 이해할 수 있도록 고정적이지만, 매우 다양한 목적에 적용될 수 있도록 유연해야 한다. 따라서 텍스트 형식은 보수적인 동시에 혁명적인 측면을 모두 지닌다(8-9).

Cooper의 모형은 대화와 다른 수사학적 행동의 중요성을 특히 중요시한다. 담화 생산은 더 이상 일방적으로 독자에게 메시지를 보내는 것으로 인식되지 않는다. 사회 구성주의 이론에서 작가와 독자는 많은 사회적 힘의 영향을 받는 대화에 참여하게 된다. 이에 Cooper는 쓰기를 생태학적으로 보는 것은 작가와 독자가 사회적 존재로서 관계를 맺는 상호작용적 체계를 구성하는 것이라고 주장한다(12).

수사학의 사회적 이론

작문 분야에서 사회-인식적 관점을 제시한 Cooper보다 더 많은 영향을 미친 것이 Karen Burke LeFevre의 『사회적 행위로서의 창안(Invention as a Social Act)』일 것이다. LeFevre는 글쓰기의 사회적 측면에 대해 설명하는 수사학적 이론을 만들어 낸다. 그녀의 논문은 표면상 '창안' 에 대한 것이지만, 창안은 수사학 자체를 위해 제유법으로 사용된 것이다. LeFevre는 개인의 '자기성찰' 에 초점을 맞추면서 창안을 좁은 의미의 플라톤적 사고로 보는 것은 적절하지 않으며, 보다 폭넓게 이해해야 한다고 주장한다(11). LeFevre에 따르면 창안은 어떤 학문의 담화에서 알려지고 말하여진 것을 발견할 뿐만 아니라 능동적으로 창조하는 과정이다. 그리고 그것은 개인이 무엇인가를 생성해 내는 독특한 방식으로 사회적 문화와 변증법적으로 상호작용할 때 일어난다(33). 그녀는 수사적 창안을 '새로운 것의 창조' 라는 창안의 보다 일반적 의미와 분명하게 연결시킨다. 그리고 창안을 탐구의 개념과 밀접하게 관련시킨다. LeFevre가 말한 대로라면 수사적 창안은 담화를 생산하는 과정이다.

LeFevre는 창안의 몇 가지 중요한 사회적 측면들에 대해 다음과 같이 설명한다:

- '자아' 를 창안하는 것은 사회적으로 영향을 받으며, 심지어 사회적으로 구성된다.
- 인간은 언어 또는 다른 상징체계를 가지고 창안한다. 이때의 언어 또는 상징체계는 담화 공동체의 구성원들에 의해 사회적으로 만들어지고 공유된다.
- 창안은 아이디어의 사회적 유산, 형식 그리고 사고방식과 같이 이전 세대로부터 축적된 지식의 기반 위에 이루어진다.
- 창안은 상상 속 타자와의 내적인 대화 또는 창안자를 안내하는 믿

음의 전제 혹은 구조를 공급하는 독자의 구성에 의해 이루어질 수 있다.

- 작가는 종종 타인을 편집자와 평가자, 공명자(resonators), 협력자, 반대자나 악역을 맡은 악마의 대변인과 관련시킴으로써 창안한다.
- 창안은 제도, 관료, 정부, 학문 공동체의 보이지 않는 동료 등과 같은 사회 집단(social collectives)의 영향을 강하게 받는다.
- 창안된 것의 승인, 평가, 활용은 사회적 맥락에 크게 의존한다. (33-35)

1장에서 논의한 표현주의적 관점과 밀접한 관련이 있는 플라톤적 관점은 담화 생산의 특징을 모두 설명할 수 없다. LeFevre에 의하면 그것은 '불완전한' 관점이기 때문이다.

플라톤적 관점은 작문에서 우리가 창안의 역할을 이해하고 글쓰기에서 반성적 사고를 촉진시키는 데 크게 공헌했다. 하지만 한편으로는 창안에 대한 이해를 크게 제한해 왔다. 그 이유는 우리가 개별 창안자를 사회문화적 맥락으로부터 분리하여 연구하도록 이끌었기 때문이다. 아울러 플라톤적 관점은 창안을 폐쇄적이고, 일방적인 체계로 그리고 창안자를 사회와 괴리된 대상으로 묘사한다. 뿐만 아니라 창안이 협력적 과정이라는 것을 인식시키는 데 실패했다(32).

LeFevre는 창안의 사회적 특징을 이해하는 이론적 틀로 사용될 수 있는 연속체를 고안하였다. 이 연속체는 네 부분으로 나누어져 있다. 연속체의 한쪽 끝은 '플라톤적 관점'으로, 여기서는 창안을 재수집되고 표현되는 선천적 지식 또는 세계를 바라보는 선천적인 인지 구조를 지니고 있는 개인이 참여하는 개별적이고 주관적인 행위로 생각한다(49-50). 이러한 관점은 Elbow, Macrorie, Murray와 같은 표현주의 이론가들에게서 주로 나타난다.

두 번째는 '내적 대화'의 관점이다. 1장에서 논의한 것처럼 Elbow나

Murray와 같은 표현주의자들은 내적인 대화를 포함하는 교수법을 사용한다. 그러나 내적인 대화에 대한 그들의 개념은 여전히 개인의 쓰기 과정에 초점을 두고 있으며, 내적인 대화의 사회적 측면은 고려하지 않는다(Elbow의 최근 연구는 내적 대화의 사회적 측면을 고려하는 쪽으로 방향을 전환하고 있다). 내적 대화에 대한 사회적 관점에서는 창안을 주로 타자와의 내적인 대화 또는 변증법적인 과정으로 바라본다. 그것은 종종 외부에 존재하는 사회적인 힘과 실제 사람들의 영향을 받는 내면화된 구성물을 포함한다(50). LeFevre는 Freud의 '초자아(superego)' 개념을 토대로 내적 대화를 설명하고 있지만, 많은 사회적 이론가들은 러시아 심리학자인 Lev Vygotsky가 내적 대화의 사회적 본질을 설명하기 위해 언급한 '내적 언어(inner speech)' 의 개념에 크게 의존한다. 이에 대해서는 이 장의 뒷부분에서 논의하려고 한다.

세 번째는 '협동적 관점' 이다. 이 관점에서 바라보면, 인간은 창안자를 위하여 공명하는 환경을 새로이 만들기 위해 상호작용한다(50). LeFevre는 다음과 같이 정교화한다:

> 작가가 조언자와 상호작용하든 아니면 산출물에 대하여 함께 책임을 지는 동료와 협력하든 간에 작가와 독자 양쪽 모두는 사람과 반응 사이의 상호 교류를 강조한다. 개인과 개인이 상호작용 결과로 인해 무언가 새로운 것이 나타난다; 창안은 독립된 작가의 마음에서 단독으로 일어나지 않는다.(63)

창안에 대한 이 관점은 사회적 관점에서 가장 큰 영향력을 갖게 되었으며, Bruffee의 연구에 많은 영향을 주었다.

플라톤적 관점에서부터 시작한 연속체의 또 다른 끝에는 '집단적 관점' 이 위치한다. 이 관점에서 보면, 창안은 순수하게 개인적이지도 않고 대인 관련 행위 혹은 그러한 행위의 과정도 아니다. 오히려 창안은 사회

제도, 사회적 억압, 문화적 기대 등에 의해 획일화된 관점을 지닌 사회 집단에 의해 조장되거나 강요된다(50). 이러한 창안의 개념에서 흥미로운 것은, 이 관점이 우리로 하여금 창안의 동기가 거대한 사회 조직의 영향으로 인하여 생겨났으며, 그러한 사회적 영향력에 의해 억압받음에도 불구하고 우리가 그것을 인정하게 만든다는 점이다. LeFevre에 따르면:

> 사회의 기대, 제도의 영향을 받는 태도, 개인 단체와 공공 단체의 재정 지원, 탐구를 위한 증거와 절차의 본질에 대한 무언의 규칙, 물질의 유용성과 같은 것들은 창안에 영향을 미치는 많은 요인들 중의 일부분일 뿐이다. 사회 집단이 발휘하는 힘에 의해 어떤 창안은 억압받고 어떤 창안은 촉진된다.(78)

LeFevre가 창안을 사회적 상황의 영향을 받는 대상으로 바라보아야 한다는 주장을 펴기 위해 가장 먼저 한 작업은 철학, 해석학 이론, 사회심리학, 작문 교육에서의 주요 업적을 끌어오는 것이다(Bizzell 485). LeFevre의 관점에서, 창안은 사회적으로 구성된 타자와 내적으로 이루어지는 대화에서부터 일상생활을 하기 위해 보다 큰 사회적 실체와 나누는 대화에 이르기까지 매우 다양한 대화의 영향을 받는다.

LeFevre의 표현을 빌리면, 창안과 수사학 그 자체는 완전히 대화적인 행위이다. 이때의 대화는 많은 담화 공동체 구성원이 참여하여 지식을 창조하는 행위이다. LeFevre의 수사학 이론은 분명히 작가를 포괄적인 사회-문화적 맥락에 위치시킨다. 사실상 작가가 다양한 타자와 상호작용하는 모든 방식을 인식하게 되면, 우리는 더 이상 담화 생산을 자극하고 영향을 미치는 사회 맥락으로부터 작가를 구출할 수 없다. 표현주의가 담화 생산에 대해 '불완전한 관점' 을 나타내는 반면, LeFevre는 작문 과정에 대해 보다 폭넓은 설명을 제공한다. 그의 주장대로라면 작문 과정에는 상호작용과 대화가 필수적이다.

쓰기 집단 이론

사회-인식적 작문 이론이 수사학과 대화에 대한 우리의 관점에 영향을 끼친 가장 중요하고 가시적인 방법은 아마도 쓰기 집단 이론(writing group theory)과 협동 학습(collaborative learning)을 통해서일 것이다. Anne Ruggles Gere는 쓰기 교육자들이 식민지 시대 이후 미미하게나마 쓰기 집단을 재발견하고 있는 것 같다고 하였다(9). 그녀는 1880년부터 1985년에 이르기까지 주류를 이루었던 학문의 흐름에 대하여 소개한다(125-43). 미국의 학교에서 쓰기 집단이 핵심적인 쓰기 지도 방법으로 주목받기 시작한 것은 아주 최근의 일이다. 또한 이론가들이 쓰기 집단을 쓰기 지도에 활용할 수 있도록 이론적 기반을 제공하기 시작한 것 역시 최근의 일이다. Gere는 왜 쓰기 집단을 쓰기 지도에 효과적으로 활용할 수 있는지 그 이유를 설명한다.

Gere는 개별 작가와 작가의 개성에 초점을 맞춘 작문 이론으로 인하여 작가가 독자의 반응으로부터 멀어지게 되었다는 가설을 세웠다. 그녀는 작가에 대한 일반적인 관점을 이끌어 낸 문화적, 역사적 경향에 대하여 개괄적으로 설명했다. 예를 들면, 16세기에 저작권은 작가가 아닌 출판사의 소유였다. 그 시대의 사람들은 작가를 수사학과 시학의 규칙을 다루는 예술가로 생각하였고, 그들의 작품을 공적인 재산으로 간주하였다. 저작권은 영국에서 1710년대 초, 즉 18세기가 되어서야 법적으로 작가의 소유가 되었다. 19세기에 낭만주의 시인들은 '작가의 인식이 지니는 가치' 를 주장했다. 이 주장은 오랫동안 여러 사람에게 인식되어 있던 한 편의 글이 지니는 가치는 청중에게 주는 '기쁨의 정도' 에 의해 판단된다는 M. H. Abrams와 Horace의 생각과는 상반되는 것이다(60). 최근에서야 문학 이론은 낭만주의 시인들의 말에 귀를 기울이기 시작하였고, 한 개인의 문학적 재능에 초점을 맞추었다(65).

이러한 신낭만주의 개념은 최근에 쓰기와 쓰기 교육의 사회-인식적 관점으로 대체되고 있다. Gere가 주장한 협력은 학생들이 독자에 대한 인식을 새롭게 함으로써 독자로부터의 소외감을 극복하도록 도와준다. 사회적 행위로서의 읽기와 쓰기에 대하여 우리가 가지고 있던 오래된 사고의 균열은 읽기와 쓰기를 타인과의 의사소통으로 바라볼 수 있게 해주는 적절한 틀을 만들지 못하게 했다. 쓰기 수업에서 활용된 협동 학습은 학생들이 재능을 지닌 고립된 존재에서 의사소통적이고, 대화적인 작가로 변화할 수 있도록 쓰기의 관점을 근본적으로 전환시켰다. 이에 대해 Gere는 다음과 같이 설명한다:

> "이해가 안 돼" 라는 동료의 말은 그 어떤 이론, 교육자의 훈계나 논평보다도 더 강력하게 작가에게 독자의 '타자성(otherness)' 을 설정한다. 작가는 아이디어를 전달하는 보다 효과적인 방법을 찾으면서 이러한 타자성에 반응한다.(68)

Gere는 또한 미국의 영어 화자 중 상당수가 말하기 불안으로 고통을 받고 있으며, 독자들뿐 아니라 언어로부터도 멀어지고 있다고 말한다. Gere는 이 학생들이 언어 습관과 언어 사용 능력이 비슷한 언어 공동체 안에서 언어를 탐구하도록 협동 학습 집단을 제안한다. 학생들은 집단 안에서 다른 사람과 이야기하고 소리 내어 읽는 활동을 하면서 언어에 대한 친밀감을 높일 수 있다.

Gere에 따르면, 진정 소외를 극복하려면 협동 학습 활동 시에 특정 조건을 충족시켜야 한다. 소외를 효과적으로 감소시키려면 한 개인이 소집단 협동 학습 시에 주도권을 지속적으로 행사하면 안 된다. 여기서 말하는 집단은 그 안에서 모든 구성원이 상호 도움을 주고 받으며, 한 개인의 기여가 다른 구성원의 발전에 토대가 된다(68-69). 더욱이 협동만으로는 집단에서 일어나는 학습을 충분히 설명할 수 없다:

> 협동 학습에서 민주적인 주고받음은 필수적이지만 그것만으로는 어떤 학습이 일어난다고 보장할 수 없다. 협동 학습 집단에서 참여자는 서로에게 질문할 때, 그들에게 유용한 단서와 정보를 사용할 때, 주요 쟁점들 사이의 관련성을 발전시킬 때, 자신의 사고를 평가할 때 학습하게 된다. 다시 말하면, 협동 학습 참여자들은 지식을 다른 누구로부터 온전히 얻는 어떤 것이 아니라 그들이 새로운 무언가를 만들어 내는 데 도움을 받을 수 있는 것이라고 생각할 때 학습하는 것이다.(69)

분명히 협동 학습 집단은 학생들에게 독자와의 대화에 참여할 수 있는 기회를 제공함과 동시에 작가가 독자와 가까워질 수 있게 해준다. 뿐만 아니라 대화 상황에서 이러한 친근감을 사용함으로써 언어를 탐구하는 기회를 제공하기도 한다. 표현주의 이론가들처럼 사회 이론가들도 초보 작가에게 즉각적인 피드백이 중요하다는 것을 이해하고 있다. 그러나 표현주의 이론과 달리 쓰기 집단의 목적과 기능을 강조하는 Gere에 따르면 쓰기는 사회적 행위이며, 지식은 비슷한 흥미를 지닌 사람들의 집단에서 생성되고 유지된다. 따라서 쓰기 집단 이론은 작가로 하여금 자신의 지식을 창조하기 위해 대화적으로 상호작용하게 하고, 작가에게 자신을 비롯한 독자 그리고 언어와의 조정력을 키워주는 사회적 조건을 제공한다. 이를 통해 쓰기 집단 이론은 작문 교육에서 사회 구성주의를 강화하고 수행하고 있다. 사실 Bruffee가 지금은 유명해진 협동 학습(collaborative learning)과 동료 교수(peer tutoring)의 이론적 기반을 발전시킨 것은 쓰기 집단 이론을 통해서다.

Kenneth Bruffee와 '인류의 대화'

Kenneth Bruffee는 누구보다도 작문 연구에서 사회 구성주의와 협동 학습의 발전에 힘쓴 학자이다. Bruffee가 『협동 학습과 '인류의 대화'

(Collaborative Learning and the 'Conversation of Mankind')』에서 말한 것처럼, 대다수의 교육 이론가들이 1970년대 등장한 협동 학습에 기초한 대화주의 교수법을 교실 수업에 적용한다. 여기에는 많은 이유가 있지만 일차적으로는 무시험 입학제(open admissions)로 인하여 대학의 고등 교육을 받을 준비가 아직 덜된 학생들이 많이 늘었기 때문이다(637).

몇 가지 실험을 통해 작문 이론가들은 이 학생들이 어려운 관습을 단순히 전달만 하는 교사보다는 자신들의 동료로부터 도움을 받을 때 더 잘 반응한다는 것을 발견했다. Bruffee는 먼저 몇몇 영국의 중학교에서 진행된 관련 선행 연구를 살펴보았다. 이 연구를 진행한 영국의 중학교 교사들은 교육을 민주화하는 것뿐만 아니라 그동안 교육을 사회적으로 파괴적이고 권위적인 제도라고 바라보던 부정적인 인식을 제거하는 데 관심이 있었다. 그리고 두 번째로는 M. L. K. Abercrombie의 연구를 검토했는데, 그는 협동 학습 집단에서 공부한 의대 학생들이 혼자 공부한 학생들보다 더 빠르고 효과적으로 의학적인 판단을 학습한다는 것을 발견했다(636).[1] 이에 Bruffee는 다음과 같이 결론을 내린다. "협동 학습은 전통적인 교육에서 무시되고 낭비되어 왔던 그리고 여전히 무시되고 있는 동료의 영향력에 강력한 교육적 힘을 실어 주었다."(638)

그러나 많은 교육자들이 협동 학습을 실제 교육 현장에 적용해 본 결과 그것이 항상 효과적이지는 않다는 사실을 알게 된다. 이에 Bruffee는 협동 학습을 교육 현장에 효과적으로 적용할 수 있는 이론적 근거를 제공한다. 그의 이론적 근거는 대부분 사회 구성주의 인식론을 기반으로 하고 있다. 이미 앞에서 논의한 것처럼 이 사회 구성주의 인식론에서 바라보는 지식은 모두 사회적으로 상호작용하는 사람들이 속한 집단에 의해 대화적으로 구성된다. 이를 바탕으로 Bruffee는 모든 지식은 대화를 통해 구성된다고 주장하면서 사고와 대화, 지식을 연관시킨다. Bruffee는 Michael Oakeshott의 의견을 주로 인용하여 다음과 같이 말한다:

> 우리는 문명화된 인간으로서 우리 자신과 세계에 대한 탐구나 축적된 지식의 상속자가 아닌 인류 초기부터 시작되어 수세기 동안 점차 명료해지고 확장되어 온 대화의 상속자이다. 이 대화는 공적으로 또는 사적으로 계속 이어져 왔다. 교육이란 결국 우리가 목소리를 깨닫고, 적절한 발화 상황을 구별하고, 대화에 적합한 지적이고 도전적인 습관을 기르는 방법 등을 학습하기 위하여 대화의 기술과 협력 관계를 익히는 것이다.(Oakeshott, qtd. in Bruffee, 'Conversation' 638-39)

Oakeshott는 사고와 대화 사이의 중요한 관계에 관심을 가졌다. 우리가 물려받은 대화는 공적인 동시에 사적인 성격을 지닌다. 또한 대화는 우리 자신은 물론이며, 개인과 개인 간에 그리고 개인과 집단들 간에도 이루어진다. 이 내적 대화는 종종 '반성적 사고(reflective thought)' 라고도 부른다. 우리는 먼저 어린 시절에 타인과 대화하는 방법을 배운다. 그리고 나중에 성인이 되어서 이러한 대화를 사고로 내면화한다. 즉, 우리는 사회적 대화를 내적 사고로 조용히 바꾸어 놓는 것이다.

사고는 내면화된 대화이기 때문에 사고와 관습은 주로 같은 방식으로 작용하는 경향이 있다. 이에 대해 Bruffee는 다음과 같이 주장한다:

> 사고의 개념을 내면화된 대화로 확장하면, 우리가 사고하는 방식을 이해하려는 노력은 이제 대화의 본질을 이해하는 노력으로 바뀌게 된다. 그리고 한 발 더 나아가 대화를 생성하고 유지시키는 공동체 삶의 본질에 대한 이해가 필요하다. 더욱이 우리 스스로 가장 큰 가치를 부여하는 종류의 사고를 이해하고 신장시키려면 사고의 기원인 대화를 확립하고 유지시키는 공동체 삶을 이해해야 한다. 한 개인으로서 올바른 사고를 하기 위해서는 집단적으로 사고하는 법을 배워야만 한다. 즉, 우리는 대화를 잘하는 방법을 배워야만 하는 것이다. 그러므로 더 좋은 사고를 학습하는 첫 단계는 더 좋게 대화하는 것을 배우고, 사회 구성원들이 가치

> 있다고 여기는 대화 능력을 신장시키는 공동체의 삶과 사회 맥락 등을 수립하고 유지하는 것을 배우는 것이다.(640)

사고와 대화는 밀접하게 관련되어 있기 때문에 Bruffee는 교실의 사회적 맥락은 지식을 생성하고 유지하는 사회적 관계를 반영할 필요가 있다고 주장한다. 이런 관점에서 보면, 지식은 전문가의 마음이 아니라 전문가의 '대화'에 존재한다. 그렇기 때문에 교육 과제는 학생들에게 지식을 생산하고 유지하는 대화에 참여할 수 있는 기회를 제공하는 것이다.

지식, 사고, 대화에 대한 사회 구성주의 관점은 작문 교육자들에게 중요한 시사점을 주었다. Bruffee는 "만약 사고가 내면화된 대화라면, 쓰기는 내면화된 대화가 다시 외면화되는 것이다."라고 주장한다. 이에 대해 Bruffee는 다음과 같이 설명한다:

> 사고처럼 쓰기는 시간과 기능 면에서 모두 대화와 관련이 있다. 쓰기는 기술적으로 대체된 대화의 형태이다. 이미 내면화된 대화의 기능과 조합을 가지고 있는 우리는 글을 쓸 때 대화의 내용을 다시 종이에 옮겨 적는 것이다. 하지만 사고는 이미 대화로부터 한 걸음 멀어졌기 때문에 대화와 쓰기의 관계는 대화와 사고의 관계보다 훨씬 더 복잡하다. 쓰기는 대화로부터 두 걸음 떨어져 있으면서 동시에 대화로 돌아간다. 정리하면, 우리는 먼저 대화를 하고 그것을 사고로 내면화하며, 그런 다음에 대화의 외적이고 사회적인 표현 수단인 글을 통해 생각을 표현한다.(641)

작문 교육자의 목표는 수업에서 학생들이 친구들과의 대화에 참여하고, 읽기와 쓰기를 하면서 다른 담화 공동체와의 대화에 참여할 수 있는 맥락을 제공하는 것이다. 학생들은 쓸 거리를 생각하기 위하여 아이디어에 대하여 말할 필요가 있다. 그런 후에 대화에 참여하는 방식으로 아이디어에 대해 쓸 필요가 있다. 이러한 교실 대화는 대학의 교육자(학생들이 동경하는 다양한 학문적 · 직업적 공동체의 대표)들이 가치를 부여하는 대화와 비슷해야 한다. Bruffee는 다음과 같이 주장한다:

> 우리의 목표는 학생들을 쓰기와 읽기 과정의 대화에 가능한 한 많이 참여시키는 것이다. 뿐만 아니라 우리는 학생들이 읽고 쓰는 과정에서 나눈 대화가 결국 우리가 학생들에게 읽기와 쓰기를 지도하는 것과 여러 가지 면에서 비슷하다는 확신을 줄 수 있어야 한다. 학생들이 서로 대화하는 방식은 그들이 사고하고 글을 쓰는 방식을 결정한다.(642)

이러한 방식으로 교실은 학생들이 학교를 떠나 만나게 될 대화적 맥락과 유사한 곳이 된다. 교실은 학생들이 궁극적으로 참여하게 될 보다 큰 담화 공동체의 축소판으로 설계된다. 학생들은 자신과 비슷한 수준의 동료들과의 대화에 참여하여 사회 공동체에서 사용할 여러 유형의 담화를 접하며 학습한다. 그들은 또한 현실의 담화 공동체에서 실제로 이루어지는 대화를 가정하여 제공된 읽기와 쓰기 텍스트라는 '대체된 대화'에 참여함으로써 학습한다. 학생들은 대체된 대화에 참여하면서 학습을 하게 되고, 공동체 구성원들이 실생활에서 사용하는 대화를 대신하는 기능을 하는 일기와 쓰기 행위를 하면서 학습을 한다.

Bruffee는 작문 교육자의 일차적 과제로 Rorty가 Kuhn의 개념을 빌려와 사용한 '규범 담화(normal discourse)'의 습득을 주장한다. Bruffee에 따르면, "규범 담화는 지적인 동료 집단의 대화에 적용된다. 지적인 동료 집단은 동일 패러다임의 가치와 가설을 수용하고, 그것으로 자신의 일을 하는 집단이다"(642). 규범 담화는 일반적으로 '표준 영어'로 생각되는 관습을 포함할 뿐 아니라, 수사학적 관습, 사고 양식, 특정 집단에 의해 일반적으로 사용되는 합의된 가설과 관련이 있다. 예를 들면, 법적 담화는 심리학의 담화와는 다른 수사적 관습, 사고 양식, 합의된 가설을 가지고 있는 것이다. 누군가 이들 담화의 공통점을 찾을 수 있다고 할지라도, 각각은 서로 구별되는 담화 관습을 지니고 있다. 무엇보다 규범 담화의 목표는 지적인 동료 집단의 작가 공동체 안에서 다른 사람들의 만족에 대한 믿음을 정당화하는 것이다.

이렇게 담화 형식과 수사 관습의 활용을 학습함으로써 학생들은 스스로가 특정한 담화 공동체의 구성원—생물학자, 수학자, 역사가, 회계사, 문학 비평가 등—이 된다. Bruffee는 이에 대한 근거로 각 영역에서의 규범 담화에 정통한 것 또는 그것에 친숙해지도록 노력하는 것은 그 영역의 지식을 안다는 것을 의미하기 때문이며, 지식 공동체의 규범 담화에 정통한 것은 그 공동체의 구성원이 되기 위한 기본 자질이라고 했다(643).

이 시점에서 필연적으로 중요한 의문이 제기된다: 지식 공동체의 일원이 아닌 학생과 특정 공동체에 대한 지식이 부족한 학생들이 새로운 공동체의 대화에 들어가도록 어떻게 도울 수 있는가? Bruffee는 이 질문에 대하여 두 가지 답을 제시한다. 첫째, 학생들은 이미 수많은 담화 공동체에 속해 있다. 그들은 이미 문어 담화가 어떤 것인지에 대한 개념을 가지고 있다. 그 개념이 잘못 형성되었는지는 나중의 문제이다. 학생들이 다른 담화 공동체의 대화를 완전히 습득함으로써 간접적으로 학습한 자원을 가지고 있고, 이렇게 학습한 자원을 새로운 담화 공동체와의 상호작용을 포함하고 학생들이 이미 가진 지식을 활용할 수 있도록 '현명하게 설계된' 과제에 적용할 때 학습 효과는 매우 높아진다. 물론, 뒤에서 논의하겠지만 학생을 위해 현명하게 과제를 설계하는 것이 쉽지는 않다.

두 번째 대답의 핵심은 사회 구성주의 이론 그 자체이다. 만약 우리가 그 공동체의 언어 관습을 사용하는 지적 동료 집단에 의해 지식은 사회적으로 구성되며 학습은 개인적이기보다는 사회적 과정이라는 전제를 받아들인다면, 학습은 정보를 동화시키는 것이 아니라 지식을 창조하고 유지시키는 사회적이고 협동적인 노력이 된다. 이러한 방식으로 학생들은 자신과 타인에게 이해의 특정 방식이 다른 것보다 왜 선호되는지를 설명한다. 이에 대해 Bruffee는 다음과 같이 주장한다:

> 우리는 서로의 편견과 예상에 도전함으로써, 개념, 사고, 감정, 표현의 새로운 패러다임에 대해 집단적으로 협상함으로써, 그리고 그 공동체의 흥미, 가치, 언어, 인식과 사고의 패러다임에 동의하면서 보다 큰 경험이 풍부한 지식 있는 동료들의 공동체에 참여함으로써 협동적으로 지식을 수립하거나 믿음을 정당화한다.(646)

이 모형에서 학생들은 동경하는 공동체 안으로 다시 동화된다.[2] 특정 영역의 규범 담화를 실천함으로써, 구성원들은 비록 시간과 장소에 따라 바뀌더라도 다른 구성원들과의 대화에 참여할 수 있다. 이러한 대화적 과정을 통해 학생들은 다양한 공동체의 행위를 유지하고 생산하는 지식의 참여자가 된다.

Bruffee는 이러한 방식의 지식 협상을 일방적인 과정으로 본다. 이 협상의 목표는 학생들에게 지식 공동체와 제도의 사회적 관습을 나누어 주는 것이다. 학생들은 자신을 새로운 담화 공동체의 구성원이 되게 만든다. 새로운 구성원을 적응시키거나 격려하기 위해 지식 공동체가 무엇을 하는지에 대해서는 거의 언급하지 않았다. 오히려 3장에서 논의될 Freire의 이론은 교육이 단순한 주입식이 아니라 자유주의적이라면 그것은 담화 공동체와 그 대화에 참여하기를 열망하는 사람들 양쪽 모두를 끌어들일 수 있는 변화를 포함해야 한다는 것을 이해하고 있다.

쓰기를 개인적인 것이 아니라 사회적 행위로 바라보면 쓰기와 사고, 대화는 구성적 관계에 놓이게 된다. 쓰기와 쓰기 학습을 이처럼 대화적 의미로 이해하는 것은 학생들이 학습 과정에서 능동적인 역할을 하게

해준다:

> 만약 우리가 학습을 사회적 과정, 사회적으로 믿음을 정당화하는 과정으로 생각한다면, 설명하는 글쓰기를 가르치는 것은 학생들에게 그들이 단순히 아는 내용을 글로 쓰는 것을 넘어서서 자신의 동료들을 만족시킬 수 있는 글쓰기로 나아가야 한다는 것을 알려주는 행위이다.(652)

쓰기를 사회적 행위로 생각하는 관점은 쓰기를 쓰기 교육과정의 중심에 놓는다. 이제 쓰기는 멀고 낯선 청중들에게 보내는 일방적인 메시지가 아니라 학생의 삶에 영향을 줄 수 있는 화제에 대하여 서로 얼굴을 맞대는 대화의 과정으로 인식되었다.

Bruffee의 협동적 교육

앞서 언급한 것처럼 Bruffee는 협동적 쓰기 집단을 지식이 생성되고 유지되는 사회 질서를 교실에 반영하기 위한 도구로 사용한다. 학생들은 교실에서 생각이 비슷한 동료끼리 집단을 구성하고 학습을 한다. Bruffee는 이를 위해 소집단 쓰기 학습법을 교실 수업에 적용하여 모든 학생들이 대화에 참여하게 한다. Bruffee는 쓰기 집단의 목표와 대화의 본질을 다음과 같이 설명한다:

> 학생들이 자신이 쓴 글을 가지고 동료들과 협의를 하는 것은 글을 쓰는 것도, 편집을 하는 것도, 교정을 하는 것도 아니다. 그들이 하는 것은 대화이다. 학생들은 주제와 글쓰기 과제에 대하여 이야기하고, 주제에 대한 작가의 이해에 대하여 이야기하며, 또한 교사와 학생 사이의 학문적 혹은 지적인 맥락을 바탕으로 발생되는 관계에 대하여 이

> 야기한다. 무엇보다도 그들은 글이나 글의 일부에 대하여 서로 이야기 한다.(645)

Bruffee는 작문 과정에서 대화의 필요성을 강조한다. Bruffee는 Vygotsky의 연구를 인용하면서, '사회적 언어(social speech)' 는 학습과 어떤 복잡한 과제 수행의 일부분이라고 주장한다.

Vygotsky는 아동의 발달을 연구하였고, 네 살 혹은 다섯 살 어린이가 어려운 과제를 해결하려 노력하는 동안 말하는 것을 주의 깊게 관찰했다. 이 나이 또래의 어린이들은 어떤 행동을 할 때 그 과정을 소리 내어 연습한다. Vygotsky는 만약 그가 어린이의 말에 끼어들면 어린이는 하던 일을 멈추고, 이후 다시 소리 내어 말하기를 시작하면서 하던 일을 계속한다는 것을 발견했다. Vygotsky는 이러한 유형의 말하기를 '도구적 언어 (instrumental speech)' 라고 불렀다. 그 이유는 이것이 어떤 일을 수행하는 데 도움을 주기 때문이다. 어린이의 도구적 언어는 타인을 대상으로 이루어지는 것이 아니며, 특정 발달 단계에서만 나타난다. 이후 어린이의 사회적 언어는 '내적 사고' 가 되고 주변의 물리적 환경을 통제하는 것을 도와주는 '도구' 가 된다. 간략히 말하면, Vygotsky는 어린이가 먼저 자신의 행동을 타인에게 알리기 위해—음식, 좋아하는 장난감 등을 요구하는—타인을 향해 말하는 '사회적 언어' 를 배우고, 그런 다음 물리적 환경을 통제하고 스스로 무언가를 행하는 '도구적 언어' (다시 말해 내면을 향하는 사회적 언어)를 사용한다는 것이다. Vygotsky에 따르면 어린이들이 성숙하면서 이 도구적 언어는 감소하지만, 차츰 사고 활동으로 이어진다. 즉, 사회적 언어가 사고로 내면화되는 것이다.[3] 우리는 처음에 사회적 상황에서 학습했던 것과 유사한 방식으로 자기 자신과 내적인 대화를 한다. 효과적인 사고를 이끌어 내는 사회적 언어는 학습에 꼭 필요한 단계가 된다. 그리고 Bruffee가 주장한 대로, 사회적 언어는 쓰기 학습에 필수 요소이고, 협동적 쓰기 집단은 대화 중심의 글쓰기에 필요한 사회적 맥락을 제공한다.

이런 점에 주목하여 Bruffee는 두 가지 방식의 쓰기 대화를 제안한다. 그 중 하나는 '대면 대화' 이고 다른 하나는 '대화의 내용을 글로 쓰기' (『Short Course』 4th ed. 137)이다. Bruffee는 학급에서 학생들을 대면 대화에 참가시키는 효과적 방법으로 자신이 쓴 글을 소리 내어 읽는 방법을 제안하였다. 이에 대해 Bruffee는 다음과 같이 설명한다:

> 글을 소리 내어 읽는 것은 구성주의 읽기와 쓰기 학습에서 중요하다. 왜냐하면 글을 소리 내어 읽을 때에 순간적으로 문어체 대화를 구어체 대화로 변환하기 때문이다. 소리 내어 읽기는 공을 움직여 공놀이를 시작하는 것과 같다.(『Short Course』 4th ed. 149)

소리 내어 읽기는 개별 필자와 쓰기 집단 모두에게 도움이 되며, 학급의 학생들에게 공동체 의식을 심어주는 역할을 한다. 개인은 소리 내어 읽기를 통해 쓰기에 대한 걱정과 수줍음을 극복할 수 있다. 즉각적인 반응은 개별 작가가 독자에 대한 구체적인 감각을 얻도록 도와준다. 소리 내어 읽기는 작가의 귀를 발달시키도록 도와준다. 어색하고 일관성이 없으며 가식적인 글은 대부분 다른 사람의 글을 듣지 않고 오로지 종이에 쓰여진 글만 읽었기 때문이다. 작가는 자신의 글뿐만 아니라 다른 사람의 글을 귀로 들으면서 어떤 글이 좋고 나쁜지를 배운다. 시간이 흐르면서 그들은 비판적 인식 능력과 형식에 대한 감각을 민감하게 계발한다. 왜냐하면 자신이 쓴 글의 각 부분과 아이디어의 관계를 다른 사람이 읽어 줄 때에 들을 수 있기 때문이다(『Short Course』 4th ed. 150). 소집단 협동 작문은 소집단에도 도움이 된다. 소집단 학생들은 협동 학습을 하면서 쓰기 행위의 사회적 본질을 경험하고, 쓰기 학습이 사회적 행위라는 것을 이해한다. 학생들은 서로의 글을 소리 내어 읽으면서 공동체 의식과 믿음을 형성한다.

대부분의 소리 내어 읽기는 첫 번째 쓰기 수업에서 한다. 개별 학생들은 자신이 쓴 글을 반 친구들에게 읽어 준다. 학생들은 글을 쓰는 동안 자신이 글을 어떻게 쓰고 있는지에 대해 '듣는 것'을 배우고, 동시에 학급에서의 읽기를 준비하기 위한 방법으로 스스로에게 글을 읽어 준다.

개별 작가는 학급 친구들에게 자신의 글을 읽어 준다. Bruffee는 교사들이 학생들의 글을 익명으로 읽어서는 안 된다고 주장한다:

> 쓰기는 사회적 행위이기 때문에 글을 익명으로 읽는 것은 협동 학습의 목적을 위배하는 것이다. 그러한 행위는 학생 사이에서 이루어지는 상호작용적 대화를 침체시키고, 그 대신에 학생과 교사 사이의 불평등한 교환을 조장한다. 때문에 교사에 대한 의존성이 감소하기보다 증가된다. 익명성은 학생이 자신의 동료와 대화하는 것을 막기 때문에 동료에 대한 믿음을 높여 주기보다는 오히려 믿음 형성을 방해한다.(『Short Course』 4th ed. 152)

익명으로 글을 읽는 것은 노출에 대한 학생의 공포심을 완화시키는 듯 보이지만 실제로는 별로 도움이 되지 않는다. 그러나 친구들 앞에서 글을 소리 내어 읽는 것을 극도로 걱정하는 학생이나 아주 개인적인 사안에 대해 쓴 글이라 친구들에게 알리고 싶어하지 않는 학생은 읽기를 면제한다. 단 가급적이면 한두 번에 그치는 것이 좋다. 왜냐하면 동료 학생의 글에 대한 비판 능력과 어휘력이 증가함에 따라 학생들은 글에 제시된 내용뿐만 아니라 글의 모든 측면을 비판적으로 분석하는 활동에 적극 참여하기 때문이다.

Bruffee가 쓰기 수업을 위해 고안해 낸 협동 학습 용어인 동료 비평(peer criticism)은 세 가지 요인(교사, 학생, 과제)의 성공적인 상호작용을 수반한다.

> 각 국면은 글쓰기 과제(essay assignment)로 시작한다. 과제를 제시하

> 면 하루 동안 학생들은 반 친구들에게 자신의 글을 읽어 주고 의견을 교환한다. 그들은 동료 비평가로서 학급의 다른 친구들과 글을 교환하면서 서로의 글에 대해 다양한 비평을 한다. 학생들이 동료 비평을 충분히 연습하도록 하기 위해, 각각의 글마다 두 번씩 상호 검토를 한다. 동료 비평이 끝나면, 교사는 글의 정확성 · 완전성 · 유익성 · 재치에 대해 평가하고 등급을 매긴다.(『Short Course』 3th ed. 142)

학생들은 글을 읽으면서 다른 사람의 글에 대한 의견을 교환한다. 세 가지 국면 각각은 순서성을 지니며, 앞선 단계의 내용을 바탕으로 이루어진다. 동료 비평의 첫 번째 국면에서, 학생들은 다른 학생의 개요에 대해 간략하게 서술한다. 두 번째 국면에서는 글의 기술적 개요와 필자의 기교에 대해 쓴다. 세 번째 국면에서는 글의 기술적 개요와 논평 외에도 아이디어에 대해 언급한다.

Bruffee는 사회-인식론적 이론가들 중 핵심 인물로 인용되며 그의 교육 방법은 그러한 관점을 대표하는 것으로 인식되기 때문에, 그의 대화적 교육을 명백하게 이해하기 위해서 앞서 설명한 교육의 세 가지 국면을 구성하는 구체적 활동을 알아야 한다.[4]

동료 비평의 첫 번째 국면에서 학생들은 두 학생의 글을 읽고 기술적 개요에 대해 자신의 생각을 쓴다. 이 활동의 목표는 다음과 같다.

> 미숙한 작가는 자신이 글을 쓸 때보다 동료가 쓴 글의 기술적 개요에 대해 자신의 생각을 말할 때에 글을 비판적으로 인식할 수 있다. 미숙한 작가는 이러한 활동을 하면서 쓰기에서 이루어지는 복잡한 정신 작용을 더 잘 인식하고, 특히 글의 여러 부분들 사이의 관계를 더 잘 인식한다.(97)

기술적 개요(descriptive outlines)에서, 학생들은 두 글을 문단별로 살펴서 전체 글에서 각 문단이 어떤 '기능' 을 하며, 어떤 '내용' 이 담겨 있는지에 대해 진술하게 된다. 다음은 그 예이다:

주장: 자동차는 주요 교통 수단의 역할을 더 이상 수행하지 못할 수도 있다.
계획: 두 가지 근거를 들어 주장 뒷받침하기

문단 1
기능: 현재 상황을 기술하여 진술할 주장을 소개하시오.
내용: 자동차의 사용이 절정에 달해 있지만 변화의 조짐이 보인다.

문단 2
기능: 비교 통계학을 인용하여 첫 번째 근거를 제시하시오.
내용: 석유는 점점 고갈되어 가고, 자동차가 기름을 낭비하여 이것을 가속화한다.

문단 3
기능: 일화를 통해 두 번째 근거를 제시하시오.
내용: 자동차는 시간과 사람의 에너지를 낭비한다.(『Short Course』 3th ed. 98)

Bruffee의 교재에 기술적 개요를 제시하고 관련 학생들의 사례도 다양하게 제시한다. 확실히 기술적 개요는 학생들에게 그들의 글에서 각 문단이 어떻게 연결되었는지 혹은 연결되지 못했는지를 분석할 수 있도록 도와준다. Bruffee가 학생들에게 기술적 개요에서 서술하게 하는 반응의 유형은 Elbow가 학생들로 하여금 작가에게 제공하게 하는 내용인 '마음의 영화(movies of mind)' 와 몇 가지 중요 내용면에서 다르다는 것을 주목해야 한다. Bruffee의 수업에서 학생들이 해야 할 일은 다른 학생의 글을 읽은 경험을 설명하는 것이 아니라 자신이 읽은 글의 목적과 내용을 간략하고 명확하게 설명하는 것이다.

동료 비평의 두 번째 국면에서 학생들은 기술적 개요를 보다 자세하게 설명한다. 그리고 여기에 작가의 기법에 대해 간단하게 논평을 한다. Bruffee는 학생들에게 통일성, 일관성, 글의 전개, 문체, 기교를 평가하는 일반적 기준을 제공한다. 학생들은 단순히 글이 '좋다' 혹은 '나쁘다'로 평가해서는 안 된다. 그 글의 장점은 무엇이고 개선해야 할 부분은 무엇인지 설명해야 한다. 그들은 재치 있는 논평 작성법을 배운 다음에 문제를 구체적으로 서술하고 일반화해야 한다. 이대 학생들은 글의 기법에 대해 쓸 수 있지만, 세 번째 국면에 이르러서야 글에 제시된 어떤 의견에 대해 논평하게 된다.

세 번째 국면에 이르면 학생들은 글을 두 가지 방식으로 논의하는 법을 배운다. 먼저 학생들은 자신이 읽은 글의 목적과 내용에 대해 기술하는 산문을 쓸 수 있으며, 다음으로는 글의 기법에 대해 설명적 산문을 쓸 수 있다. 세 번째 국면에서 학생들은 글의 기술적 개요와 장점과 단점에 대해 설명해야 할 뿐만 아니라, 글의 내용에 반응하고 작가의 주장에 대한 자신의 입장을 표명해야 한다. 글의 필자는 동료 비평에 대해 논평하거나 방어해야 하며, 가능하다면 관점의 교환이 어떤 식으로 그들의 글이 향상되도록 돕는지 설명해야 한다. 덧붙여, 개별 글을 두 번째로 읽은 독자는 앞서 처음 읽은 독자의 동료 비평에 대해 평가해야 한다. 그리고 필자의 방어는 곧 교사에게 평가와 등급의 근거가 된다.

동료 비평에서 교사의 역할은 사실상 동료 비평가를 훈련시키는 것이다. 학생들이 비평을 하기 위해서는 필자의 표현을 비판적으로 보는 관점, 효과적인 글쓰기 방법과 적절한 어휘 구사력 등을 배워야 한다. Bruffee는 이에 대해 다음과 같이 말한다:

> 때로는 동료 비평가에게 그들의 논평이 미숙하거나 동료의 글을 정확하게 이해하지 못한 상태에서 작성되었다는 것을 알려주어야 한다. 그리고 때로는 비평의 방향은 동의하지만 근거가 불충분하고, 부적절하며, 사소한 부분을 강조하고 핵심을 비켜 갔다고 말해 줄 필요가 있다.(148)

교사는 동료 비평을 엄격히 평가해야 한다. 동료 비평 활동은 다른 작가에게 유용한 정보를 제공하는 비평 능력을 개발할 뿐만 아니라, 고등교육에서 필요한 쟁점과 발상에 대한 수사적이고 비판적인 기능을 신장시켜 주기 때문이다. 학생들은 동료 작품을 비평하면서 평가, 분석, 종합과 같은 고등 사고 능력을 개발한다. 이러한 이유로 교사의 첫 번째 역할은 성숙한 필자의 글쓰기 능력과 독자 집단의 비평 능력을 시범 보이는 데에 초점을 맞추어야 한다(『Short Course』4th ed. 171).

의심할 여지 없이, 학생들은 흔히 교사만이 유일한 청자 역할을 하는 쓰기 교실에서는 경험하기 어려운 복잡한 청자가 존재하는 상황을 경험한다. Bruffee는 학생들이 쓰기 동료 비평 활동에 참여하면 글을 쓰는 목적과 다양한 청자들을 인식한다고 한다:

> 첫 번째 청자는 여러분 자신이다. 여러분은 본 그대로 진실을 말해야 한다. 두 번째 청자는 교사인데, 교사는 여러분이 쓴 동료 비평을 평가하고 완결성, 정확성, 통찰력, 재치, 글의 질에 대해 등급을 매길 것이다.
>
> 세 번째이자 가장 중요한 청자는 바로 여러분이 검토하고 있는 글의 작가이다. 동료 비평가로서 여러분은 재치 있고 구성적이며 공감적이어야 할 뿐만 아니라 동시에 단호해야 한다. 여러분은 동료를 소외시켜서는 안 된다. 동시에, 여러분은 동료를 존중해야 한다. 그래야만 여러분도 입장을 바꾸어 상대방이 여러분의 글을 조심스럽고 유용하게 검토해 줄 것이라는 믿음이 생길 것이다.(『Short Course』 4th ed. 172-173)

Bruffee에 따르면, 학생은 동료 비평 대화에 참여하면서 글쓰기에 필요한 청자를 경험하게 된다.

수사적 관점에서 보면, 동료 비평은 쓰기 수업에서 활용되는 가장 효과적인 협동 학습 방법 중 하나일 것이다. 그 이유는 이것이 학생들을 수많은 대화에 참여시키기 때문이다. 예를 들면, 동료 비평은 동료들과의 직접적인 대화와 글로 대체된 대화를 포함하는데, 이때의 대화는 직접 대면하는 동료나 교사와의 대화뿐만이 아니라 텍스트를 통해 만나게 되는 학문적이고 전문적인 집단과의 대화도 포함된다. 특정한 목적을 가지고 청자를 제시하는 수사적 문제(복합 청자가 제시되는 경우)는 학생들이 교사를 청자로 생각하거나 '일반적인' 청자를 상상하도록 요구하지 않기 때문에 학생은 청자 문제를 매우 구체적으로 생각한다. 학생들은 사실 그들이 학교 교육을 마치고 담화 공동체에 들어갔을 때 접하게 될 여러 종류의 사회적 상황들과 유사한 작은 규모의 담화 공동체 안에서 실제적인 대화와 글쓰기 연습을 하고 있다.

그러나 이러한 방식의 대화적 교육이 가정하고 있는 것과 그것의 목표를 보다 면밀히 살펴볼 필요가 있다. 내가 증명하기를 원하는 것처럼 모든 대화적 교육은 같지 않으며, 각각이 전제하고 있는 가설이 종종 대화의 전체적인 목표와 양상을 결정하고 있다. 이제부터 협동 학습이 그러한 목표들을 달성하는 데 실패한 몇 가지 중요한 이유에 대하여 논의하고자 한다.

공동체, 대화 그리고 권위의 문제

협동 학습의 목표는 학생들에게 더 큰 공동체의 방식으로 그들과의 대화에 참여하게 함으로써 그 집단의 구성원이 되도록 하는 것이다. 교사의 역할은 더 큰 공동체의 대표자로서 행동하고, 학생들이 함께 학습할 때 방해가 될 수 있는 사회적 관계의 방해요인들과 협상하도록 도와주는 것이다(‘Collaborative Learning’ 644-45). Bruffee에 따르면 협동 학습은 대화를 위한 특정 유형의 사회적 맥락을 제공한다(642). 여기서 말하는 특정 유형의 사회적 맥락이란 비슷한 수준의 동료들로 구성된 공동체를 뜻한다. LeFevre는 창작 지도와 쓰기 자체에 대해 사회적 관점이 가지는 실제적 의미는 교실에도 있다고 주장한다: “공동체에서 이루어지는 창작을 위한 학습은 교실이나 직업 사회에서보다 훨씬 더 성공적일 것이다. 사실 20세기 이후로 이 행성에서 평화를 얻고, 삶을 유지하는 것은 정말로 중요하다” (129). Gregory Clark는 사회적 실천으로서 쓰기를 연구한 또 다른 논문에서 민주주의와 대화적 교육을 직접적으로 연결시킨다:

> 대화와 유사한 산만한 의사 교환의 과정을 지속하기 위하여 우리가 쓰는 텍스트가 다른 텍스트와 상호작용하는 기능을 한다고 말하는 것은, 또한 이러한 대화적 교환의 기능이 공동체 안에서 협동적으로 행동하도록 허용하는 공유된 지식을 규정하고 정제하는 것이라고 말하는 것은 그 과정에 참여하는 사람들이 계속 진행 중인 자치 행정의 프로젝트의 보고서를 평등한 입장에서 상호 협력하여 쓴다고 주장하는 것이다. 다시 말하면, 쓰기의 사회적 기능을 기반으로 하는 이 모형을 적용하는 것은 본질적으로 민주적인 정치적 비전을 적용하는 것이다. 공동체의 협동 학습에 기초한 교육을 정치적 대화에 주체적으로 참여하는 기능과 판단력을 지닌 시민을 육성하는 데 도움이 될 것이다. 그리고 시민들의 기능과 판단력은 수사학의 연습을 통해 길러진다. 이것이 바르 수사학이 민주주의 교육의 중심에 서야 하는 이유이다.(63)

학생들이 스스로의 힘으로 대상을 바라보고 개인적인 표현을 하도록 장려하는 표현주의 관점 또는 교사의 전문성이 바로 힘이 되는 전통적 교수 모형과는 달리 협동 학습은 교실에서 학생들이 형성하는 공동체와 힘의 재분배를 중시한다. 학생들은 지식을 창조하고 유지하는 담화 공동체의 새로운 구성원으로 입문하기 위해 대화를 사용하고 학생의 목소리는 지속적이고 중요한 대화의 일부분이 되며, 학생들은 이러한 과정을 거치면서 인류의 대화에 참여하게 된다.

많은 협동 학습 지지자들은 민주적 의사 교환과 거기에 수반하는 학생들의 지위 향상이 소집단 대화의 부산물이라고 믿는다. 하지만 몇몇 비평가가 주장한 것처럼, 대화에 기초한 소집단 협동 학습이 필연적으로 참된 민주적 대화가 일어날 수 있는 사회적 상황을 창출하는 것은 아니다.

최근에 몇몇 학자들이 사회 구성주의를 비판하였다. 예를 들면, Gere는 자발적 집단(self-sponsored groups)과 교육적 의도에 의한 비자발적 집단(institutionally sponsored groups)에서 구성원 간의 힘의 관계가 다르다고 한다. 자발적인 쓰기 집단(Elbow의 교사 없는 교실이 좋은 예이다.)은 직업, 지위, 공통 관심사처럼 '자연적인' 친밀감'을 바탕으로 구성된다(50). 흔히 자연적인 친밀감을 바탕으로 이루어진 관계는 구성원들 사이에 호의와 상호 존중의 마음을 기르기에 충분하다. 이러한 긍정적 분위기에서 구성원들은 자신의 글에 대한 집단 구성원의 면밀한 검토와 비평을 더 쉽게 받아들인다. Gere는 이러한 집단은 권위를 보다 쉽게 공유하고, 따라서 본래부터 민주적이라고 바라본다. 이에 대해 그녀는 다음과 같이 말한다:

> 집단 구성원들은 서로의 글을 인정하면서 동시에 권위를 수용한다. 그들은 다른 사람에게 자신의 글에 대한 반응을 표현하고 제안을 할 권리를 부여한다. 그리고 권위를 부여하는 것은 권위 있는 동료들의 반응을 신뢰한다는(적어도 부분적으로는) 의지를 명시적으로 표현한 것이다.(50)

자발적인 쓰기 집단에서 권위는 집단의 다른 구성원들에게 임시적이고 불확정적으로 주어진다. 개별 구성원들은 항상 집단을 떠날 권리 또는 타인의 논평이나 충고를 무시할 권리가 있다(50).

이와는 반대로, 학교에서 인위적으로 형성된 쓰기 집단의 경우 교사는 권위를 유지하고 학생들은 공유된 친밀감을 가질 수도 갖지 않을 수도 있다. 대부분의 작문 수업에서 교사들은 과제를 구조화하고 수행을 평가하며 등급을 매긴다. 학교 쓰기 집단에서 교사와 학생 사이에 존재하는 불평등한 힘의 관계는 학생들의 의미 있는 대화에 참여를 방해하는 걸림돌이다.[5] '의미 있는' 학습이란 학생들이 교사가 제시한 과제를 단순히 생각 없이 수행하는 것이 아니라, 능동적이고 비판적으로 참여한다는 의미이다. 그러나 인위적으로 조성된 쓰기 집단에서는 학생들이 동료와의 실질적인 대화에 참여하기보다는 교사의 기대에 따라 과제를 수행하는 경향이 강하다. 만약 학생들에게 교사의 지시에 따를 것을 강조한다면, 그들은 협동 학습 상황에서도 의존적인 사고를 하게 될 것이다. 이런 점에서 협동 학습은 전통적인 '교사-중심의' 방식에 비해 더 효과적이라는 믿음을 주지 못한다.

협동적 교수 방법을 비판하는 이론가들은 소집단 구성원들 사이의 불평등한 힘의 관계를 지적한다. Thomas S. Johnson은 협동 학습 집단이 전체주의적인 '집단사고'를 생산할 수 있으며, Bruffee의 동료 비평 방법을 '동료 주입 수업(peer indoctrination classes)'으로 오해해 왔다고 말한다(76). Pedro Beade는 Bruffee의 방법이 극단적으로 행해지면, '격렬한 전체주의 상태'를 정당화하는 데 사용될 수 있다고 우려한다(708). Donald C. Stewart도 비슷한 염려를 표현한다. 이들의 생각은 다소 극단적으로 보이지만 사실 몇몇 비평가들의 설득력 있는 주장에 의하면, 학생들 사이의 계층과 성별의 차이와 같은 문제점들은 어떤 구성원의 목소리에는 권위를 부여하고 어떤 구성원의 목소리는 무시하거나 침묵하게 하는 힘의 불균형을 초래한다. 이는 모든 집단 구성원들이 평등한 상태의 대화에 참여하는 것을 어렵게 한다. Evelyn Ashton-Jones가 지적한 것처

럼, 쓰기 집단 이론가들은 다음과 같은 가설을 가지고 있다:

> 사실상 인종, 민족, 성별, 계급, 연령, 성적 취향, 직업 등의 측면에서 소외되거나 다른 관점을 가진 사람들은 대화에 참여할 것이고, 더 나아가 대화 자체의 역동성은 참여자의 '차이'에 의해 좌우되지 않을 것이다.(3)

교실 밖의 사회적 관계에서 형성되는 명백한 힘의 불균형—예를 들면, 성별, 인종, 계급에서의 불균형—이 교실 안에서는 무력화될 수 있다고 믿는 것은 순진한 발상이다. Greg Myers가 주장한 것처럼 계급, 민족, 인종 같은 요소가 첫 번째로 대화에 끼어들어 그 대화에 참여할 수 있는 사람을 결정할 것이다(167). 학교의 쓰기 집단에서는 학생들이 이러한 불평등한 힘의 관계가 발생하지 않으며, 따라서 그들이 서로 동등한 입장에서 대화에 참여할 수 있다고 믿는 것은 순진한 발상이다. 사실 만약 모두 동등한 학생들로 공동체를 구성하지 않는다면, 사회-인식적 이론에 기반한 협동 학습의 가설과 요구는 학생과 교사가 불평등한 관계로 존재하는 현실의 사회적 상황과는 모순된다.

불행하게도, 쓰기 수업의 사회적 맥락에 영향을 미치는 불평등한 힘의 관계는 종종 비가시적이다. 왜냐하면 비록 교사들이 좋은 의도를 가지고 교실을 모든 학생들이 동등한 학습 기회를 얻는 중립 지역이나 공평한 경쟁의 장으로 보기를 원한다 할지라도 불평등한 힘의 관계는 우리의 행위와 발화에서 사회적으로 이름 붙여지고 대체로 검증되지 않은 가설과 고정관념을 재생산하기 때문이다. 성별은 종종 비가시적인 방식으로 대인관계에 영향을 미치는 요소 중 하나이다.

과격한 페미니스트 비판가인 Ashton-Jones는 페미니즘과 양립하는 협동 학습을 환영하는 페미니스트들뿐만 아니라 쓰기 집단 이론이 성별에 대해 무지한 것을 지적한다(5-6). 페미니즘이 협동 학습을 거의 통째로 받아들이는 것에 대하여, 그녀는 "성별이 성 역학 관계에서 하는 역할에 대해 인식하지 않는다" 고 주장한다(10). 그녀는 자신의 관심사를 증명하기 위해, 대화 집단과 관련된 수많은 사회언어학적 연구를 인용한다. 이들 연구에 의하면, 남자와 여자는 대화 상황에서 분명 똑같은 말투를 사용하지 않는다고 한다. 예를 들면, 여자는 대화를 지속시키려는 책임감을 더 많이 느끼지만, 상대방 남성이 이끄는 대화를 시작할 기회는 거의 없다. 성별이 다른 사람들 사이에 대화가 이루어질 때, 75~96% 정도는 대화 상황에서 남성이 여성의 말을 중단시키거나 끼어든다. 이에 대해 Ashton-Jones는 다음과 같이 상세히 설명한다:

> 남성의 방해와 끼어들기로 인해 생겨나는 대화의 어려움은 그들이 여성으로부터 이끌어 내는 반응에 의해 강조된다: 침묵, 대화를 중단시키거나 끼어드는 것, 또는 상대방의 관심을 받아들이지 않는 것은 즉각적인 침묵을 만들어 낼 뿐만 아니라 이러한 언어 행위는 여성의 침묵으로 이어진다.(17)

Ashton-Jones가 인용한 이들 연구뿐만 아니라 다른 연구들도 여성이 남성 대화자와 '동등한 기반' 을 확보하기 위해 노력하는 과정에서 직면하는 어려움을 보여준다. 나는 Ashton-Jones가 대화에서의 성 역학(gender dynamics)에 대해 연구하여 내린 결론에 동의한다:

> 의미 구성의 장이 협동 학습 집단으로 이동한다고 해서 이들 연구가 설명하고자 하는 대화적 행위가 마술처럼 사라지는 것은 아니다. 그와는 반대로, 쓰기 집단에서 남자와 여자의 행동은 이들 연구에서 설명한 대화적 행위와 유사할 것이다. 즉, 개인주의자로서 상호작용하는 남성은 자신의 관점을 이해시키고 강요하면서 이들 쓰기 공동체에서 상산된 실재들을 통제할 것이고, 반면에 여성은 필연적인 상호작용적 작업에서

중요한 역할을 떠맡게 된다.(21)

확실히, 쓰기 교사가 구성하려고 하는 대화 집단이 실제적으로 모든 학생들을 학습에 동등하게 참여시킬 수 있을 것이라고 가정할 수는 없다. Ashton-Jones가 지적한 것처럼, "그런 대화에 참여하는 학생들을 학생 지시문으로 모두 통제할 수 없다. 남자와 여자로서 그들은 성적으로 구별되며, 결과적으로 지위가 달라지게 된다" (30).

모든 학생들은 서로 다른 지위를 가지고 작문 수업에 참여하게 된다. 사회-인식적 관점에서 보면 적어도 협동 학습 이론은 이러한 차이와 그로 인해 불가피하게 일어나는 갈등이 민주적으로 어떻게 다루어져야 하는지에 대한 적절한 설명을 제공하지 않는다. 협동 학습 이론이 학생의 차이에 대해 거의 관심을 갖지 않는 이유 중의 하나는 협동 학습 이론가들은 학생들이 더 큰 집단의 규범, 가치, 관점을 의심하지 않고 받아들일 때 그러한 차이가 일어날 것이라고 가정하기 때문이다.

'동료 영향 활용하기(harnessing peer influence)' 의 위험성에 관심이 있는 Myers는 "집단 토의나 프로젝트 학습을 사용하는 교사는 누구든 때때로 맹렬한 준거의 집행자가 될 수 있다" (159)라고 우리에게 상기시킨다. 그는 교사와 학생 모두 그들의 사회적 상호작용에서 스스로를 재생산하는 '이데올로기' 를 교실에 가져온다고 주장한다. Myers는 이데올로기라는 용어를 초기 마르크스주의에서처럼 '잘못된 이데올로기' 라는 의미가 아니라, "사회적 · 경제적 체계와 함께하는 사고와 신념의 총체, 우리의 사고를 너무 깊게 구조화해서 실제 세상의 본질로 당연하게 받아들이도록 하는 사고" (156)라는 의미로 사용한다. 사람들은 종종 그것들을 아무런 평가 없이 받아들이고 또 그것을 유지하는 과정에서 이러한 신념 구조를 재생산한다. 이러한 생각을 가진 Myers는 Bruffee가 "우리의 현실 이해 방식인 신념 체계가 사회적 구성물로 인식될 수 있다는 것을 보여주는 반면에 그는 이 구성물을 비판하는 어떤 방법도 제시하지 못한다"

(166)라고 주장한다. Myers는 또한 "Bruffee는 지식의 생산에서 합의의 역할을 발견하면서 그것이 좋다거나 나쁜 어떤 것이라고 판단하기보다는 있는 그대로의 것을 취한다"라고 부연 설명한다(166). Myers의 생각에 동의하는 나는 학생들에게 새로운 담화 공동체를 소개하는 협동 학습의 효과에 의문을 갖지 않을 수 없다. 협동 학습은 아무 의심 없이 받아들여지고 확인되지 않은 이데올로기적 구조에 학생들을 가둘 것으로 보인다.

같은 논의의 선상에서, 나는 Bruffee와 여러 사회 구성주의자들이 학생들에게 새로운 사회 공동체의 구성원이 되도록 하는 것을 너무 지나치게 강조한다고 말하고 싶다. 협동 교육에서 학습은 재사회화의 과정인 듯하다. Bruffee의 교육에서 새로운 지식 공동체로 들어가기 위해 협상하는 과정은 학생이 더 큰 집단으로의 적응을 완수해야만 하는 일방적인 과정처럼 보인다. 더 큰 집단은 '안에' 있고, Bruffee의 수사학에서 학생은 '밖' 에 있다. 이 둘은 친숙하지 않은 언어를 말하는 것처럼 보이고, 학생은 그 안으로 들어가기를 강력히 희망하고 있다. 이때 학생들의 주요 과업은 그들이 합류하려고 하는 지식 공동체의 가치와 규범을 받아들이고 적용하는 것이다. 그들은 이미 해당 공동체의 구성원이 된 사람들의 대화를 모방함으로써 대화의 내용이나 성립된 공동체의 가치와 규범에 의문을 제기하는 것이 아니라 구성원이 되기 위해 노력한다.

다음 장에서는 Paulo Freire와 다른 해방 학습(liberatory learning) 이론가들의 대화주의 교육 이론에 대하여 살펴보고, 이런 이론들이 작문 교육에 어떻게 적용되는지를 고려할 것이다. 급진적 교육은 지식과 의사소통에 대한 사회적 관점을 포함한다. 이때의 의사소통은 동등한 지위를 가진 동료와의 대화뿐만 아니라 소수 집단과 그들을 억압하는 사회 기관 사이에서 이루어지는 대화 모두를 말한다. 급진적 교육의 목표는 학생들이 억압적인 사회 구조를 탈바꿈시키는 대화에 비판적으로 참여하도록 이끄는 것이다. 급진적 교육은 협동의 관점에 강한 해방적 요소를 포함시켜 개념을 확장한다. 이러한 해방 교육에서 이루어지는 대화는 교육 목표 달성에 보다 초점을 맞추며, 기존의 협동 학습이 해결하지 못한 몇 가지 문제들을 다룰 수 있다는 희망을 제시해 줄 수도 있다.

주석

1. Mason, James, Abercrombie 참조.

2. 학생들은 어떤 담화 공동체의 구성원으로 교실에 온다는 의미에서, 그리고 타인과 협조하는 협동 학습을 통해 재사회화된다.

3. 물론, Vygotsky는 성숙한 사고가 사회적 언어와 동등하다고 주장한 적이 없다. 사고는 종종 전체 아이디어의 복합을 대표하는 한 단어나 단어군으로 인식된다. Vygotsky는 쓰기가 사회적으로 다시 만들어진 사고라고 주장한다. 사고와 쓰기의 본질적인 관련성과 관련하여 작문 연구에서는 많은 논쟁이 있었다.

4. Bruffee는 학생들에게 주장이 첫 문단의 마지막 문장에 위치하고, 다음 두 문단에 근거를 제시하는 500단어, 세 문단의 글을 쓰게 한다. 이후의 쓰기 과제에서는 학생들에게 네 번째, 즉, 결론 문단을 추가하게 한다. 그는 몇 가지 근거를 제시하여 이 과정을 정당화한다: (a) 여러 상황에 적용할 수 있는 형식을 학생에게 제공한다. (b) 교사와 학생들에게 글에 나타나는 조직적인 패턴을 제공한다. 그렇게 함으로써 학생들이 수사적인 요소와 글의 내용에 더 많은 초점을 맞추게 한다. 이러한 방법이 효과적일지는 의심스럽지만 그의 교육에서 이러한 문제에 대한 논의는 부차적인 것이다. 또한, 학생들이 동료 비평에서 스스로 수행하게 될 여러 유형의 교실 활동들을 수행했다고 가정해야 한다. (Short Course』3rd ed. 20-27, passim)

5. 물론 자발적인 쓰기 집단에서도 계급이 만들어질 가능성은 항상 잠재되어 있다. 하지만 이들 집단은 만약 몇몇 개인이 타인의 억압을 받는다면 그 힘을 철회시키거나 해산시킬 권위를 가진다. 반면에 인위적으로 구성된 쓰기 집단에서는 학생들이 좀처럼 그러한 선택권을 갖지 못한다.

제3장

대화주의와 급진적 교수법

(Dialogism and Radical Pedagogy)

설명해 준다면 저는 잊어버릴 것입니다. 보여 준다면 아마 기억하지 못할지도 모릅니다. 제가 참여하게 해주세요. 그러면 저는 이해할 것입니다.

—미국 격언

아마도 작문 연구와 문식성 훈련의 영역에서는 우리가 흔히 '해방 학습(liberatory learning)이라 부르는 교육 방법보다 대화주의가 훨씬 더 중요하게 인식되는 듯하다. 해방 학습 또는 급진적 교수법은 Ivan Illich나 Paulo Freire와 같은 제3세계 문식성 교육자에 의해서 창안되었다. 그들은 무지로 인하여 철저하게 노동력을 착취당해 온 개발도상 국가의 가난하고 교육을 받지 못한 노동자들에게 관심을 가졌다. 그리하여 해방 학습 전문가들은 이들이 억압으로부터 벗어나는 데 꼭 필요한 도구를 제공하기 위해 읽기와 쓰기 지도를 위한 교수법을 개발하였다.

브라질의 교육자 Paulo Freire의 급진적 교수법은 작문 이론가들에게 널리 알려져 있으며, 그의 이론과 교수법은 최근의 작문 연구에서 중심적인 위치를 차지하고 있다. Freire는 교사가 전적으로 학생들에게 정보를 전수하는 전통적인 교육 방식에서 벗어나 대화주의 방법을 시도하였다. 그는 학생들이 학습에 전원 참여하는 교수법을 고안하려고 노력했다. 최근 작문 이론가들은 미국의 대학 작문 지도에 이 방법을 적용하였다.

Freire의 교수법에서 대화주의의 역할에 대한 논의에 앞서, 먼저 해방 학습의 일반적인 목표와 이것을 전통적인 교육 방식의 대안으로 제시하려고 하는 시도에 대하여 검토할 필요가 있다. 또한 Freire가 말한 실천(praxis)의 개념과 데카르트의 주체와 객체의 이분법에 대한 그의 비판을 살펴볼 필요가 있다.

해방 학습과 비판적 자각 (Liberatory Learning and Critical Consciousness)

Freire는 그가 '영양 보충식' 또는 '은행 적금식' 이라고 칭한 전통적인 교육 모형의 대안으로 해방 학습을 제안한다. 이러한 전통적인 교육 모형의 관점에서는 교사가 절대적이고 객관적인 지식을 가지고 있으며 그것을 학생들이 수용하도록 전달하는데, 비유적으로 표현하면 마치 은행에 예금하는 것처럼 학생의 머리에 지식을 넣어주는 것이다. Freire에 따르면 이 모형은 학생들을

> 가득 채워지기를 기다리는 빈 용기로 생각한다. 이 빈 그릇을 완전히 가득 채우면 채울수록 그 교사는 훌륭한 교사로 인정받는다. 그리고 자신의 그릇에 무엇이든 채워지는 것을 순순히 받아들이는 학생이 훌륭한 학생으로 인식된다.(『Oppressed』 58)

이때 교사는 지식을 '이야기하는 사람' 이며, 학생의 역할은 '들은 내용' 을 학습하고 이를 변형시키지 않고 반복해서 익히는 것이다.

Freire는 이러한 전통적인 교육 모형이 '억압적인 사회' 의 사고방식과 관습을 반영하고 있다고 주장한다. 그는 '은행식 교육(banking education)' 특성을 다음과 같이 구체적 항목으로 제시한다:

가. 교사는 가르치고, 학생은 배운다.
나. 교사는 모든 것을 알고, 학생은 아무것도 모른다.
다. 교사는 학습 내용에 대하여 생각하고, 학생은 내용을 받아들인다.
라. 교사는 이야기하고, 학생은 단순히 듣기만 한다.
마. 교사는 훈련을 시키고, 학생은 훈련을 받는다.
바. 교사는 지식을 선택하고 자신이 선택한 지식을 강요하며, 학생은 그에 복종한다.
사. 교사는 행동하며, 학생은 교사의 행동을 통하여 행동하기에 대한 환상을 갖는다.
아. 교사는 프로그램의 내용을 선택하고, (내용에 대해 상의한 적 없는) 학생은 그 내용에 적응한다.
자. 교사는 지식의 권위를 자신의 직업 전문성으로 혼동하며 그것을 학생의 자유와 반대되는 것으로 생각한다.
차. 교사는 학습 과정의 주체이고, 학생은 단순한 객체이다.

(『Oppressed』 58)

전통적인 교육 모형에서는 교사가 모든 권력을 가지고 학생에게는 아무것도 주어지지 않는다. 세계는 고정적인 것으로 인식되기 때문에 지식 역시 고정 불변의 것이 된다. 이때의 지식은 아무런 비판 의식 없이 있는 그대로 받아들여지는 대상이다. 또한 전통적인 교육에서는 사람을 능동적인 행위의 주체로 보는 것이 아니라 단순한 객체로 바라본다.

Freire는 사람이 자신의 인생을 돌아보는 능력 그리고 주변의 물리적 환경을 변화시키기 위해 행동하는 능력을 지녔다는 점에서 분명히 동물과는 다르게 인식해야 한다고 주장한다. 즉 인간을 반성적이며, 구체적이고, 역사적인 세계 안에서 활동하는 존재로 파악하자는 것이다(87). 그러나 많은 사람들은 자신들의 사회적인 지위로 인하여 주체성을 확보하지 못한다. 이런 사람들이 비판적으로 사고하고 우리가 사는 세계에서 능동적으로 행동하는 것은 상상할 수조차 없다. 왜냐하면 이들은 사회적으로 억압을 받으며, 인간성이 말살되었고, 교육을 받지 못했기 때문이다. 이에 Freire는 빼앗긴 인간성을 되찾기 위한 노력을 '인간의 사명'이라고 규정한다:[1]

> 인간성을 부여하는 것이나 말살하는 것은 선턱의 문제이지만 전자만이 오직 인간의 사명이다. 이 사명은 계속적으로 부정되지만 바로 그 부정으로 인해서 확인된다. 그것은 부정, 착취, 억압, 박해자의 횡포에 의해 좌절을 겪는다. 하지만 이 사명은 억압받는 사람들의 자유와 정의에 대한 갈망, 잃어버린 인간성을 회복하기 위한 투쟁에 의하여 확인된다. (『Oppressed』 58)

인간성 말살 또는 인간을 주체보다는 객처로 보는 시각은 인간을 억압하는 증거이며, 전통적 교육 방식인 '은행식' 모형에 의해 유지된다. 대화적 방법론을 기반으로 하는 해방 학습은 억압받는 사람들이 압제자들에게 빼앗겼던 인간성을 회복하려 노력하는 과정이라 할 수 있다.

인간성을 회복하려는 노력으로 학생들은 자기 자신을 단순히 다른 사람들의 의지에 따라 활동하고 움직이는 객체라기보다는 '주체' 즉, 힘을 가진 사람으로 바라보기 시작한다. 학생들이 얻은 주체라는 위치는 억압이라고 특징지어지는 구체적이고 역사적인 한계 상황의 변화와 관련이 있다. 해방 학습의 과제는 학습자가 해결해야 할 인지적 문제로 그러한 '한계 상황'을 제시하는 것이다(『Oppressed』 89). 다시 말하면, 학습자는 자신들이 처한 억압적인 상황에 의해 그들에게 부여된 제약을 먼저 이해해야 한다. 그런 후에 학생들은 이 상황을 절망적인 것으로 보기보다는 일종의 도전으로 생각하고 학습해야 한다. 즉, 문제 해결 과정을 통해서 학생들은 자신들이 억압받는 상황을 변화시키려는 의지와 희망을 얻어야 한다. 그리하여 결국은 학생들 스스로의 힘으로 행동하고 그것의 변화를 이끌어 내야 한다. 이제 학생들은 이전에 압제자를 합법적으로 생각하고 행동하는 유일한 사람으로 바라보았던 것에서 벗어나 주체적으로 생각하고 행동하는 진정한 행위자가 된다.

Freire는 두 가지 주요 사항을 반복해서 강조한다. 첫째, 억압받는 사람들은 스스로 해방되어야 한다. 지배 계층은 자유나 지식을 대중에게 선물로 주지 않는다. 따라서 이것은 단지 거짓된 관용의 결과일 뿐, 사람들이 억압에서 탈피할 수 있도록 도움을 주지 않는다. 지배 계층은 그들만의 특권을 유지시키기 위해 피지배 계층을 해방시키려 하지 않을 것이다. 그들은 피지배자들을 인간 이하로 취급하기 때문에 피지배자들이 진정으로 완전한 인간이 되고 지배로부터 완전하게 자유로워지는 데 필요한 것을 주지 않으려 할 것이다.[2]

교육과정의 내용이 지배 집단에 의하여 독점적으로 결정된다면, 지배 계층은 학교에서 피지배 계층이 억압받는 내용을 지식으로 다루지 않을 수 있다. 지배 집단이 만든 교육과정은 억압받는 사람들에게는 아무런 의미가 없으며, 그들의 가치와 특권을 반영할 뿐이다. 이러한 방식으로 학교는 오직 피지배 계급을 지배 계급으로 변화시키는 기능 도구로 사용된다. 이에 대해 Freire는 다음과 같이 말한다:

> 서로 사이가 멀어진 사람들처럼, 그들은 어느덧 복종에 길들여져서 자신들을 복종시키는 사회 구조를 극복하지 못한다. 인간성 말살의 구조를 진정으로 변화시키는 것 말고 모든 사람들의 인간성을 회복하는 길은 어디에도 없다.(『Cultural Action』 11)

그의 말처럼 해방 운동은 학교 교육의 사회적 구조뿐만 아니라 사람들의 인식을 포함하는 사회 구조의 변화 없이는 일어나지 않는다.

전통적인 은행식 교육 모형은 지배 계층에 의해 규정된 현실을 강화한다. 이와는 대조적으로 해방 교육은 이러한 현실에서 억압받는 사람들

을 위한 것이다. Freire는 다음과 같이 말한다:

> 해방 학습에서 가장 중대한 장애물 중 하나는 억압받는 현실이 그 안에 있는 것들을 흡수하여 사람들이 미처 인식하지 못하게 한다는 것이다. 기능적으로 볼 때 억압은 지배 계급이 피지배 계급을 길들이는 것이다. 더 이상 지베 계급의 먹이가 되지 않으려면 그것으로부터 벗어나 맞서야 한다. 이것은 오직 실천(praxis) 즉, 세계를 변화시키려는 사유와 행동에 의해서만 이루어질 수 있다.(『Oppressed』 36)

위의 내용은 사람들이 Freire가 말한 지속적인 의식화(conscientização)에 참여하여 지배 현실로부터 벗어나는 과정을 설명한 것이다. 이때의 의식이란 정치적이고 개인적인 것을 말한다. 사람들은 이러한 종류의 비판적 인식을 실천(praxis), 다시 말해 세계를 변화시키기 위하여 타인과의 대화를 통해 반성하고 행동함으로써 얻게 된다.

Freire는 데카르트의 주체와 객체의 이분법을 거부한다. 그는 실천이 효과를 거두기 위해서는 주체와 객체를 변증법적인 관계에서 파악해야 한다고 주장한다:

> 역사와 세계가 변화하는 과정에서 주관성의 중요성을 부정하는 것은 지나치게 순진하고 단순한 생각이다. 이것은 인간 없는 세계를 인정하는 것이 되어 버린다. 이와 같은 객관주의적 시각은 서계 없는 인간을 가정하는 것만큼이나 순진한 생각이다. 세계와 인간은 각기 따로 존재하는 것이 아니라 지속적인 상호작용 안에서 함께 존재하는 것이다.(『Oppressed』 35-36)

Freire는 『교육 정치학(Politics of Education)』에서 주체와 객체 간의 변증법적인 관계, 실천의 개념적인 중요성에 대하여 자세히 설명한다. 실천(praxis)은 사유와 행동의 통합체이며, 주체와 객체의 이원성에서 벗어날 때만 이해된다. 다시 말하면, 만약 우리가 세계에 대한 주관적인 관점을 받아들이고, 그러한 인식의 변화가 사회적 변화를 유도한다고 믿는다면 그것은 순진한 생각이다. 왜냐하면 여전히 억압적인 사회의 실제적인 구조가 고스란히 남아있기 때문이다. 이를 설명하기 위하여 Freire는 다음과 같은 예를 든다. "1964년 4월 브라질 쿠데타 이후, 내가 갇혀 있던 2~5보 정도의 좁은 감방을 벗어날 가능성은 죄수라는 나의 현재 상태를 변화시키기에는 충분하지 못하다"(154).

다른 관점에서 바라보면, 구체적인 상태를 혼자서 변화시키려는 행동주의자들의 지극히 단순한 주관주의적 관점은 사람들로 하여금 완전한 인간과 자유로운 존재로서 계속 살아갈 수 있는 의지나 노하우를 빼앗아 버린다. 물질적인 상태를 변화시키는 것은 기존의 지배 체제에서 발생된 개념을 변화시키는 것이 아니다. 만약 우리의 인식이 주체와 객체의 이중성 중 어느 한쪽의 영향만을 받는다면 실천은 제 기능을 발휘하지 못한다. 진정한 실천은 전체로서의 사유와 행동을 포함해야만 한다(『Politics of Education』 154-55).

요약하면, Freire의 교수법은 학생들이 교육의 과정에 완전히 참여할 수 있게 하기 위하여 전통적인 교육 방식에서 벗어나려는 시도이다. '주체'인 학생들이 자신의 이익을 위해 세계 안에서 행동하며 배우는 것이다. 일단 이러한 힘을 얻게 되면, 학생들은 이제 Freire가 이야기했던 억압적인 상황에서 자유로워진다. 학생들은 완전히 대화적인 교수법을 통하여 이러한 권한을 얻는다.

Freire의 대화학

Freire의 설명에 따르면, 은행식 교육 모형에서 교사와 학생은 정반대의 극단적인 입장을 취한다:

> 교사는 반대자의 역할을 자처한다. 이때 교사는 학생들의 무지를 앞세워 자신의 존재를 정당화한다. 학생들은 교사으 존재를 정당화함으로써 자신들의 무지를 받아들인다. 그들은 자신들이 교사를 교육한다는 것을 결코 발견하지 못한다.(『Oppressed』 58-59)

해방 학습은 '교사와 학생 모두를 동시에' 학습 상황에 참여시키기 위해 이 양 극단을 조화시킨다(59). 이 조화는 필연적으로 '교사-학생, 학생-학생' 을 포함하는 새로운 입장 간의 대화에서 이루어진다(67). 교사와 학생은 교사가 구성한 지식을 학생들이 의심 없이 수용하도록 내버려둘 것이 아니라 의사소통이나 대화에 참여하는 행동 방식을 개발해야 한다. Freire는 이에 대해 다음과 같이 말한다:

> 해방 교육의 관점에서 중요한 것은 학생들이 자신과 동료들의 제안에 명시적으로 혹은 함축적으로 드러나는 사고와 세계관에 대해 논의함으로써 스스로를 사고의 전문가처럼 느끼게 하는 것이다.(『Oppressed』 118)

교실은 대화의 장소로 인식되어야 하며, 교육과정의 내용 또한 학생과의 대화를 통해 개발되어야 한다:

> 이러한 관점의 교육은 고정된 프로그램을 제시할 수 없고 사람들과 대화적으로 프로그램을 찾아야 한다는 신념으로 시작한다. "억압받는 사람들은 참여해야 한다." 는 말에서 알 수 있듯이 이 교육은 소외 계층에 대한 교수법을 소개하는 데 유용하다.(『Oppressed』 118)

이때 보다 중요하게 짚고 넘어가야 할 것이 있다. 바로 대화는 Freire의 교육이론 체계 내에서 보면 사유에 행동이 더해져 '실천' 이 진행되는 상황이라는 점이다. 교육과정의 내용과 교육과정이 다루어지는 방식은 모두 대화적이다.

제3세계에서 교육과정을 개발하는 동안 진보주의 교육자들은 문맹의 농부들과 얼마 동안 함께 지냈다. 그 이유는 농부들과의 대화를 통해서 그들의 '객관적인 상황'과 그 상황에 대한 '인식'을 알기 위해서였다(84). 이 과정에서 진보주의 교육자들은 지역 주민들과 만나 그들이 본 것과 들은 것에 대하여 이야기를 주고받았으며, 자신들이 이해한 것을 점검하기 위해 지역 주민들의 말에 다시 귀를 기울였다. 진보주의 교육자들은 이러한 공통적인 인식을 교육 프로그램에서 학생들에게 제시하는 '생성적 주제(generative theme)'로 개발하였다.[3] 이렇게 개발된 생성적 주제가 학생 집단에게 주어지면, 그들은 해당 주제에 기반하여 성문화(codification: 문자사용 이전 시대의 그림이나 도안, 문자사용 이후 시대의 읽기를 위한 예문) 자료를 모으기 시작한다. 이때의 성문화 자료는 대화적 협력 연구자 집단에서 공동으로 이해된 것으로 학생들에게는 그들의 현실을 상징적으로 나타내는 것이 된다. 제시된 성문화 자료를 해석한 학생들은 다시 만나서 조율하고, 그 과정에서 이루어지는 대화로부터 파생되는 새롭고 지엽적인 주제로 관심 분야를 확장한다.

지역 주민들이 자신이 처한 상황에 대하여 어떻게 생각하고 있는지에 대하여 교육자들이 이해하는 것 역시 중요하다. 왜냐하면 주민들과의 대화에서 도출되는 사안을 지역 주민과 교육자들이 점차적으로 의식하기 때문이다. 자기 스스로 문제를 인식하는 것은 억압받는 사람들을 압제에서 해방시킬 수 있는 요소이다.

> 성문화된 자료(codification)를 해독하는 과정에서 참가자들은 그들의 주제를 구체화하고, 이를 통해 세계에 대한 실제적인 의식을 분명히 한다. 이렇게 함으로써 그들은 지금 분석하고 있는 상황을 실제로 경험하는 동안 자신이 어떻게 행동하였는지 스스로 알게 된다. 그리하여 마침내

> '선험적 인식' 에 도달하게 된다. 이러한 선험적 인식을 습득함으로써 참가자들은 현실을 이전과 다르게 인식한다. 해독은 '선험적 인식' 과 '선험적 지식' 을 자극함으로써 새로운 인식의 출현과 새로운 지식의 개발을 가능하게 한다.(『Oppressed』 108)

학생들에게는 모순적인 상황을 초래하는 성문화된 자료가 제시된다. 예를 들면, 내가 오늘날 인식한 것과 성문화된 자료에 묘사된 경험의 모순, 내가 인식한 것과 상대방이 인식한 것의 모순 등과 같은 것이다. 학생들은 타인과 대화를 나누면서 이러한 모순들을 인식하고, 이를 통해 세계를 주체적으로 인식한다. 그리고 마침내 문제의식을 갖게 된다. 학생들은 인식의 변화 가능성을 체험해야 한다. 즉, 은행식 교육 모형에서 고정적이고 미리 포장된 지식을 학생들에게 가르칠 때는 숨겼던 사실을 다루어 보아야 하는 것이다:

> 전통적인 은행식 교육 방법이 직접적으로 혹은 간접적으로 인간이 처한 상황에 대한 숙명적인 인식을 강조하는 반면, 문제제기 교육 방법(problem-posing method)은 바로 그 상황을 학생들에게 문제로 제시한다. 그 상황이 학생들의 인식 대상이 됨에 따라, 운명론을 만들어 내는 순진한 또는 마법적인 인식은 심지어 그 자체를 인식된 실재로 바라보게 만든다. 그리하여 학생들은 그 실재에 대하여 비판적이고 객관적인 입장을 취할 수 있게 된다.(73)

학생들의 반성적인 사고는 추상적인 상태에서 일어나는 것이 아니라 항상 세계의 맥락 안에서 일어나기 때문에 대화가 중요하다. 학생들은 타인과의 대화를 통해 세상을 이해하게 되고, 타인 역시 그 대화를 통해 세상을 이해해 간다.

따라서 여기서 말하는 대화는 소크라테스식의 대화가 아니다. 왜냐하면 이 대화는 선험적인 지식관과 진리관을 받아들이지 않으며, 상호작용적이고 구성주의적 관점을 주장하기 때문이다:

> 소크라테스식의 주지주의는 비록 대화적이기는 하지만 앎을 이끌어 내는 참된 교수법은 아니다. 플라톤은 『의식의 자각(prise de conscience)』에서 인간이 세계와의 변증법적인 관계에서 아는 것이 무엇이고, 알지 못하는 것이 무엇이며, 잘못 알고 있는 것이 무엇인지에 대해 언급하지 않았다. 오히려 인간은 이미 알고 있으며, 태어남과 동시에 그것을 잊어버리는 존재로 인식되었다. 결국 아는 것은 잊어버린 것을 기억하는 것 또는 다시 모으는 것이다.(『Politics』 55)

Freire의 대화학에는 정해진 완전한 형식이 없다. 대화는 언제나 사람과 구체적 세계 그리고 주체와 객체 사이의 변증법적인 관계에 대한 것이다.

요약하면 은행식 교육 모형에서는 대화가 나타나지 않으며, 그 대신 학습자와 교수자가 서로의 지적인 의문을 해결하기 위하여 공동의 노력을 한다. 이 협동을 통하여, 학생과 교사 모두는 배우고 가르친다. 즉, 양쪽 모두가 삶과 인식에 관련된 탐구에 능동적으로 참여하는 것이다. 전통적 교실의 사회적 구조는 쇠퇴되었고, 교실은 점차적으로 민주적인 환경으로 바뀌고 있다. 학생은 이제 민주 사회의 시민이 되어 그들의 삶에 영향을 주는 과정에 활동적으로 참여하게 된다. 이러한 종류의 대화에서 중요한 것은 계층의 전복이다. 즉, 억압받는 사람들이 지배층에 의해 규정된 삶의 현실이 아니라 그들 스스로가 경험한 것을 표현할 수 있게 하기 위해서는 동등한 사람들 간에 이루어지는 대화적 관계가 형성되어야 한다. Freire는 이에 대해 다음과 같이 말한다:

> 대화가 한 아이디어 위에 다른 아이디어를 쌓는 한 인간의 행동을 '감

> 소' 시킬 수 없을 뿐 아니라, 대화 참여자에 의해 '소비된' 아이디어도 작은 변화도 일으킬 수 없다. 하지만 그것은 자기 자신의 진리를 찾고자 하는 몸부림이기보다는 헌신적으로 세계를 규정하고 진리를 찾고자 하는 사람들 사이에 벌어지는 적대적이고 격렬한 논쟁이다. 대화는 세계를 명명하는 사람들 간에 일어나는 충돌이기 때문에 어떤 사람들이 다른 사람들의 조건을 규정하는 상황이 발생해서는 안 된다. 『Oppressed』 77)

이러한 종류의 자유 해방적이고 민주적인 대화는 달성되기 어렵다. Freire는 대화가 또 다른 형식의 지배 수단이 되지 않고 효과적으로 이루어지기 위해 필요한 여섯 가지 조건을 제시한다. 그것은 사랑, 겸손, 인간에 대한 믿음, 신뢰, 희망, 비판적 사고이다. 대화는 비판적 인식을 유도하는 '비판적' 인 것이 되어야 한다. 그렇게 해야만 억압받고 인간성이 말살되는 사회적 상황에 맞서서 변화와 변혁을 이끌어 낼 수 있기 때문이다.

Freire 이론의 작문 교육적 적용

Freire의 글 대부분은 구체적인 예의 제시나 분명한 기술을 피한다. 왜냐하면 특별히 고안해 낸 방법들을 대대적으로 바꾸는 것을 피하고 싶었기 때문이다. 예를 들면, 브라질의 문맹 농부들에게 적용한 교수 방법들은 다른 지역의 주민들에게는 큰 의미가 없다. Freire는 기본적인 이론 체계는 바뀌지 않지만 실제 교수 방법은 학생들의 환경이나 인식에 대한 이해를 바탕으로 그들과의 대화를 통해 수집한 정보를 바탕으로 만들어져야 한다고 여러 차례 강조한다. 그럼에도 불구하고 많은 작문 이론가들은 Freire의 연구를 방법론적으로 접근하려는 시도를 해왔다. 해방 학습법은 분명 문식성 지도의 목적을 함의하고 있기 때문에 작문 영역에서의 많은 연구들이 이론적 체계를 세우는 데 영향을 받았으며 이를 대학 작문에 적용하려고 노력해 왔다.

Ira Shor는 미국에서 Freire의 이론을 대학 수준의 작문 수업에 최초로 적용하려 시도한 교사 중의 한 사람이다. 그는 Freire에 대한 다양한 논문과 책을 썼으며, 또한 Freire와 공동 집필을 하면서 미국에서 Freire의 이론에 가장 정통한 사람이 되었다. 사실, Shor가 Freire와 매우 가깝게 지내게 되면서 작문 연구 분야에서 그가 Freire의 이론적 체계를 받아들였는지에 대해 비판적으로 검토한 사람은 어느 누구도 없었지만, 그의 교수법은 당연히 Freire의 이론을 따르는 것이 되었다. Shor의 『비판적 교수와 일상생활(Critical Teaching and Everyday Life)』은 1980년에 처음 출판된 이래 여러 차례 재판되면서 해방 교수법 이론에 관심이 있는 작문 연구가들에게 지속적으로 영향을 주었다. 이 책의 4장 '월요일 아침: 비판적 문식성과 과제의 주제(Monday Morning: Critical Literacy and the Theme of 'Work)' 는 과제의 주제를 지도하기 위하여 Shor가 기획한 학급에 대하여 묘사하고 있다. 그는 뉴욕 시립 대학에서 자유 입학 기간 동안 노동자 계층의 학생들을 지도하면서(1971~1977년), Freire의 이론을 적용한 교수법을 개발하고 다듬었다. Shor는 "뉴욕의 공립 대학은 자유 교수법을 충분히 실험하기를 희망한다."(127)라고 말한다.

Shor는 제3세계에서 문맹의 농부들을 위해 개발된 이론적 체계의 사용에 대하여 다음과 같이 설명한다:

> 미국과 같은 선진사회에서는 대중문화가 대중들을 문맹이나, 비판적이지 못한 독자, 정치적 능력이 떨어지는 국민으로 남게 한다. 의식화 운동(conscientization)은 일상의 삶에서 비판적 사고를 방해하는 요소들과 맞서 싸우는 것이다. 대화적 교수법, 문화적 민주주의, 비판적 인식, 구조적 지각의 문제는 오늘날과 같은 기술 문명 사회에서 매우 중요한 의미를 지닌다.(127)

북미의 학생들은 Freire가 언급한 억압된 농부들과 다소 비슷하다. 이 학생들은 대개 '은행식' 패러다임으로 교육을 받아 왔는데, 이 교육 방식은 앞에서 이야기한 것처럼 학생들을 수동적인 청취자로 취급하며, 그들에게 교육 활동에 능동적으로 참여할 수 있는 기회를 거의 주지 않는다. 학생들은 대개 권위에 대한 의심 없는 수용과 순응이라는 특권을 부여받은 교육 활동의 주도권자인 교사에 의해 수동적으로 길들여진다. 은행식 교육 모형을 고등 교육에 적용하는 사람들은 학교 교육에서 사실과 절차에 대한 암기는 매우 중시하면서 호기심과 흥미에 기초한 보상을 소홀히 한다.

Shor의 교육 방법은 학생들의 소외감을 극복하기 위해서 고안된 것으로, 그는 소외감을 '학생들의 가장 큰 학습 문제' 로 바라본다. 일단 교사의 존재가 미약해지면 학생의 발달은 빠르게 이루어지며, '학습 과정에서의 주체' 가 되기 시작한다(103). 창의적인 주제와 성문화된 자료를 활용한 Freire의 접근법과 마찬가지로, Shor의 전략은 학생들이 평범한 일상을 '재경험' 하도록 돕는 것이다:

> 일상생활의 단면들은 학습의 주제들처럼 고립되어 있다. 색다른 사유를 위해서는 일상적 경험의 파편화를 근절하는 것도 방법이다. 삶의 추상적 부분과 관련된 비판적인 대화는 학생들로 하여금 그들의 마음속 내 · 외부에 자리 잡고 있는 사회적 관계의 구조로부터 거리를 두게 한다.(99)

Shor는 활동 주제로 몇 가지 '경험 조각' 에 대한 프로그램을 개발하였다. 그런데 그는 또한 햄버거, 성과 성별의 관계 그리고 유토피아와 같은 주제에 대한 프로그램도 구성하였다. 활동 주제에 초점을 맞춘 그의 교육 프로그램은 Freire의 이론이 어떻게 오용될 수 있으며, 진정한 대화적 접근법이 심지어 대화적 교수법이라는 이름으로 어떻게 훼손될 수 있는지를 보여준다.

활동 주제와 관련된 Shor 프로그램의 초기 단계는 두 가지 목적을 지니고 있다. 그 중 하나는 학생들이 나중에 교사 없이도 학습할 수 있도록 '자주적인 문식성' 을 지도하는 것이며, 다른 하나는 학생들이 이미 가지고 있는 기능을 더 갈고 닦아 주체로서 성장하는 동안 교사의 권위에 대한 의존으로부터 벗어나도록 하는 것이다.

Shor는 학생들에게 사전 쓰기와 구술의 두 가지 간단한 전략을 소개한다. 그는 사전 쓰기를 쉽고 간단한 세 단계(생각하기, 항목별로 적기, 쓰기)로 나눈다. '내가 만난 가장 싫은 선생님' 이라는 첫 과제를 위해서, Shor는 학생들에게 쓰고 싶은 것을 마음 속에 그려 보고, 그런 다음 그들이 본 것 혹은 경험한 것을 목록화하고, 마지막으로 '적당한 크기의 문단' 으로 구성하게 한다(130).

구술 연습은 학생들의 말하기 기능을 신장시키는 데 도움을 준다. 한 학생이 구술을 하면 다른 사람은 그것을 글자 그대로 기록한다. 그런 다음 입장을 바꾼다. 그런 다음 다시 학생들은 사전 쓰기 전략을 사용한다. Shor에 따르면 이 방법은 다음과 같은 효과가 있다:

> 이것은 동료 간의 관계를 돈독히 하는 쓰기 방식이다. 학생들은 글을 완성하기 위해 서로 협동하고, 교사는 학생들의 활동을 통제하지 않는다. 그리고 학생들은 서로의 말을 주의 깊게 들어야 하므로, 과거의 교사 중심의 교실과 반대되는 상황에 처한다. … 본질적으로 학생들은 아주 우수한 말하기 기능을 지니고 있으며, 이 활동은 그들의 구어적 재능으로부터 작문을 이끌어 내는 중요한 원천이 된다.(131)

Shor에 의하면 학생들은 이미 지니고 있는 음성 언어적 기능과 습득하려고 하는 문자 언어적 기능 사이의 연결 고리를 만들기 시작한다. 아울러 이러한 양상은 교사로부터 학생의 독립을 촉진시킨다.

그러나 Shor는 학생들의 추상적 사고력을 신장시키고자 한다. 앞서 제시한 과제에서, 학생들은 '가장 나쁜 교사'에 대한 글을 쓴 다음 보다 일반적인 질문, 즉 '나쁜 교사란 어떤 교사인가?' 라는 질문에 답해야 하는 것이다. Shor는 학생들의 글에 나타난 구체적인 묘사에서 나쁜 교사의 속성들을 수집하여 기록한다. Shor에 따르면, 이것은 특정한 세부 묘사로부터 일반적인 사례를 추출해 내는 철학적인 활동에 해당한다. 그리고 이것은 구조적인 인식의 토대가 되며, 범주화된 사고의 논리적 기초가 된다(132). 이러한 방식으로 학생들은 교사와 함께 일상의 경험을 간단하게 검토하면서 동시에 높은 수준의 문식력과 비판적 사고력을 습득하게 된다.

다음 단계의 쓰기 과제는 학생들의 일상생활 중 또 다른 측면을 검토하면서 시작되며, 교사는 학생들에게 생성적 주제인 '일'에 대하여 소개한다. 그러면 학생들은 '가장 싫었던 직업'에 대하여 글을 쓰고, 앞의 활동과 똑같은 순서를 따르게 된다. 학생들이 사전 쓰기를 활용하여 글을 완성하고 나면, Shor는 '말로 나타내기(voicing)' 라고 명명한 기교, 즉 "학생들이 자연스러운 문법을 사용하여 말하도록 하는 자기 수정 도구(self-editing tool)"를 소개한다. 학생들은 자신의 글을 소리 내어 읽는다. 이때 Shor는 학생들이 말을 더듬거나 머뭇거릴 때마다 "너의 훌륭한 말하기 기능이 덜 발달된 쓰기 기능 때문에 방해를 받는구나"라고 말해 준다(133). 물론 보통 사람의 말하기 기능은 눈으로 인식하는 것보다 훨씬 더 빨리 발달한다. 다시 말해, 눈으로 글자를 인식하는 것보다 말하기 기능이 앞서게 되는 것이다. 이러한 문제점을 개선하기 위해 Shor는 학생들에게 짝과 함께 '소리 내기'를 하게 한다. 한 학생이 조용히 글을 읽고 있으면, 다른 학생이 그 학생의 어깨 너머로 큰 소리로 같은 글을 읽는다. 눈으로 읽는 학생은 소리 내어 읽는 학생이 잘못 읽는 내용이 들릴 때마다 읽기를 멈추게 한다(135). 이러한 활동을 반복해서 하면, 소리 내어 읽는 학생의 눈은 강력한 말하기 기능을 따라가게 되고, 학생들은 또 다른

'독립적(take-away)' 문식성을 습득하게 된다. 아울러 이 연습은 동료 간의 관계를 돈독히 하며, 교사가 아니라 자신과 다른 사람의 글에 집중하도록 한다(135).[4]

학생들이 말로 나타내기 기교를 일정기간 학습하고 나면, Shor는 두 명의 지원자에게 서로의 글을 공유하게 한다. "학생들은 최악의 직업과 관련된 글을 읽을 때 더 흥미를 느낀다. 그들은 자연스럽게 자신들이 공통적으로 겪은 최악의 일에 대하여 대화를 나누기 시작한다. 거의 대부분의 학생들이 둘 사이의 공통된 경험을 가지고 있다"(136). 그런 다음 학생들은 두 개의 목록을 작성하는데, 하나는 두 학생이 '공통적으로 경험한 최악의 직업'에 대한 것이고, 다른 하나는 '공통적이지 않은 것'에 대한 목록이다. Shor는 학생들의 대화에서 추출되는 개념들을 단순히 기록하기만 한다. 이러한 활동들은 학생들로 하여금 일상적인 주제에 대한 비판적인 사유를 시작하게 한다. Shor가 독자들에게 글의 내용을 상기시키는 것처럼, 학생들은 글을 읽으면서 질문을 통하여 자료들을 보충한다. 학생들의 구체적인 경험과 직접적인 관련이 있기 때문에, 학생들은 질문에 기꺼이 참여한다. 이때의 교실은 더 이상 고립된 장소가 아니다. 그리하여 "마음은 현실을 의미 있는 형태로 재인식하는 연습을 한다".

여기까지 마치고 나면, Shor는 학생들에게 모순과 타당성의 두 목록을 검토하게 한다. 학생들은 때때로 글을 다시 읽고서 이전에 기록한 내용을 지우고 다시 새로운 것을 첨가하게 된다. 때로는 학생 필자에게서 더 많은 정보를 얻어야 한다는 사실을 발견한다. 그런 다음 Shor는 학생들에게 좀 더 추상적인 질문을 한다. "그 일에 대하여 알게 된 것을 모두 말해 볼까요?"(137) 분명히 그는 학생들에게 어떤 주제를 일반화하고 분석하는 전략을 지도하고 있다.

비판적 사고와 문식 기능의 발달은 독자적으로 이루어지는 것처럼 보이지만 함께 이루어진다. Shor는 이에 대해 다음과 같이 설명한다:

> 대부분의 학생들은 자신의 과제와 글을 친구들이나 교사와 면밀하게 살펴보지 않는다. 국어 교사들은 학생들에게 '문단 쓰기' 와 '주제 조직' 에 대한 루브릭을 지도할 때 세세한 것에 꼼꼼하게 주의를 기울이라고 말한다. 그동안 학생들은 현실을 비판적으로 재음미하는 수업 대신에 수사학적 수업을 받아 왔기 때문에 '문단 쓰기' 를 제대로 학습하지 못했다.(137)

따라서 학생들은 '좋은 문단 쓰기' 에 구체적으로 필요한 것을 발견할 수 있는 전략을 학습한다. Shor는 학생들이 계속해서 글을 쓰고, 더 많은 문식 기능을 학습하는 동안 점점 더 깊은 사고력을 발휘할 수 있게 한다. 이제 학생들은 학습 상황의 하나로 조합 노동자에 대한 토론을 하게 되며, 그런 다음 읽기로 활동 순서를 이동하게 된다. 바로 이 단계가 Shor가 말하는 자주적인 읽기 기능을 가르치는 지점이 되는 것이다. 학생들의 마지막 과제는 두 종류의 노동자에 대한 각각의 개요를 글로 쓰는 것이다.

무시된 사유와 행동의 변증법

Shor가 학생들의 쓰기와 사고 기능을 신장시킨 것은 매우 분명하지만 그것이 Freire가 말한 사유와 행동의 변증법과 관련된 활동을 수행하는 능력인지는 다소 모호한 측면이 있다. Shor가 지도하는 교실의 학생들은 교실 밖에서 이루어지는 광범위한 대화에는 전혀 참여하지 않는다. 이 교실에서의 대화는 Shor와 학생들 사이의 대화로 한정되어 있다. 즉, 이것은 지극히 제한적이며 자족적이다. 이 대화는 개념 형성에는 의미 있지만, Freire의 이론에서 강조하는 급진적 혁명의 본질에는 맞지 않는다. 협동 학습과 같이 이러한 종류의 대화는 해방을 이끌어 내는 데에는 필요하지 않으며, 오히려 쉽게 지배적 이데올로기의 교화나 재생산의 수단으로 이용될 수 있다.[5]

Shor는 "개념적 훈련을 연습한 학생들은 스스로를 주의 깊게 관찰하고 일반화할 수 있는 사람으로 변화시키고 있지만, 아직 자신들이 추출해낸 것을 바꾸는 데 전념하지 않는다"라고 말한다(138). Freire는 연구 시기와 상관없이 글에서 사유와 행동 간의 변증법을 다루지 않는 교수법은 그것이 무엇이든 간에 해방 학습법이 아니며, 이러한 방법은 은행식 방법과 같이 지배 계층의 교화 수단으로 남게 된다고 강력하게 주장한다. 이처럼 사유와 행동 간의 변증법이 이루어지지 않을 경우 누구도 해방되지 않으며, 어떠한 사회적 변화도 일어나지 않을 뿐만 아니라 압제자와 피지배자는 여전히 남게 된다.

Shor가 노조 업무에 대하여 소개하는 지점에서 그는 학생들에게 지금까지는 부족했지만 앞으로 "탁월한 인식을 얻기 위해" 발전하도록 변혁에의 헌신을 요구한다(138). 하지만 Shor가 해방 교육 패러다임을 포기하고 은행식 교육 방법을 택한 것처럼 보이는 것이 이 지점이다. 그는 학생들이 가지고 있는 노동조합주의에 대한 지식은 "불공평하고 불분명"하다고 주장한다. "고정된 시급, 주기적 임금 인상과 박봉, 규정 외 노동시간, 유급 휴가와 연금 계획"과 같은 이익과 관련된 지식, 노동조합주의의 역사에 대한 지식은 상당히 조직적으로 통합되어 있다(138-139). Shor가 이 과정에서 학생들에게 어떤 자료를 제공하였는지 명확하게 설명하지 않았고, 학생들이 자신의 경험에서 그러한 자료를 제공받을 수 없다는 것을 명확히 하였기 때문에 우리는 그가 강의를 통하여 이 정보를 통합한다고 추정할 수 있다. 물론 강의 자체가 나쁜 것은 아니지만 Shor 스스로 이 과정을 기술하기에 앞서 이론적인 장에 다음과 같이 썼다:

> 해방 이론의 핵심은 평등주의 안에서 학생들의 객체와 주체의 변환, 경험에 기초한 대화, 다양하고 복잡한 역할을 수행하는 교사를 통해 학생들의 비판적 인식을 활성화시키는 것이다.(122-23)

Shor의 교육과정 중 이 부분에서는 분명 경험에 기초한 대화가 포기되었다. 그는 학생들의 '일상적 삶'에는 관심이 없고, 오직 자신의 학문적 흥미에만 관심이 있는 것처럼 보인다. 그는 학생들을 객체의 위치에 두고 자신은 스스로 전문가의 주체적인 위치에 고정적으로 자리한다. 게다가 그는 학생들이 객체의 위치에서 벗어나야 한다고 주장한 바로 그 대목에서 정확히 반대되는 행동을 보인 것이다. 어느 순간 Shor는 실제로 "노동자에 대한 질문은 학생들 스스로 했다"(139)라고 말한다. 확실히 Shor는 교육과정(교육 프로그램) 면에서 진지하게 고민해 볼 만한 질문거리를 제공한 유일한 사람이다.

현 시점에서 해방 이론가들은 학생들이 스스로 질문하고, 그들 스스로 교실에서의 탐구 활동을 수행하고, 문제 해결에서 구체적으로 자신의 역할을 찾기 시작하는지 확인하고 싶어한다. 그렇게 하기 위해서는 노동 문제에서 입장 변화를 이해하고 있는 학생들 사이에 몇 가지 변화의 가능성을 마음속에 그릴 수 있게 해주는 사회적 대화가 이루어져야 한다.

대신에 Shor는 학생들에게 법인 경영자의 관점에서 또는 노동자의 관점에서 노동조합이 왜 좋고 나쁜지에 대해 설명하는 짧은 연설문을 쓸 것을 제안한다(139). 이러한 짧은 연설문은 대상을 단순하게 비교하고 대조하는 연습을 할 수 있으며, 교사가 제시한 개념들에 대한 이해 수준을 측정할 수 있는 자료가 된다. 이것은 해방 이론에서 말하는 변화의 성격을 띠는 사유나 행동과 같지 않다. 그는 "노동조합 운동과 같은 사회적 삶의 다른 부분이 상상 속에서 조직적인 형태를 갖추게 되는 순간은 가능성이 풍부한 교육적 시간이다"(139)라고 주장한다. 그러나 Shor는 스스로 약속한 것과 같이 가장 많은 가능성을 제공해 주는 방법을 포기했다. 이를 Freire의 용어를 빌려와 설명하면, 개인이 스스로 비판적인 인식을 형성하는 의식화 운동이다. 그의 교육 프로그램은 학생과 교사가 평등하게 참여하는 진정으로 민주적인 대화가 아니라, 제한적이며 때로는 일방적인 의사소통으로 이루어진다.

Shor의 교실에서 쓰기는 결코 대화적이거나 '수사적이지' 않다. 그의 교실에서 이루어지는 대화는 과제를 수행하고 성적을 받는 등의 다른 목적을 위해 노력하는 사람에게는 전혀 영향을 주지 못한다. 본 연구의 앞부분에서 논의하였듯이, 만약 학생들이 지속적으로 수사적인 상황에서 글을 쓰게 된다면, 그들이 글을 성공적으로 썼는지를 추정하는 데 있어 일종의 지침이 될 수 있는 독자 분석 기능을 결코 익히지 못한다. 뿐만 아니라 학생들은 문어적 담화가 인간의 삶에 영향을 주는 교실 밖 상황에서 언어와 행동이 어떻게 작용하는지에 대한 경험을 전혀 하지 못하게 된다. 학생들은 자신들의 글쓰기가 타인과의 대화의 일부분이 되는 경험을 하지 못한다. Shor의 방법론에서 학교에서 수행하는 읽기와 쓰기는 학생들의 삶에서 학교 이외의 상황(특히 저임금의 고된 일을 해야 하는 상황)에서는 거의 또는 전혀 쓸모없는 활동이 된다. Freire의 교육 활동이 매우 성공적이었던 이유 중의 하나는 사유와 행동 사이의 연결을 한시도 잊지 않았기 때문이다. 몇 년이 걸린 것이 아니라 약 몇 개월 만에 Freire는 문맹이었던 사람들을 기능적 문식성을 갖춘 사람으로 변화시켰다. 그럴 수 있었던 원동력은 이 사람들이 새롭게 배운 기능들을 삶의 질에 직접적으로 영향을 주는 문제에 적용할 것이고, 담화가 그들을 둘러싸고 있는 억압적인 사회적 상황과의 관련성 속에서 어떠한 역할을 하는지 알게 될 것이라고 예상했기 때문이다. 교사와 급우들과 나눈 대화는 세상을 변화시키는 대화로 그들을 이끌어 준다. 하지만 Shor의 방법을 적용하면 대화는 교실 안에서만 그리고 교사의 주된 관심사와 관련된 주제에 대한 것으로 한정된다. Shor의 학생들은 그와 대화를 하는 것이지 공동체와 대화하는 것이 아니다. 학생들은 자신의 작업 환경을 개선하기 위한 어떤 행동도 취할 수 없기 때문에 그들의 수업은 Freire의 관점에서 보면 결코 사회적이거나 대화적이지 않다.

끝으로, 앞에서 논의한 것과 같이 Freire 이론의 또 다른 관심은 학생 공동체와의 대화를 통해 개발되는 교육과정의 내용이다. 교육자는 오직 학생들과 대화를 나누는 과정에서만 그들이 경험하고 있는 구체적인 상황과 그 상황을 어떻게 받아들이고 있는지에 대한 이해를 얻을 수 있다. 이러한 '대화적' 탐구는 실제로 학급을 구성하기 전에 시작하며, 공식적인 학교 교육을 받는 동안 계속해서 이루어진다. Shor의 작업 중에서 놀라운 것은 그가 선택한 주제가 마르크스 분석에 대한 자신의 관심과 거의 일치한다는 점이다.[6] 이는 쌍방향적인 대화의 과정을 나타내지 않는다. Shor가 질문을 하고 그 질문을 들은 학생이 더답하는 식이다. 질문을 제거하지 않은 학생은 교육과정의 일부가 될 수 없다. 비록 Freire가 절대 교사가 질문을 제기하거나 교육 내용을 결정하면 안 된다는 것은 아니지만, 그는 탐구의 기본 방향이 학생들과의 대화로부터 나오지 않는 한 해방은 가망이 없으며 교화는 불가피한 것이 된다고 분명히 말한다. 노동이나 노동조합과 같이 Shor가 선택한 화제는 학생들과 협의를 거치지 않고 그냥 주어진 것이다. Gail Stygall은 Shor가 제시하는 노동이라는 주제가 그의 학생들에게 미친 폐해에 대하여 다음과 같이 질문한다:

> 아마도 Shor의 여학생들은 생성적 주제로 여성의 역할을 선택하고 싶었을 것이다. 그리고 흑인 학생들은 인종을 선택하고 싶었을 것이다. 반면에 라틴 아메리카계 학생들은 언어를 선택하고 싶었을 것이다. Shor 자신의 정치적 이데올로기는 경제적 분석—이 경우에는 직업—이 다른 모든 형태의 분석을 대신할 것을 필요로 한다.(119)

『비판적 교수법과 일상생활(Critical Teaching and Every Day Life)』과 다른 저서에 소개된 Shor의 지도 방법은, Freire의 영향을 받아 이제는 널리 알려진 '비판적 교육' 혹은 '급진적 교육' 방법과 유사한 지도 방법의 이론적 근거를 마련하려는 많은 작문 이론가들에게 여전히 영향을 주고 있다. 그러나 Shor의 비판적 교수법과 비판적 지도의 개념은 Freire 이론의 몇 가지 전제 조건을 따르지 않는다. 예를 들면, Freire의 이론은 대화주의에 기반하여 대화를 강조하는 데 반하여 Shor의 교수법은 대화를 중요하게 여기지 않는다. 아무튼 Shor의 교육 방법이 어떤 면에서 해방 교육을 지향하고 있는지 의문이다.

또 다른 해방적 실험과 실망

Freire식 대화주의 이론을 고등 작문과 문학 수업에 적용하려고 했던 또 다른 시도는 (후에 논의할 Kyle Fiore와 Nan Elsasser의 연구는 예외로 하고) 교사와 학생 모두의 절망과 저항에 부딪히게 된다. Freire의 많은 개혁적 연구는 "진보적인 옷을 입은 교육 방안" (Giroux, Post-colcnialism 15)으로 새로운 자리를 마련한 것처럼 보인다. 많은 작문 연구가들은 Shor가 Freire 이론을 잘못 적용한 것에 영향을 받았다. Shor는 그가 만든 교육 프로그램의 결과에 만족한 듯 보이지만, 몇몇 작문 연구가들은 Freire의 대화적 방법론을 고등 작문 교실에 적용할 때의 문제점을 지적해 왔다.

Paulo Freire, Henry Giroux, Ira Shor의 영향을 받았다고 주장하는 C.H. Knoblauch는 Freire의 대화 이론을 적용하는 데 있어 Shor와는 다르게 문제가 있다고 생각한다. 그는 해방 교육이 대부분의 북미 대학에서 '지적 게임 이상의 어떤 것' 이 될 수 있는지에 대해 의문을 가졌다:

> 대학이 정말로 급진적 교수법의 장으로 기능할 수 있는가? 그런 특권을 부여받은 기관에서 교수들에게 주는 '급진적 교사' 의 의미는 무엇인가? 대학은 자본주의 국가가 주는 급여를 받고, 학문적 사색에 의한 사회적 행위의 결과뿐 아니라 의무로부터 보호되며, 겉으로는 이상적 사고를 하고 있는 것처럼 보일 뿐만 아니라 대학 자체가 자신들의 개방성에 대해 만족할 만한 증거들을 어렵지 않게 내놓고 있다.(15-16)

Knoblauch는 자신이 인식하는 문제의 한 예로 단편 소설을 소개하는 문학 수업의 경험에 대하여 기술한다. 학생들은 Toni Cade Bambara가 쓴『교훈(The Lesson)』이라는 소설을 과제로 받았는데, 이 소설은 할렘에 사는 어린이들이 값비싼 상품으로 유명한 맨하탄 5번가에 위치한 장난감 가게인 F.A.O. Schwartz로 소풍 간 이야기를 서술하고 있다. (Knoblauch는 그 가게를 '어마어마하게 비싸다' 고 묘사한다). 아이들은 눈앞에 보이는 것에 위압당하고, 특히 천 달러가 넘는 장난감 배를 보고는 깜짝 놀랐다. 그들은 누구는 다른 사람들이 1년간 먹고 자는 데 쓰는 비용보다도 더 많은 돈을 장난감 하나 사는 데 쓰는데, 그것이 무엇을 의미하는지에 대하여 이야기했다(16). '교훈' 이란 어휘는 이야기에 한 번도 나오지 않는다. 어린이들은 자신들이 경험한 것의 의미에 대해 자기들끼리 합의할 수 없었고, 이야기 안의 서술자도 답해주지 않았다. Knoblauch는 학생들에게 이야기의 교훈이 무엇인지에 대해 깊이 생각해 보고 그 생각을 글로 써 보게 하였다.

처음의 반응은 대체적으로 다음과 같이 요약할 수 있다: 이 이야기의 교훈은 빈민가 어린이들이 학교와 일터에서 열심히 일한다면, 그들도 언젠가는 그 비싼 장난감을 살 수 있다는 것이다. Knoblauch는 학생들에게 보다 바람직한 방향으로 독서할 것을 강요하지 않았으며, 그 대신 칠판에 전형적인 반응을 몇 가지 옮겨 적었다. 그런 다음 학생들에게 이야기에 대한 반응에 어떠한 가치가 내재되어 있는지 물었다. 토의를 통해 주제가 만들어졌다. 그것은 '교육은 본질적으로 해방적이라는 믿음' 과 또한 '열심히 하면 누구나 좋은 생활을 누리게 된다는 믿음' 이다(17). Knoblauch는 다른 질문을 통해 학생들의 반응을 문제 상황으로 끌어들이려고 하였다. "왜 우리는 이것을 진실로 받아들이는가? 단약 그것이 우리에게 진실이라면, 모든 사람들에게 진실일까? 사실 그것은 항상 우리에게 진실인가? 경험이 제공하는 것은 무엇인가? 우리는 어떤 성문화 자료를 발견할 수 있는가?" (17-18). Knoblauch는 첫 반응에 내재되어 있는 가치에 대한 질문을 받고서도 학생들의 최종 반응이 첫 반응과 별반 다르지 않았다고 실망스럽게 말한다. 학생들은 뚜렷한 소비 문제 또는 빈민 대다수가 비싼 장난감을 살 여유가 없다는 사실 아니면 애초에 F.A.O. Schwartz를 생산해 낸 가치 체계와 마주할 수 없거나 그럴 의지가 없는 것으로 보였다. 그 학기의 다른 시도에서도 결과는 같았다.

Knoblauch는 만약 학생들이 Shor가 묘사한 노동자 계층이 아니라, '미국의 안정된 중산층' (12)이라면 어떻게 달라지는지 질문했다. Knoblauch에게 있어서 해방 교육의 문제는 방법론이 아니라 학생들의 사회적 지위였다:

> 여기서의 문제는 강력한 사리사욕 추구와 계층 특권에 기반을 두고 있는 환경에서 과연 해방 교육이 정말로 타당성을 지니는지에 대한 의문을 넘어서는 것으로 보인다. 학생들은 그들의 특권을 확고히 하는 데 작용하는 가치 체계와 조건을 철저히 검토함으로써 무엇을 얻는가? 왜 그들은 대학 문화가 그들의 자격에 대해 안심시키려 할 때 말썽 많은 자기 인식을 가지고 씨름해야 하는가? (19)

이들 중산층의 학생들은 체제 변화의 필요성을 못 느낀다. 어찌되었건 지금까지는 체제가 그들의 편에서 작용하였기 때문이다. 학생들은 만약 가난하거나 소외된 계층의 사람들도 열심히만 일한다면 차이를 극복하고 평범하게 살 수 있다고 믿는다. Knoblauch의 반 학생들이 그랬던 것처럼, 지배적인 문화의 구성원들은 가난으로 고통받고 있거나, 다른 언어를 사용하거나, 다른 문화적 가치를 가지고 있는 사람들을 단순히 정상이 아닌 사람으로 생각한다. Freire는 압제자들이 그들의 조건을 규범으로 보기 때문에 스스로를 해방시킬 수 없다고 경고한다. 해방이 필요 없는 학생들을 대상으로 대화적 · 해방적 교육과정을 고안해야 하는 것은 핵심적 문제이다. 만일 누군가 "교육은 어쨌든 해방적이다'라고 주장한다면 말이다.

Knoblauch가 학급에서 사용한 방법은 해방이 아니므로 그가 원하는 결과를 얻기 어렵다는 데 동의한다. 그는 결코 문학 수업의 개념을 문제화하지 않는다. 모든 면에서, 이 수업은 전형적으로 수준이 낮은 문학 수업이었다. 학생들은 '문학'에 대한 반응을 쓰는 과제를 부여받았다. 그들은 자료를 읽고 이야기, 시, 희곡 또는 소설이 의미하는 것에 대하여 에세이 혹은 적어도 교사로부터 가장 좋은 점수를 받을 수 있다고 기대하는 해석을 글로 쓴다. Knoblauch는 학생들이 글에서 혁명적인 사고를 시도하면 보상받을 수 있다는 믿음을 갖게 하기 위하여 어떠한 개입도 하지 않았다. 그는 어떻게 학생들과의 실제 대화를 활성화시켰는가? 수업에서 특권과 사회 계층에 대하여 논의하는 것이 꼭 Freire가 말하는 급진적인 대화주의 교육에 해당되는 것은 아니다.

Shor처럼 Knoblauch는 사유와 행동의 변증법적 실천에 있어서 행위의 측면을 포기한다. 그는 결코 학생들이 교실 밖의 청자를 고려하여 글을 쓰도록 격려하지 않는다. Shor와 같이 Kncblauch는 교실 밖의 누군가에게 보내는 글을 과제로 제시하지도 않고 그에 대한 보상도 하지 않는다. 더군다나 교실 밖의 그 누가 학생들이 단편 소설을 읽고 쓴 감상문을 읽고 싶어하겠는가? 이 학생들은 어떤 이유로 문학 수업에서 교사와 동료들 모두에게 문제가 없는 것처럼 글을 써야 하는가? 그리고 과제가 수사적일 뿐만 아니라 Shor의 교육에서와 같이 평등한 관계에서 참된 대화적 상호작용도 이루어지지 않는다. 오직 교사와 학생 사이의 대화만 남아 있다. 학생들은 점수를 받기 위해 글을 쓰고 있는 것이지 어떠한 위급함도 없다. 학생들은 그들의 글이 교사가 학생 글에 대해 생각하는 것만큼 중요하지 않다는 것을 안다. 이러한 상황에서 가급적이면 논쟁을 피할 것이다. 이러한 모습은 은행식 교육이 성행했던 시기에 나타난 것으로, 학생이 글쓰기에서 성공을 거두는 가장 좋은 방법은 비록 그것이 왜 중요한지에 대해서는 이해하지 못할지라도 교사가 원하는 글을 써서 좋은 점수를 받는 것이다. 대화, 참된 질문, 비판적 사고는 교실에서 좀처럼 보상을 받지 못하기 때문에 학생들은 그렇게 하는 것이 정말 '안전' 하고 교사가 기대하는 것이라는 확신이 들지 않으면 참여하려고 하지 않는다. 말하자면, 학생들은 그들이 말한 것이 상대방에게 진지하게 받아들여질 것이고, 교사와 친구들이 그 말에 실제로 반응하고 대화에 참여한다는 것을 알 필요가 있다. Knoblauch는 그의 수업에서 이들 조건 중 어떤 것도 제공하지 않는다.

Shor처럼 Knoblauch는 해방 교육의 대화적 측면을 포기한다. Knoblauch는 학생과 협동하는 대화적 탐구를 통해 교육과정을 결정한 것이 아니라 일방적으로 학생들에게 제시하였다. 이로 인해 그는 자신의 교육과정에 학생들의 구체적이고 실제적인 삶을 반영하지 못하였으며, 자신의 학생들이 세상을 어떻게 인식하는지에 대해 이해할 수 있는 정보를 얻지 못하였다. Knoblauch가 지도하는 학급의 문제 중 하나는 학생들에게 제시된 읽기 자료의 이야기와 그들의 실제 경험이 동떨어져 있다는 것이다. 미국에서 가난의 경험은 새로운 미디어 시대에서조차도 현실을 직시하는 방식으로는 좀처럼 묘사되지 않는다. 따라서 이 학생들은 Bambara의 이야기에 등장하는 어린이 대신에 자신을 대입해 보는 것을 어려워할 수밖에 없다. Knoblauch의 학생들은 할렘가의 생활에 대하여 무엇을 알고 있는가? 학생의 경험에서 어떤 점이 이야기에 묘사된 내용을 이해 가능하거나 그들에게 의미 있는 것으로 만들어 줄 것인가?

어떤 이유에서든 Knoblauch와 학생 사이에 교육과정을 결정하기 위한 의미 있는 대화적 탐구가 일어날 것 같지는 않다. 고등 교육 특유의 제약(학기, 구획화된 교육, 짧은 수업 시간)은 교수와 학생 사이의 대화를 극도로 어렵게 만든다. 대부분의 쓰기 교사들이 대체로 15주 동안 일주일에 3시간 정도 학생들과 만나는데, 그 후로는 다시 만나지 않는다. 따라서 학생과 교사 사이의 대화가 계속될 가능성은 더욱 희박하다. 게다가 많은 기관의 건축 양식이 대화적 교육을 방해한다. 예를 들면, 작은 책상이 여러 줄로 늘어서 있는 커다란 강의실과 교실은 학생들 사이의 대화 또는 교사와 학생 사이의 대화에 도움이 되지 않는다. 이러한 책상 배열은 지식이 전달되는(혹은 예금되는) 동안 조용히 앉아서 듣는 데 가장 적합하다. 대화적 교육이 성공하기 위해 교육에서 꼭 시급히 변해야 하는 것이 무엇인가의 문제는 대화적인 해방 교육이 고등 교육에 적용 가능한지에 대해 논의하는 맥락에서는 종종 제외된다.

북미 '해방' 교육의 모순

Knoblauch는 해방 교육과 관련한 그의 실험이 북미의 고등 교육에 해방 교육을 적용하는 데 있어서 많은 문제점들을 명확하게 드러낸다는 모순에 놀라지 않을 수 없었다:

> 전형적으로 미국 교사들이 '비판적 교육'을 할 때, 그들은 학교생활에서 소외된다고 인식된 학생—교정 프로그램 참가자, 전통적으로 학계에서 배제되어 온 소수 민족, 학교에서 퇴학당한 학생—을 주요 대상으로 삼는다. 그 목적은 이러한 소외 학생들에게 참정권을 주는 방법을 찾는 것이다. 그들은 이 목적을 달성하기 위하여 학생들에게 그들의 삶을 구성하는 사회적 실재들과 그들이 속하기를 원하는 전문 집단에서 권력이 주어지고, 사용되고, 분배되는 방식에 대해 인식시킨다. 아울러 권력을 획득하는 방법과 동시에 지배적이었다가 다시 쇠약해지는 권력의 배열을 객관화하는 사회 구조들을 전복시키는 방법을 보다 잘 인식하게 한다.(14-15)

우리가 소외된 학생들을 도울 수 있는 교수 전략을 찾을 때 Freire가 자주 거론되는 것은 모순이 아닐 수 없다. 고등 교육에서 정의하는 문식성에 큰 문제를 가진 학생들과 그로 인하여 고등 교육이 제공하는 사회적 이익과 권력에 접근할 수 없는 학생들은 권한을 위임받을 준비가 된 것으로 인식된다. 그러나 Freire와 급진적 교육과 관련하여 자주 언급되는 권한 위임의 개념이 실제로는 Freire가 말한 지배자 계급으로의 교화에 지나지 않을 수 있다. 북미에서 적용한 대부분의 경우, 학생 집단을 소외시키는 사회 체제 중 그 어느 것도 어떤 방식으로든 대체되지 않는다. 해방 학습은 종종 소외된 집단을 그 구조는 거의 바꾸지 않은 채 전통적 교육 구조 안으로 집어넣기 위해 사용된다. Giroux와 같이 Knoblauch는 해방 학습이 보충 교육에만 적용된다면 문식성이 학습 결손 이론의 측면에서 이해된다는 것에 관심을 갖는다.

만약 대화 교육이 우리의 학생들을 능동적 행위자로 변화시킨다면, 아마도 대화가 이루어지기 쉬운 혁명적 변화와 개선에 대한 준비 또한 필요할 것이다. Knoblauch도 나도 미국 교육 체제가 가지고 있는 이 심오한 문제에 쉽게 답할 수가 없다. Giroux가 주장한 것처럼 이 문제는 모든 사람들이 시민으로서 능동적이고 민주적인 공적 삶에 접근하는 것을 위협하는 것이다(Giroux, 『Literacy』 5).[7] 그러한 민주적이고 공적인 삶에서 대화는 차이가 제기되는 방식이며, 또한 힘의 구조와 위계가 인식되고, 제기되고, 변화되는 방식이다.

Victor Villanueva, Jr는 힘의 위계화와 관련된 물음에 대하여 부분적인 답을 제공한다. 그는 두 학기 동안 Floyd라는 필명을 쓰는 교사가 쓰기를 가르치는 것을 관찰했다. 그는 일반적인 교육과정이나 제도적 압박으로부터 자유로우며 Freire식 훈련을 받았다. 그 교사가 근무한 학교는 미국 중서부에 위치하고 있으며, 전통적인 공립학교를 자퇴한 저소득층 학생들이 다니는 비영리 사립학교였다. Villanueva는 대화 교육에 적합한 매우 이상적인 조건하에서조차 어떤 요소는 성공을 방해한다는 결론을 내렸다. 그는 미국에서 Freire 추종자들이 교실에서 작용하는 헤게모니의 힘을 과소평가했다고 설득력 있게 주장한다.

Gramsci가 구안한 개념인 헤게모니는 Villanueva의 연구의 핵심이다:

> 헤게모니는 지배 계급의 관심이 다른 사회 집단의 관심에 반영되도록 하기 위하여 사회의 도덕적이고 지적인 지도력을 발휘하여 계급을 지배하는 방식을 나타낸다. 즉, 지배 계급은 그들의 이데올로기와 다른 계급의 이데올로기 사이의 공통점을 교묘하게 이용하는 것이다. 결과적으로 Gramsci가 하위 주체(subaltern position)라고 부르는 집단은 스스로를 자신의 흥미를 위해 봉사하는 것으로 인식한다. 그리고 실제로 어느 정도 그러한 양상을 보인다. 그들은 또한 지배 계급의 흥미를 위해 봉사한다고 생각하며 자신의 사리사욕 추구는 무시한다.(250-51)

이런 의미에서 헤게모니는 본래부터 모순을 포함한다. 예를 들면, 여성은 자신들의 관심사 대부분이 남자가 지배하는 집단의 관심사와 서로 충돌한다는 것을 오랫동안 알고 있었지만 그들에게 주어지는 이익 때문에 남성의 지배를 지속시켜 왔다. 그래서 모순은 신념 체계 안에 존재하는 것이다. 억압받는 사람(여기서는 학생들을 말함)들은 자신들에게 주어진 억압 안에서 지배자와 결탁한다. 이로 인하여 억압받는 사람들은 체제가 그들을 어떠한 방식으로 억압하는지를 인식하기가 두 배로 어렵다.

Villanueva에 따르면, 미국의 Freire 교육자들은 교육에서 자신과 학생들의 신념 체계 안에 검토되지 않은 채로 남아 있는 모순을 설명하는 데 실패했다. Freire가 연구했던 많은 상황에서는 문제가 되지 않았던 것이 미국의 교실에서는 문제가 된다:

> 최근 개혁의 장에서 Freire의 비판적 문식성은 비판과 맞닥뜨리고 헤게모니에 대항하면서 거의 배타적으로 나아가고 있다. 이 시점에서 Freire는 이전 시대를 지배했고 당대의 지배자들을 위해 활용되었던 이데올로기를 버려야 한다는 것에 초점을 맞춘다. 그러나 개혁이 천천히 일어나는 미국에서 그리고 학생과의 상호교류가 상대적으로 짧은 미국 대학의 작문 교실에서는 대항 헤게모니가 쉽게 수용되지 않는다.(251)

Floyd는 Shor와 Knoblauch처럼 의도적으로 과장된 선전을 선택한다. 이런 방식에서는 헤게모니의 모순이 결코 생겨나지 않는다. 다른 쓰기 교육자들이 그러했듯이 Floyd의 수업에서도 실천(praxis)의 대화적 본질은 간과된다. 그 결과 Floyd는 제한된 성공을 거두게 된다. Floyd의 교육 방법은 이미 그와 유사한 세계관을 형성하고 있는 학생들에게는 영향을 주지만, 다른 학생들은 원래대로 남겨진다(256). Villanueva의 관찰에 따르면:

> 종교에서 흑인의 희망을 발견한 학생들은 기도와 헌신을 통해 구원을 얻으며, 지금은 고통받고 있지만 미래에는 좋은 일이 있을 것이라고 글을 쓴다. 비폭력적 시위를 주장하는 사람들은 마틴 루터 킹의 투정 이후 흑인들의 꾸준한 발전에 대하여 글을 쓴다. 단순히 무조건적인 반대를 하는 사람들은 '푸른 눈의 악마' 에 대하여 글을 쓴다. 학생들은 Floyd가 의도한 방식으로 정치적인 영향을 받지 않았다.(256)

Villanueva는 해방 실천을 방해하는 어떠한 신념 체계와 신화가 있으며, 그것이 교실에서 분명히 드러나고 심지어 교사에 의해 미묘한 방식으로 강화된다는 것을 계속해서 지적한다. 이러한 신화나 주제(교육이 개인의 성공을 이끌고, 개인의 성취가 집단의 발전을 가져와 사회가 더 나은 방향으로 나아간다와 같은)가 교실에서 다루어졌어야 하며, Floyd와 그의 학생들은 공동으로 대화적 노력을 기울였어야 했다. 학생들이 세상을 보는 시야를 방해하는 것들을 없애기 원했다면 말이다.

개혁적 행위를 위한 어떤 집단적 만남도 단순한 선택의 문제가 아니다. 왜냐하면 많은 흑인들이 창출되는 눈앞의 이익을 유지하기 위해서 억압된 인식 체계를 견뎌내기 때문이다.

> 개인이 모여 이루어진 집단의 발전을 통해 얻어진 개인의 성취는 사회

> 의 개선에 일조한다. 그러한 발전은 Floyd의 열의를 식게 만들고, Floyd의 명령을 무력화시킨다. 학생의 성공 가능성을 지지한 Floyd는 개인의 명성이나 행운의 가능성보다 개혁 의식이 성공에 대한 정의로 보다 적절하다고 학생들을 설득할 수 없다.(257)

개인 성취에 대한 신화는 이런 경우에 생성적 주제가 되어야 한다. 그러나 지금까지 미국의 Freire주의자들 중에 이것을 인정한 사람도 거의 없고, 도전한 사람도 거의 없다는 점에서 매우 제한적으로 다루어야 한다.

따라서 Villanueva는 미국의 Freire주의자들 중 소수의 사람들만이 실제로 대화적이고 해방적인 교육 방법을 사용한다는 나의 생각에 동의한다. 지금까지 논의된 모든 예에서, 학생을 비판적 문식성으로 이끄는 교육의 대화적 본질은 무시되어 왔다. 일단 대화적인 상호교류가 사라지게 되면 급진적 교육은 더 이상 급진적이지도 해방적이지도 않게 된다. 대화주의는 참된 Freire식 교육을 가능하게 하는 원동력이다. 이러한 사실에 주목하지 않은 채 급진적 교육 방법을 쓰기 교육에 적용하려고 했던 작문 이론가들의 노력은 대화주의에 부정적인 영향을 주었다.

급진적 교육에 대화적 본질을 돌려주기

바하마 대학에서 Kyle Fiore와 Nan Elsasser가 진행한 대학 작문 수업은 유일하게 실패하지 않은 사례이다. 그녀의 학생들이 전형적인 북미 대학생이 아니라고 주장할 수도 있지만(그들은 모두 흑인 여성들이었다), Elsasser의 강의는 제도적인 제약 속에서 이루어졌으며, 그럼에도 불구하고 놀랄 만한 성과를 거두었다. 지금까지 논의된 급진적 교육의 시도와는 달리 Elsasser는 해방 학습의 대화적 측면을 훨씬 많이 강조했다. 그녀는 Vygotsky와 Freire로부터 균등하게 이론적 체계를 빌려왔다:

> 이 학자들은 우리에게 강한 호기심을 불러일으킨다. 왜냐하면 그들은 쓰기가 인지적 기능과 사회적 학습을 모두 포함한다고 믿기 때문이다. 두 학자의 접근 방식은 각자의 방식으로 진행되면서 서로를 보완한다. Vygotsky는 학생의 내적인 학습 과정을 탐구한다. Freire는 외적인 사회적 실재의 영향을 강조한다. 〈중략〉 Vygotsky의 연구는 쓰기의 복잡한 과정을 명확히 설명한다. 그는 쓰기 학습이 인지적 기능의 습득과 새로운 사회적 이해의 발달과 관련이 있다고 상정한다. 〈중략〉 Vygctsky는 내적 대화가 글로 전환된다고 설명한다. [학생들은] 의식적으로 개인적 생각으로부터 걸어 나와 정신적으로 독자와 [그들이 공유하는] 사회적 맥락 안으로 들어가야 한다.(88)

Elsasser는 학생들에게 생각하는 것과 써야 하는 것 사이의 차이를 설명하기 위해 Vygotsky의 내적 언어 이론을 소개한다.

그녀는 간단한 단어 연상 연습으로 이 과정을 시작한다: "성, 집, 일과 같은 계기어(trigger word*)에 대한 반응을 비교하면서, 여성들은 가장 기초적인 수준에서도 자신들이 다양한 방법으로 정보를 범주화하고 저장한다는 것을 깨닫기 시작한다"(91) 학생들은 처음 3주간 이런 유형의 연습을 하며, 연상한 어휘들을 글로 쓰게 되면 학습 기간을 마친다.

다음 과제는 한 번에 여러 가지 목표를 독창적으로 수행하는 능력을 기르는 것이다. Elsasser는 개인적 지식의 가치를 강조하고, 개인적 지식과 교실 지식 사이의 이분법을 깨고 명시적인 정교화를 요하는 과제가 필요했다(91). 그녀는 학생들에게 '바하마에서 살기 위해 알아야 하는 것'이라는 제목의 글을 쓰게 한다. 이 과제는 또한 다른 목표에도 도움이 된다. 대학 수준의 작문 수업에서 부과되는 대부분의 쓰기와는 달리, 이런 과제는 교실 바깥의 독자들도 실제로 관심을 가질 만하다. 그 이유는 이

---

* 역주: 어떠한 행동이나 과정을 시작하는 어휘

글이 명확한 수사적 목표를 가지기 때문이다. 또한 그 글은 Elsasser에게 학생들의 일상적 삶에 대한 정보를 제공해 준다. 만약 이러한 과제를 제시하지 않았다면 그 섬의 새로운 이주자인 그녀로서는 학생들의 삶에 접근할 수 없었을 것이다. 과제에 대한 반응은 대화의 일부분이 되기도 하고 학생들의 일상적인 삶을 그들과 함께 탐구하는 방법이 된다.

학생들은 주로 청중을 고려하는 첫 번째 과제에 어려움을 겪는다. 그러나 학급에서 확장된 대화를 하는 동안 서로의 초고에 대하여 토의하고 비판하면서 학생들은 개인적인 관점으로부터 벗어나기 시작한다. 이 과제를 수행하는 수업의 말미에 이르면 Elsasser는 다음과 같이 말할 수 있다: "점차적으로 그들은 환경을 탐구하기 시작한다. 이전의 그들은 지식을 수동적으로 받아들였다. 하지만 지금은 지식을 추구한다"(92). 놀랄 만큼 짧은 시간 동안 Elsasser의 학생들은 주체가 되었다. 그리고 그들이 빠르게 발전할 수 있었던 것은 주로 대화적 상호작용에 대한 그녀의 전적인 믿음을 통해서였다.

Shor의 학생처럼 Elsasser의 필자들은 그들의 일상적 삶에 대한 탐구를 시작한다. 그러나 Shor와 달리 Elsasser는 학생들의 흥밋거리를 탐구하게 하고, 그에 대한 특정 교육과정 내용을 강요하지 않는다. 그녀는 학생들에게 가장 의미 있는 생성적 주제를 드러내기 위해 자신은 대화적 탐구에 참여할 수 없다는 것을 인정한다. 그녀는 한 학기 동안 학생들에게 일상적인 삶의 문제들 중에서 자신이 말하고, 읽고, 쓰고 싶은 것을 세 가지 선택하도록 함으로써 이 문제를 해결한다(92). 그들은 제시된 화제 중에서 결혼이라는 화제를 선택하였는데, 결혼은 이 학급에 효과적인 생성적 주제로 나타났다. Elsasser가 관찰한 내용에 따르면:

> 이러한 주제는 그들의 삶에 경제적으로, 사회적으로 그리고 감성적으로 영향을 준다. 이 여성들의 90%는 전통적인 바하마 가정에서 양친에 의해 길러졌다. 이들 중 75%는 이제 어머니가 되었다. 이 어머니들 중

2/3는 자녀의 양육을 온전하게 책임지는 혼자 사는 여성이다.(92)

그런 다음 여성들은 작은 집단으로 옮겨서 집안 일, 이혼, 성, 가정 폭력을 포함하는 하위 주제들에 대하여 토의한다. 이 과정에서 Elsasser는 이 주제들을 정교화하기 위해 학생들에게 제공할 읽을거리를 준비한다.

그들은 하위주제에 대해 대화적인 협동 탐구를 하며 남은 학기를 보낸다. Elsasser는 각각의 하위 주제와 관련된 글과 그 글에 제시된 내용 중 불명확한 개념들을 명확하게 이해하는데 필요한 배경 지식을 함께 제공한다. Elsasser는 이 기간 동안 일어난 일에 대하여 다음과 같이 묘사한다:

> 조사가 이루어지는 동안 학생들은 결혼에 대해 조사하고, 비판하고, 글을 쓰는 능력을 갈고 닦으면서 명확히 구분되는 세 국면을 통과하게 된다. 그들은 자신의 경험을 보다 능숙하게 정교화하고, 자신의 삶을 더 큰 사회적 맥락과 더욱 강하게 연관시킨다. 그리고 학생들은 새로운 지식의 원천을 찾기 위해 경험의 장을 밖으로 확장시킨다. 최종적으로 그들은 사회가 그들의 삶에 영향을 끼치는 방식을 비판적으로 인식하게 되고, 쓰기를 사회적 환경에 참여하는 수단으로 사용하기 시작한다.(93)

이 학생들은 바하마의 남자들에게 공개한 편지를 씀으로써 사회적 환경에 참여하였는데, 이 편지는 나중에 결국 일간지에 실렸다. 그들은 또한 다른 국가의 여성들에 대한 글을 읽고, 이해를 넓혀서 바하마 여성들을 위한 책을 쓰기 위해 계속해서 만나기로 했다(103).

여러분이 알 수 있는 것처럼, 수업은 교육의 대화적 본질이 유지될 때 매우 달라질 수 있다. 학생들과 교사는 학생 삶의 구체적이고 물질적인 측면에 대한 탐구에 참여하였다. Shor, Floyd, Knoblauch의 교실과는 달리 Elsasser의 수업에서는 탐구의 중심에 학생의 흥미가 있었다. 그녀는 학생들에게 특정 교육과정 내용을 강요하지 않았다. 앞서 설명한 다른 해방 학습 수업과는 달리 Elsasser의 학급에서 학생들의 쓰기는 궁극적으로 공동체를 드러내고 교실 바깥의 타인들과 대화를 시작하면서 수사적이고 사회적인 것이 되었다. 학생들은 자신들의 '제약 상황'을 바꾸어야 할 도전의 대상으로 인식하기 시작했다. 그들은 세상에서 쓰기라는 행위가 가지는 중요성을 경험했다. 이것은 많은 대학 수준의 쓰기 수업에서 학생들이 경험할 수 없는 것이다. Elsasser가 지도한 학생들 대부분은 학부 졸업시험에서 'B'를 받았다. 그녀가 이 수업 과정을 시행하기 전의 낙제율은 '45~60퍼센트' 정도였다. 그러므로 Elsasser가 지도한 학생들은 평균을 웃도는 점수를 받은 것이다.

급진적 교육의 실험은 계속되고 있다. 북애리조나 대학과 메릴랜드의 Emmitsburg에 있는 Mount St. Mary 대학은 1학년생의 경험으로 선정한 1년짜리 작문 과정을 개발하여 주요 강의 내용으로 삼았다.[8] 하지만 그동안 미국 대학 교실에서 Freire의 급진적 교육이 일반적으로 실패한 것은 교사가 참된 대화적 교육을 시작하고 유지하는 데 실패한 것과 밀접한 관련이 있다. 더군다나 고등 교육은 대화주의 교육을 유지하고 지원하는 어떠한 체제도 방법도 제공하지 않으며, 심지어 대학에서 참된 해방 교육이 일어날 수 있게 하는 변화를 위한 에너지조차 없다. 학생들이 학기마다 다른 강의실로 가서 다른 프로그램에 참여해야만 하기 때문에, 그들이 형성하는 어떠한 공동체도 실패를 겪지 않을 수 없다. 분명히 Freire 교육은 교육과정의 해방적 본질을 보증하기 위해 대화에 의존하고 있다. Freire에게 있어 대화는 비판의식 또는 의식화 운동의 수단이다. 학생들이 자신에게 주어진 문제의 복잡성에 맞서고 스스로 해결책을 찾는 것은 타인과의 대화 안에서만 이루어진다. 그렇게 함으로써 스스로를 능동적인 주체의 위치에 놓게 된다. 요약하면 대화는 그 창시자가 설명한 대로 급진적 교육의 참된 동력이다. 대화적 과정이 무너지게 되면 교육의 급진적이고 변화적인 본질은 방향을 잃게 된다.

주석

1. 나는 Freire의 『억압받는 자들의 교육(Pedagogy of the Oppressed)』에 실린 내용을 글자 그대로 인용하기로 했다. 그러나 언어의 성 차별적인 성향을 고려해야 한다는 점을 독자들에게 말하고 싶다.

2. 그러나 Freire가 계속 지적한 것처럼 지배자들도 억압에 참여함으로써 비인간화된다. 스스로를 해방시키고 보다 완전한 인간이 되려는 억압받는 사람들의 투쟁은 필연적으로 지배자들의 해방도 포함할 것이다.

3. 예를 들면, Freire는 지배가 우리 시대의 생성적 주제라고 진술한다. 많은 경우 사회의 또 다른 특징은 사회적, 경제적으로 저개발되어 있다는 것이다.

4. Shor는 하나의 핵심 문제를 제기하는 데 실패했다. 학생들이 표준어를 말하지 않을 때는 언제이고, 자기 교정은 어디서부터 시작되는가?

5. Myers, Ashton-Jones, Smith 참조.

6. Shor는 공동체 대학 교육에 대한 마르크스주의자들의 생각을 비판하는 글을 썼다. 『비판적 교육(Critical Teaching)』에서 '노동 계급이 대학에 가다' 참조.

7. 민주주의에서 학교 제도의 역할에 대한 논의를 위해서는 Giroux의 『학교제도와 공적 삶을 위한 노력(Schooling and the Struggle for Public Life)』 참조.

8. 북애리조나의 실험은 주로 Villaneuva의 연구에서 언급된다. 나는 프로그램 창시자인 Byron Stay와의 개인적 논의를 통해 St. Mary 대학의 과정을 알게 되었다.

제4장

담화에 대한 포스트모던 관점과 대화주의

(Postmodern Views of Discourse and Dialogism)

표현주의, 사회 구성주의, 해방 교육 이론은 대화주의에 대하여 다양한 그리고 때로는 상반된 관점을 지닌다. 그러나 세 이론 모두 '과정 중심' 작문 패러다임에 속하는 공통점을 지닌다. 최근에는 몇몇 작문 이론가들이 후기과정중심(postprocess), 포스트모던 교육 이론을 수용하면서 과정중심 패러다임에 도전장을 내밀었다. 이들은 주로 해체주의와 다른 후기구조주의 이론의 영향을 크게 받았다.

포스트모던 이론과 교육학은 상대적으로 최근에 부각된 이론이기 때문에, 이러한 이론에 근거한 모형들은 아직 형성되는 과정에 있다. 학자들은 포스트모던 교육론에 어떠한 요소를 필연적으로 포함시켜야 하는지에 대한 합의도 아직 이끌어 내지 못했다. 그럼에도 불구하고 그들은 우선 교실의 담화 상황에서 나타나는 힘의 관계에 관심을 기울이고 있다. 아울러 포스트모던 교육론은 사회 구성주의와 마찬가지로 진실과 지식을 고정불변의 대상이 아닌 항상 불확정적이고 상황 의존적인 대상으로 파악한다. 포스트모던 관점에 따르면, 지식은 언어와 마찬가지로 특정 의사소통 상황 안에서 두 사람 이상이 대상이나 생각에 대하여 대화를 나눌 때에만 이해될 수 있거나 의미를 갖는다. 이 대화는 개방적이어서 진실은 다만 일시적으로 성립되며, 또 다른 대화를 창출해 내는 역할을 한다. 이렇듯 급진적이고 새로운 인식론은 교육 이론과 실제에 대하여 중요한 점을 시사한다.

최근 5년 동안, 그간 미진했던 후기구조주의 이론을 작문 교육 또는 작문 이론과 연관시키려는 연구가 서서히 늘어나고 있다. 대표적인 연구자로 포스트모던 교육론의 기초를 마련한 Gregory Ulmer, 포스트모던 작문 교육론의 이론적 토대를 마련한 William A. Covino, 후기과정중심 이론과 포스트모던 이론을 작문 연구에 적용하기 위해 꾸준히 노력한 Thomas Kent가 그들이다.

Gregory Ulmer의 응용 서기법

쓰기 교육에 해체주의 이론을 적용한 연구 중에서 가장 잘 알려지고, 자주 인용되는 연구 중의 하나가 Gregory Ulmer의 『응용 서기법(Applied Grammatology): Jacques Derrida에서 Joseph Beuys까지』이다. Ulmer는 해체(deconstruction)라는 단어를 서기법(grammatology)으로 대체하려는 시도를 하는데, 그는 서기법이 해체와 '쓰기' (원문주의자들이 말하는 표기법의 의미뿐만 아니라 작문 연습의 의미로도 이해되는) 모두를 포함하는 좀 더 포괄적인 용어라고 생각한다. 급진적 교육학에 관심이 있는 다른 학자들처럼 해체주의자들의 생각과 뜻을 같이하는 Ulmer는 교실 안에서의 힘의 관계에 관심을 가진다. 그는 지식, 문화 그리고 지적 생산의 전달이라는 전통적인 교수관의 개념을 바꾸려고 한다. Ulmer는 또한 자기 본위의 교육 대신에 교사와 학생 모두가 각자의 인식론적인 입장과 개인적인 가정 및 예상을 끊임없이 인식하는 교육 방법을 도입하려고 한다. 그는 전통적인 교육이 헤겔식 교육 모형(교사는 권위적인 인물이며 학생은 교사를 모방해야 한다)을 따르고 있다고 본다. 헤겔식 교육 모형에서는 진실이나 지식은 언제나 절대적이며, 특별한 상황이나 인간관계의 외부에 존재하고, 권위자인 교사가 이 진실을 학생들에게 전하는 것이라고 생각한다. 또한 Ulmer에 따르면, 헤겔식 교육 모형은 다른 종류의 담화보다도 구두 담화를 특히 강조한다.

Ulmer는 이러한 전통적인 헤겔식 교육 모형을 해체하고, 예술계에서 일어나고 있는 지적 패러다임의 변화를 교육계에 반영하기를 희망한다. 그 변화는 모더니즘에서 포스트모더니즘으로 넘어가는 문화적이고 지적인 변화를 뜻한다. 그는 Michel Serres의 연구를 인용하면서 교육이 헤겔 세대의 그늘에서 벗어나 20세기 초 예술과 과학에서 일고 있는 인식론적 패러다임의 변화를 잘 반영하려면 새로운 인식론의 토대 위에서 교육적 실천방안을 모색할 필요가 있다고 주장한다(163). 그는 서기법의 목표 중 하나를 실증철학 시대의 종말을 앞당기는 것에 두었다(167). 따라서 해체적 관점에서의 교육은 '재생산보다는 변화'의 임무를 수행해야 한다(162).

헤겔 철학의 교수 패러다임에서 교사의 역할은 학생이 찾아야 하는 이상적 자아(소크라테스에서부터 프로이드까지, 그 이후로도 전달은 교육적 효과 측면에서 중요한 요소이다)를 구체적으로 실현하기 위한 모델이며, 권위자의 모습을 갖는 것이다(166). 학생들의 역할은 이 이상적인 자아를 모방하는 것이다. 이때 필연적으로 발생하는 힘의 관계는 장인과 문하생의 도제를 만들어 낸다. 따라서 학생은 항상 미성숙한 자아로 인식된다. 이에 학생은 성장 과정에서 미래를 위한 연습을 하고 교사와 같은 자아를 형성하는 과정에서 교사를 모방한다.

헤겔식 교육 모형은 진실(지식)의 보편성과 항구성에 기초하기 때문에, 이러한 권위적인 정의로 인하여 일종의 상징적 폭력성을 갖게 된다(169). 교사들 역시 학생들과 마찬가지로 스스로에 대해 지식을 생산하기

보다는 그것을 단순히 전달하는 존재라고 믿도록 세뇌당한다(162). 이 학습 모형에서 진정한 지식의 창안은 있을 수 없다. 헤겔식 교육 모형을 작문 교실에 적용하면, 학생들은 결코 실제 담화에 참여하지 않으며 지식을 창안해 내지 않는다. 오히려 그들은 지속적으로 탈맥락적 담화를 모방하면서 실생활에서 적용을 준비한다.

Ulmer는 헤겔식 교육 모형을 대신하여 교실을 연극적인 관점으로 바라보고 싶어 한다. 그렇게 되면 장인과 문하생의 역할이 해체되고, 교실은 다른 형태의 의사소통 교육이 이루어지는 공간으로 바뀌게 된다. 이와 같이 근본적으로 변형된 교육 환경에서 교실은 '재생산이 아닌 창조의 공간' 이 된다(164). 이것은 어찌 보면 모순적인 교육이라 할 수 있다. 왜냐하면 여기서의 교육은 진실에 대한 문제적 관계를 가정하면서 진실과 관련하여 가르칠 수 없는 관계를 다시 가르치려 시도하기 때문이다. 후기 구조주의는 진실의 개념 자체를 문제로 인식한다. 그리고 객관성과 중립성을 가진 진실에 대한 주장은 권력 장치에 대한 효과로 드러난다(168). 다시 말하면, 진실에 대한 주장은 이미 실재를 특별한 관점으로 볼 것을 요구함으로써 이익을 얻거나 불이익을 받는 사람을 결정하는 힘의 관계와 관련이 있다. 새로운 교육은 지식을 '생활의 장면' 에서 '창조되는 것' 으로 바라본다. 즉, 개방적인 담화 과정에서 생산되는 것으로 이해한다(167).

교실에서 '생활의 장면' 또는 '창안의 장소' 를 구체화하기 위해서는 학생과 교사 모두가 각자의 역할을 기존과는 다르게 개념화해야 한다. Ulmer가 주장하는 것처럼 새로운 교육은 문하생제도와 같은 바람직하지 못한 교육 제도로부터 벗어나야 한다. 왜냐하면 문하생제도는 훈육과 권위를 바탕으로 하기 때문이다(173). 이러한 새로운 생각은 연극적인 독백과 화려한 기교를 뽐내는 교사의 권위적이고 전문적인 담화를 비판하면서, 환경에 의해 만들어지는 의미에 관심을 갖게 하는 새로운 관점을 갖게 한다. 이러한 새로운 교육의 장에서는, Antonin Artaud의 '잔인한 극장' 에서처럼, 무대와 객석 그리고 배우와 관객의 경계가 모호해지며, 그 상황에서의 의미에 관심을 가지고 직접적인 경험을 연극에서 표현된 경험으로 가져오는 시도를 한다. 따라서 새로운 교육은 전통적인 교실에서 다루던 의미에 의문을 갖는다. 교사와 학생의 분리가 없어지고 교실 상황에서의 의미가 문제로 제시되면, 표현하는 경험과 실제 경험과의 차이를 분리하는 것은 더 이상 의미가 없고, 결국에는 그러한 분리가 없어질 수 있다. 잔인한 극장에서 극장은 생활의 표현이 아니라 '생활 그 자체' 이다. 다시 말해, 이곳은 배우와 청중, 장인과 문하생의 분리가 무의미하고 결국에는 없어지는 장소인 것이다(172, 174, 175).

이러한 새로운 교육의 장면에서는 매체에 의한 메시지가 가장 중요한 교육적 특성으로 자리 잡는다. 그러므로 포스트모던 교실은 생활 자체가 시행되고 직접 상연되는 장소가 될 것이다. 이전의 교실은 스승과 제자의 힘의 관계에 의해 영향을 받았고, 학생들에게 자기 자신을 '미성숙한' 상태로 표현할 것을 강요하였으며, 그로 인하여 지식의 창안이 가로막힌 공간이었다.

포스트모던 교육에 대한 Ulmer의 개념은 일종의 '전위(아방가르드: avant-guard) 행위 예술' 로서, 교육과 창안, 나아가 교육과 수사학을 명확하게 연결한다(174). Ulmer는 이에 대해 다음과 같이 말한다:

> 다시 말하면, 서기법을 교수에 적용한다는 것은 생각의 담화가 이루어지는 '공간' 을 다시 생각하는 것이라 할 수 있다. 즉, 서기법적 표현이 현실의 재생산도 아니고 실제의 폭로도 아니라면, 그것은 진실의 영역에서 창조의 영역으로 교육적 전이가 이루어진 것이라고 할 수 있다.(179)

따라서 포스트모던 교육은 지식의 장면을 수행하는 것이며, 이 행위는 창안의 수사적 행위—특히, '누군가가 텍스트의 재료를 찾기 위해 공간이나 화제를 찾는 것' —와 관련이 있다(179). 누군가의 텍스트는 수용된 지식을 전달하는 독백을 수동적으로 조용하게 경청함으로써 펼쳐지는 것이 아니라, 탐구 과정에 능동적으로 참여하여 지식을 생산할 때 만들어지는 것이다.

그렇다면 Ulmer의 연극 은유에 비추어 볼 때, 작문 수업에서 글을 쓰는 행위는 배우나 참여자들 사이에 만들어지는 대화적 관계를 나타낸다고 할 수 있다. 3장에서 논의한 급진적 교육과 같이, 교사들뿐만 아니라 학생들에게도 말할 역할이 주어진다. 이 새로운 연극에서는 급진적 교육에서와 같이 교사가 유일하게 말하기의 권한과 표현의 힘을 가지는 것을 거부한다. 해체주의 작문 교육은 상황성을 포함하여 쓰기 장면에서 어떤 형태로든 대화를 수반해야 한다. 지식 생산에 능동적으로 참여한다는 것은 필연적으로 다른 사람과의 대화를 필요로 하게 된다. 가장 고립되거나 가장 개인적인 작문의 순간조차 쓰기는 대화적이다. 따라서 한 개인은 혼자서 자율적으로 글을 쓸 수 없다. 왜냐하면 쓰기는 본질적으로 필자와 독자라는 최소한 두 사람 이상의 자아가 필요하기 때문이다. 이에 Derrida는 쓰기를 '보이지 않는 다른 사람과 의사소통을 하려는 장면' 이라고 정의한다. 심지어 상상의 독자와 같이 존재하지 않는 사람이라 할지라도 쓰기의 장면에서는 타인과의 대화가 필요하다.[1]

Ulmer는 지속적으로 포스트모던 교육을 연구하면서, 영상과 같은 다른 종류의 의미 작용과 담화 교육의 통합 방법에 대해 고민했다.[2] 그러나 이것은 결국 그가 자신에게 던진 "이 새로운 교육은 실제로 어떻게 수행되어야 하는가?"라는 질문을 작문 이론가들에게 던지는 것이라 할 수 있겠다. 몇몇 작문 이론가들은 이 질문에 답하기 위해 포스트모던 언어 이론을 토대로 다양한 유형의 대화적 상호작용과 수행 방법을 작문 교육에 적용하기 위해 노력하였다.

포스트모던 교육 실행하기

포스트모던 이론을 작문 수업에 적용하려 한 중요한 시도 중 하나는 바로 William A. Covino의 연구이다. Covino는 학생들이 다양한 관점의 지식을 얻도록 하기 위해 열린 대화에 기초한 글쓰기 교육을 주장한다. 그는 『궁금함의 예술: 수정론자는 수사학의 역사로 돌아간다(The art of Wondering: A Revisionist Return to the History of Rhetoric)』에서 포스트모더니즘의 관점에서 수사학 이론의 역사를 살펴보는 수정론자의 입장을 취한다. 그는 이 관점이 "모든 쓰기는 해석적이다"라는 것을 인식할 수 있게 해준다고 주장한다. 그에 따르면, 역사나 시 그리고 철학이나 언론은 어떤 것을 말하기 위해 다른 것을 억누른다고 한다(2). 즉, 어떠한 쓰기 상황에서 우리는 중요한 정보가 무엇인지, 쓰는 목적이나 독자에게 적합한 정보가 무엇인지 등을 고려하여 필요한 사실을 선택한다는 것이다. 이때 누락된 부분을 채우고 유용한 정보나 관점을 고르는 여과 과정이 해석과 관련이 있다고 한다.

Covino는 Plato, Aristotle, Cicero의 수사학을 사적으로 고찰한 다음에 그들이 어떻게 공공연하게 개방된 담화를 지지하는 Montaigne, Vico, Hume, Byron, DeQuincey와 같은 학자들보다 앞설 수 있었는지를 증명한다(3). 그는 고전적인 정전에 대한 전통적인 읽기는 철학자들의 작품을 규칙과 원리의 목록으로 구체화하였다고 주장한다(33). Plato, Aristotle, Cicero의 작품을 다시 읽은 Covino는 이 철학자들의 작품이 다의성, 개방성 그리고 다양한 견해의 측면에서 가치 있다는 것을 재발견한다. Covino는 『궁금함의 예술』에서 다음과 같이 말한다:

> 전통적인 작문 교재에서는 의미 구성과 '완결된' 문장을 배열하는 기교와 규칙, 공식을 중요하게 다루었다. 잊혀진 수사학자들은 Plato의 수사학의 개념을 궁금함의 예술로, 그리고 Plato의 글쓰기를 결론을 '의도'

하기보다는 그것을 '피하려고' 하는 행위로 설명한다.(9)

Covino에 따르면, 수사학의 역사에서 그의 포스트모던 읽기가 가지는 교육적 시사점은 쓰기 교육과정과 쓰기 장르에 대화와 드라마와 같은 색다른 장르를 추가할 필요성을 제기했다는 점이다. 여기서 색다른 장르란 완결을 지어야 한다는 요구로부터 학문적 담화 형식(그가 '형식주의자들이 객관성'이라고 부르는)에 이르기까지 어느 것에도 구속받지 않는 것을 말한다. 그는 형식주의자들의 객관적 담화를 분명한 주제, 분명한 목적을 강조하면서 사실에만 초점을 맞추는 글쓰기로 정의한다(『Forms』 61). 형식주의자들의 객관적 담화는 세계와 요소들의 뚜렷한 구조로서 담화 안에 있는 각각의 현상을 나타낸다. 그래서 형식주의자들이 말하는 객관적 글쓰기의 기능은 매우 복잡한 것을(모든 것이 복잡하지만) 좀 더 단순하게 하는 것이다. 즉, 형식주의자들이 주장하는 객관적 담화는 '세계관'을 표현하는 것이다. Ulmer가 해체되기를 기대했던 헤겔식 교육 모형과 관련 있는 형식주의자들의 객관적 글쓰기는 지식과 세계의 안정성과 객관성을 강조한다.

그에 반해서 Covino는 학생들이 글을 쓸 때에 반드시 완결을 짓거나 최종 결론을 내릴 필요 없이 어떠한 입장을 취하지 않은 채 다양한 견해를 탐구해야 한다고 주장한다:

> 나는 학생의 글쓰기는 연상적인 사고의 영향을 받는다고 생각한다. 학생은 일어난 일을 확인하기 위해 글을 쓴다.
>
> 나는 학생들이 모호함을 명료함과 거래(몇몇 포스트모던 작가들이 비난해 왔던 거래)하는 법을 알아야 한다고 말하는 것이 아니다. 나는 그들이 불확실함을 확실함과 거래해야 한다고 말하고 있는 것이다. 즉, 조사하는 글쓰기와 보전하는 글쓰기의 거래, 반귀납법과 결론의 거래를 주장하는 것이다. 세계가 사람과 아이디어의 드라마라고 한다면, 글

> 쓰기는 결국 우리가 그 드라마 속에서 어떻게 자신을 일관되게 위치시키고 재배치시키는가에 대한 것이라고 할 수 있다. (『Art of Wondering』 130)

학생의 쓰기는 문제에 대해 찬성 또는 반대의 입장을 분명히 취하기보다는 탐구적이고 자기 반성적이어야 하며, 해답보다는 의문을 제기하는 것이어야 한다. Covino의 교실에서는 Ulmer와 다른 이론가들이 그랬던 것처럼 학생들에게 지식은 '사람과 생각의 드라마' 처럼 펼쳐지는 것으로 인식된다. 이처럼 학생들이 그와 같은 창의적인 과정에 참여할 것으로 기대하는 것을 보면, Covino는 분명 포스트모던 교육을 실천하려고 노력하는 사람이 맞다.

'좋은 작문 정의하기(Defining Advanced Composition)' 에서 Covino는 그가 생각하는 대화적 쓰기 과제의 유형을 분명하게 설명하고 있다. 이 과제는 학생들이 인식한 문제를 생생한 상태로 유지할 수 있도록 고안된다. 그는 대화적 쓰기 과제의 예를 다음과 같이 제시한다.

대화

♠ **화제**: 해당 주제와 관련하여 탐구되지 않은, 정착되지 않은, 모호한, 혼란스러운 요소

♠ **등장 인물**

1) 화제에 대해 각각 다른 관점을 가진 세 명의 전문가. 이들은 여러분이 검토한 것처럼 명성이 높고 많은 연구 업적을 가진 실제 전문가들이다.

2) 화제에 대해 상당한 흥미와 호기심을 가지고 있으며, 비판적이면서 아직 어느 쪽으로든 의사결정을 하지 않은 두 학생.

♠ **대화 규칙**

1) 지루하거나 특징적인 진술을 해서는 안 된다.
2) 승자는 없다. 즉, 마지막 순간에 누구도 어느 타인보다 지적이거나, 설득적이거나, 폭넓은 관점을 지닌 것으로 보이지 않는다.
3) 적어도 세 번 이상 자기 차례가 돌아올 때마다 반 페이지 이상 말한다.
4) 전문가들은 때때로 스스로 또는 서로를 인용하거나 의역한다. 각각의 전문가들은 서로의 연구에 대해 잘 알고 있어야 한다.
5) "정말 그럴까요? 근거가 뭐죠?" 와 같이 대화의 흐름에 맞지 않는 말을 하지 않는다.
6) 참여자는 할 말을 미리 생각한 다음 대화에 참여한다. 이것은 즉흥적이지도 우발적이지도 않은 사려 깊고 신중한 쓰기이다. 마치 인물들이 출판을 위해 구두 언어를 교정하고 편집하는 것처럼 말이다(120).

Covino는 위와 같은 쓰기 과제에 대하여 다음과 같이 설명한다:

> 특정 입장에 반대하는 동안 핵심 내용을 주장한다. 더 나아가 계획된 담화를 강조하고, 막연하지 않은 이야기를 하게 한다. 따라서 학생들에게 지나치게 막연한 어휘들을 사용하지 않도록 주의를 준다. 그들은 인간

> 의 역사와 의사결정을 구성하는 관점과 관련된 어휘력을 확장함으로써 상식적인 의견을 만들어 내야 한다. 또한 수사적인 연습을 하겠다는 신념을 한쪽으로 미뤄 두어야 한다.(122)

이 과제는 학생들로 하여금 자신의 신념을 드러내지 않게 한다. 대신에 학생들의 과제는 독자들이 문제에 대한 특정 관점을 수용하도록 설득하기보다는 그 문제와 관련된 모든 면을 탐구하는 것이다.

Covino는 대학교 1학년을 위한 작문 교재인 『Forms of Wondering: A Dialogue on Writing, for Writers』에서 이 교수법을 좀 더 발전시킨다. 이 책에는 어떠한 장 제목도 없으며, 전체가 대화로 구성되어 마치 하나의 긴 연극 대본처럼 구성되어 있다. 그는 주요 배우들에 해당하는 아홉 개의 목소리를 만들어 낸다. 그리고 그 자신이 스스로 아홉 명의 인물이 되어서 각 인물의 목소리를 낸다. 예를 들면, 소피스트 Covino, 홍보 담당자 Covino, 인식론자 Covino, 쓰기 교사 Covino, TV 시청자 Covino, 급진론자 Covino, 행정가 Covino, 교재 집필자 Covino와 같은 인물들이다. Covino는 수행 중심의 자기 인식적인 교육을 하라는 Ulmer의 충고를 마음에 새기고서 자신의 생각을 이들 아홉 가지의 목소리에 담아 학생들을 대상으로 한 글쓰기 수업에 적용한다. 뿐만 아니라 이들 목소리는 Covino 교육의 이론적 체계가 무엇인지 말해준다. 또한 그는 대화적 쓰기의 한 예로 완결된 형식에서 드러나는 다른 목소리를 소개한다. 여기에는 방송 프로그램의 전사, Montaigne의 에세이, Platon이 쓴 『Phaedrus』의 모든 것, 이 과제에 대한 반응을 쓴 학생들의 에세이가 포함되어 있다.

가끔씩 Covino의 목소리는 갈등에 빠진다. 예를 들면, 급진주의자와 행정가는 때때로 격렬하게 다른 목소리에 끼어든다. 또 어떤 경우에 촉진자는 참을성 없게 요약을 제시하거나 신랄한 질문을 하기도 한다. 심지어 어떤 때는 그러한 갈등들이 Covino 이론의 몇 가지 문제점을 드러내기도 한다. 이런 식으로 그가 쓴 책은 자기 비판적으로 그 자신의 이론적 전제에 대한 시사점을 탐구하기도 한다. 그것은 대부분의 다른 교재들이 결코 시도하지 않는 방식이다.

Covino의 쓰기 과제는 학생들로 하여금 대화나 드라마를 구성하게 하고, 모든 과제와 관련된 대화에서 자신의 목소리를 내도록 요구한다. 예를 들면, 어떤 과제는 학생들이 그 개념에 함축되어 있는 모든 의미를 탐구하도록 하나의 언어를 이용하여 2막으로 된 연극을 쓰게 한다.

그가 의식적으로 포스트모더니즘 관점의 대화적 교육을 들여오려고 시도하였음에도 불구하고 여전히 그의 교육과정은 포스트모던 교육이 지양하려고 했던 여러 함정에 빠져 있다. Covino의 모형에서 학생은 자아(표현주의 모형에서처럼)나 다른 학생(사회 구성주의 모형에서처럼) 또는 세계(Freire의 모형에서처럼)와 대화하기보다는 교사와 대화한다. 따라서 학생이 쓴 글의 청자는 오직 교사뿐이다. 과제 또한 학생들이 작문 교실 밖에 있는 청자와 대화를 나누도록 요구하지 않는다. 교재는 특별히 학생들이 각자의 글을 읽고 논평하는 것을 금하고 있지는 않지만, 그들의 동료들이 독자처럼 행동하도록 요구하지도 않는다. 일종의 동료 교정 활동으로 이해되는 협동 학습은 Covino의 연구에서는 전혀 언급되지 않는다.

Covino의 글쓰기 교육에서 발생하는 결정적 문제는 학생들이 교실 밖의 대화에 참여하거나 혹은 그러한 쓰기 상황에 대처하는 능력을 기르는 데 실패했다는 점이다. 그는 촉진자의 목소리를 빌려 다음과 같이 비판한다:

> 만약 우리들의 목표가 학생들로 하여금 'New Yorker' 잡지나 출판사에 글을 게재하도록 훈련하는 것이라면, '오픈 에세이' 는 좋은 연습이 될 수 있다. 하지만 우리는 학생들이 졸업 후에 자신의 직업 세계에서 수행할 다양한 글쓰기 상황을 사전에 준비하도록 도와주어야 할 책임이 있다. 학생들이 그것을 좋아하든 좋아하지 않든, 관련 사실들을 잘 정돈해서 제시하는 것은 대학에서, 대학원에서 그리고 사업, 법학, 의학, 과학,

> 정계 등에서 필요한 것이다.(294-95)

분명 Covino는 그가 가르치는 담화의 형태가 학생들의 일반적인 쓰기 관습에 비추어 볼 때 많이 이상하다는 것을 인식하고 있다. 학생들을 지도하는 역사학, 사회과학 그리고 심지어 문학 교수조차도 과제를 해결하는 데 필요한 수단으로 이러한 대화적 쓰기의 형식을 받아들이려 하지 않는다. 학생들에게는 이러한 방식의 쓰기 과제를 제시하지 않을 수 있으며, 사실 그런 글을 쓰면 벌점을 줄 수도 있다.

Covino는 그가 쓴 교재의 곳곳에서 이러한 비판에 저항한다. 우선 그는 다시 홍보 담당자의 목소리로 대화적 쓰기와 사고는 해당 주제에 대해 많이 알고 있을 때 효과적으로 기능한다고 인정한다. 이런 식으로 그의 교육 프로그램은 어떤 문제에 대해 현명한 결정이 필요할지도 모르는 아직 정해지지 않은 미래를 위해 준비하는 탐구 및 창안의 과정이 된다. 즉, 정말로 창안이 중요해질 때를 대비한 연습이라 하겠다. 이런 것을 보면 Covino의 교육 프로그램은 수사적이다: 학생들의 글은 그가 요구하는 것을 할 수 있다는 것을 증명할 목적으로 교사에게만 보여준다. 누가 그런 글을 쓰고 읽을 것인가? 누가 어떤 상황에서 이러한 방식으로 글을 쓰려고 할 것인가? 분명 몇몇 학생들은 이와 같은 비전통적인 형식의 글을 쓰지만 이것은 극히 제한된 상황에서만 일어난다. 과거에 비추어 볼 때, 소수의 학생만이 그러한 글쓰기 방식을 선택할 것이다.

그러나 Covino는 대화적 쓰기가 '정보화 시대'의 교실 밖의 세상을 위한 연습이라고 주장한다. 그는 소피스트의 목소리를 빌려 다음과 같이 주장한다:

> 미래 사회는 어휘와 사고의 정해진 양식을 조절하는 능력을 지닌 사람들의 것이다. 하버드 경영학과의 Shoshana Zuboff는 그녀가 쓴 『In the Age of the Smart Machine』이라는 제목의 책에서, 컴퓨터 기술은 사업

> 구상과 관련된 정보에 대한 자료 은행으로서의 역할을 할 뿐만 아니라 다른 상황에서 자료를 도식화하고, 도표화하고, 새로 조직하고, 다른 자료와 관련지어서 새로운 관련성을 탐색하고 새로운 아이디어가 생겨나도록 하는 프로그램을 제공한다고 밝히고 있다. 다양한 각도에서 언어와 개념을 보는 연습을 하여 유연한 사고력을 지닌 사람은 산업 사회에서 매우 중요한 지위를 차지할 것이다.(62-63)

이때 급진주의자 Covino가 재빨리 대화에 끼어들어 소피스트 Covino의 주장을 넘어 대화의 화제를 사회적 선의 문제로 확장시킨다. 급진주의자 Covino는 소피스트 Covino가 조직적인 언어를 다루는 사람들이 창조할 아이디어에 내재하는 가치들에 관심을 갖지 않는다고 걱정한다:

> 나는 변증법적인 사고와 쓰기가 해방적일 수 있지만 그것이 탐욕적인 것을 제공해서는 안 된다고 생각한다. 쓰기의 올바른 사용은 탐욕과 편협함에 저항하며, 오해받고 인정받지 못한 삶과 문화에 대한 보다 큰 지지를 발전시키는 것이다. 이것은 열린 마음을 유지하고, 다른 관점을 이해하고 정교화하려는 노력을 의미한다. 또한 역사, 문화, 인간의 삶이 항상 변화한다는 것을 받아들이고, 지난날에는 옳았던 것들이 오늘날에는 의문시되고 재고되어야 한다는 것을 의미한다. 그리고 이것은 하나의 문제에 대해 열 가지 해결책을 만들어 내는 것이 한 가지 해결책을 제시하는 것보다 더 나으며, 다시 말해 더 많은 해결책을 제시하는 것이 더 좋다는 것을 의미한다. 하지만 그렇다고 해서 제시되는 모든 아이디어가 똑같이 좋거나 훌륭하다는 것을 의미하지는 않는다.(63)

이러한 목소리들이 오가는 가운데 Covino는 다중 관점의 탐구가 어떻게 비판적 사고를 촉진시키는지를 증명하면서, 비판적 연구의 대화적 본질에 대해 설명한다. 그는 학생들이 다중 관점의 가치를 이해하는 날이 오기를 기대한다.

Covino는 행정가의 목소리를 빌려 "대학 안에서와 사회의 주류층 사이에는 쓰기를 배우는 것이 정치적이거나 철학적인 문제가 아니라는 신념이 널리 퍼져 있다"고 말한다. 이 대화의 다른 목소리는 "쓰기를 배우는 것은 단순히 말하면 성인이 되어서 필요할 때 그것을 활용할 수 있도록 기본 구조와 규칙을 완전히 익히는 것이다"라고 말한다(63). 그는 소피스트의 목소리를 통해 이처럼 자동화된 쓰기에 대한 관점을 수정한다: "로봇은 단지 검증된 문자만을 전송하는 순종적이고 잘 훈련된 고용인이다. 하지만 인간은 의사소통을 위한 형식과 문구가 매우 제한되어 있다는 것을 인식하는 필자이다"(64).

Covino는 대화적 쓰기가 교실을 벗어나 전이 가능한 기술을 제공해 주리라는 것을 우리가 믿기를 원한다. 만약 학생들이 그의 계획대로 글쓰기를 한다면, 그들은 다양한 관점에서 정보를 모으는 방법을 알고 그것을 가치 있다고 여기기 때문에 어떤 결정을 내려야만 하는 중요한 문제를 보다 잘 해결할 것이다. 학생들은 주어진 정보를 문제에 대한 새로운 정보와 해결책을 제공해 줄 수도 있는 다른 형태로 가공하고 재공식화하는 것을 연습하게 될 것이다. 반면에 Covino가 인정한 대로, 학생들은 그의 대화적 쓰기 수업에서 쓰기 연습을 많이 하지는 못할 것이다. 행정가 Covino는 쓰기 수업과 관련하여 "쓰기 교실에 대한 이러한 개념들은 나의 동료들과 대학의 행정가들 그리고 고등 교육의 임무에 대해 심사숙고하는 주 공무원들의 얼굴에 떠오를 것이다"라고 말한다(63). 이러한 이유로, 그의 교육은 학생들이 다양한 장르를 학습하고 다양한 수사적 상황에서 글을 쓰게 하는 보다 크고 균형 잡힌 계획의 일부분으로서만 그 역할을 할 수 있다.

요컨대, Covino의 계획은 참된 포스트모던, 대화적 교육으로서 성공을 거두었다. Covino는 그가 사람과 아이디어의 드라마라고 말한 것처럼, 지식을 많은 목소리들이 참여하는 개방된 전개의 과정으로 이해하는 포스트모던 교육을 창안하는 데 부분적으로 성공한다. 그의 쓰기 수업에서는 글을 쓸 때, 학생들에게 지식은 안정적이고 보편적이라고 가정하는 결론을 피하게 한다. 또한 Covino의 교육은 자기 인식적이다. 그 이유는 그가 쓴 교재 안의 다양한 목소리들이 계속적으로 그 교육에 잠재하는 이론적 가정을 반성하고 재평가하기 때문이다. 그럼에도 불구하고, Covino의 교육은 몇 가지 중요한 측면에서 실패했다고 할 수 있다. 첫째, 쓰기의 장면으로 교실 환경에 대한 의문을 제시하지 않는다. 이로 인하여 그의 학생들은 여전히 Ulmer가 말한 '미성숙한 상태'에 머물러 있다. 그리고 학생들의 쓰기는 다가올 미래를 위한 연습으로 남아 있게 된다. 포스트모던 교실이 해체하고 싶어 하는 개념적인 상태로 말이다. 그의 쓰기 수업은 전통적인 헤겔주의와 닮아 있다. 그 이유는 그가 지도하는 학생들이 다른 실제적 타인들과의 대화에 참여하지 않은 채 독백적인 상태로 남아 있기 때문이다. 따라서 그들은 결코 쓰기를 통해 세계에 영향을 미치는 의미를 교환하는 의사소통을 할 수 없다.

무엇보다 Covino는 참된 대화적 교육을 만드는 데 실패했다. 학생들이 비록 대화적 상황에서 이루어지는 담화의 형식을 사용한다고 할지라도, 그들이 글을 쓰는 상황은 자기 독백적이다. 교실에서의 상호작용은 우선적으로 교사와 학생 사이에서 이루어진다. 학생들은 서로 간의 또는 교실 밖에 있는 타인과의 대화에 결코 참여하지 않는다. 결과적으로 Covino의 교실에서 이루어지는 담화는 타인의 반응을 이끌어 낼 수 없기 때문에 공개적이고 수사적일 수 없다. 이 수업에서의 담화는 우선적으로 등급을 매길 목적으로 생산된다. 결국 Covino는 자신의 교육이 대화적이고 포스트모던적이라고 주장하지만 양쪽 모두 제한적인 방식으로만 이루어진다. 결과적으로 Covino가 포스트모던 교육을 구성하려고 많은 노력을 기울였음에도 불구하고, 포스트모더니즘과 작문에서의 가장 중요한 업적이 그의 교육에는 나타나지 않는다. 오히려 그러한 업적은

Thomas Kent의 담화 이론과 관련된 연구에서 나타난다.

탈논리적인 수사학에 대하여

Thomas Kent는 작문 이론을 포스모더니즘에 그리고 근본적으로는 대화주의적 관점에 보다 가깝게 접근시켰다. 이 사실은 그가 인식론, 언어, 의사소통에 대하여 연구한 몇몇의 탁월한 후기구조주의 철학자들의 연구를 조사한 결과물에 잘 나타나 있다. 비록 Kent의 연구에 이따금씩 Jacques Derrida, Jean François Lyotard 등의 영향이 드러나기는 하지만 그는 주로 미국의 분석철학자인 Donald Davidson의 영향을 받았다. Kent는 Davidson의 의사소통 상호작용 이론을 토대로 작문 연구의 방향을 제시한다.

Kent는 읽기와 쓰기가 해석적인 활동이라고 주장한다. 그의 주장대로라면, 읽기와 쓰기는 '다른 사람의 언어 부호에 대한 해석' 인 것이다. 독자와 작가는 Kent가 말하는 '해석적인 추측(hermeneutic guessing)' 에 참여한다. 그의 주장에 따르면, 담화를 생산하는 데 있어서 창작은 일차적이고 가장 근본적인 활동이 아니다. 창작에 앞서 작가는 독자의 브호에 대하여 '해석적인 추측' 을 한다. 비록 우리가 담화 공동체의 관습에 지배를 받고 있다고 할지라도, 작가의 해석 전략과 독자의 해석 전략이 정확하게 일치하는 것은 불가능하기 때문에 작가들은 이와 같은 추측을 해야 하는 것이다. 따라서 이러한 해석 활동은

> 능숙한 기호 조작을 요구하며, 이러한 기술은 이미 부호화될 수 없는 언어적인 노하우를 전제로 한다. 학생들은 (1) 부호화될 수 없는 기술과 (2) 형식적인 방법이나 기교로 단순화될 수 없는 숙련된 추측을 필요로 하기 때문에, 담화의 생산과 분석은 둘 다 본질적으로 비체계적이고, 비관습적이고, 탈논리적인 중요한 해석적 행위를 수반한다.('Paralogic

Hermeneutics' 30)

그리하여 Kent는 "만약 읽기와 쓰기가 어떤 확실성을 가지고 담화 활동을 예측하는 체계로 단순화될 수 없다면, 이러한 활동들이 어떻게 기술될 수 있으며 어떻게 가르쳐질 수 있는가?" 라고 질문한다. Kent의 이 중대한 질문을 이해하려면, 우리는 먼저 후기구조주의 철학자들의 주장들이 현대 작문 이론의 기본적인 가정에 어떤 도전장을 내밀었는지 확인해 볼 필요가 있다.

Kent는 과정 중심의 작문 패러다임을 넘어서는 연구를 추진하였다. 그는 사회 구성주의를 과정 중심 패러다임의 일부로 간주하고, 사회 구성주의 작문 이론의 문제들을 집중적으로 비판하였다. 특히 두 가지 문제를 집중 비판하였다. 사회 구성주의 작문 이론이 '관습' 과 '담화 공동체' 라는 개념에 지나치게 의존한다는 것이다. 이에 대해 Kent는 다음과 같이 말한다: "사회 구성주의자들에게는 사회적으로 구성된 관습이 우리가 실재에 대해 알 수 있는 전부를 제공한다는 믿음이 있다. 우리가 담화를 생산하기 위해서는 사회적이고 역사적인 상황을 이해하는 근본적인 능력이 필요하다" ('Beyond System' 497). 그렇다면 사회적인 관습은 담화를 이해하는 기본 수단이 된다. 비록 오늘날 대부분의 언어 철학자들이 언어가 관습적이라는 사실에 동의한다 할지라도 Davidson과 Derrida는 언어가 관습에 묶여 있다는 가정에 심각한 의문을 제기한다. Kent는 사회 구성주의자들이 언어의 본질에 대한 우리의 이해뿐만 아니라 현대 수사학의 토대에 대하여 의문을 제기한다고 말한다. 따라서 그들의 비판은 아마도 수사학에 대한 우리의 개념을 재정립할 필요가 있음을 말하고 있는 것이라고 할 수 있겠다.

Davidson은 단어와 그것이 의미하는 내용은 관습적으로 연결된다고 주장하는 언어 이론들을 조사하였다. Kent는 Davidson과 함께 그러한 이론들에 대해 다음과 같이 비판한다:

> 사회적 조건화는 우리가 누군가와 어떤 내용에 대해 의사소통하고 싶을 때 끌어올 만한 풍부한 언어 관습 목록을 제공해 주지 않는다. 사회적 조건화는 단지 우리가 다른 사람들에게 사용하거나, 혹은 다른 사람들이 우리에게 사용한다고 가정하는 것과 동일한 해석 방식을 새로운 화자에게도 이와 유사하게 적용할 수 있다는 확신을 갖게 할 뿐이다. Gadamer의 시각에서 볼 때, 사회적 조건은 우리가 화자를 만나거나 텍스트를 읽을 때에 해석 가능성을 시험해 보는 지평을 제공하며, 한 가지 해석 전략과 또 다른 해석 전략의 일치는 결코 사전에 규정될 수 없다. 그렇다면 기껏해야 사회적 관습은 우리가 의사소통하도록 돕는 단 한 종류의 해석적 요소를 나타낼 뿐이다.('Beyond System' 502)

그러므로 Davidson에 따르면, 관습이라는 개념은 해석을 보조하는 '실제적인 버팀목' 의 역할을 하지만, 의미가 어떻게 담화에 의해 전달되는지에 대해 우리가 이해할 수 있도록 해주는 근본적인 혹은 꼭 필요한 이론적 구성 개념은 아니다. Davidson은 의미를 전달하는 과정을 보다 분명하게 바라보는 방법이 그가 말하는 '급진적인 해석(radical interpretation)' 과 관련이 있다고 주장한다. Kent는 이에 대해 다음과 같이 설명한다:

> 급진적인 해석이란 우리가 화자와 필자가 말하고 싶어 하는 것이 무엇인지 추측하기 위해 언어적 지식을 활용하는 것을 의미한다. 하지만 우리의 추측이 정확하다는 확신을 갖게 해주는 형식적인 방법은 전혀 없을 수 있다. 언어학적이든 혹은 다른 방식으로든 우리가 알고 있는 관습에 대한 지식은 우리가 보다 나은 추측을 하도록 도와줄 뿐이다.(502)

Kent는 언어 관습이 존재하고 그것이 어느 정도는 화자와 필자의 의사소통에 도움이 된다는 것을 부인하지 않는다. 대신에 관습이 의미 소통의 토대가 아님을 주장한다. 우리가 서로를 이해하도록 해주는 것이 무엇이든 간에 그것이 안정되고 통일된 체계로 인식되거나 또는 어떤 자명한 방법에 의해 '관습적'이라고 인식되지는 않는다는 것이다.

Kent는 자신의 주장을 더욱 정교화하고 Davidson의 주장을 확증하기 위하여 Derrida에게 도움을 요청한다. Davidson이 그의 논의를 구어적 관습에 한정시키는 반면, Derrida는 관습의 본질을 문어 담화와 언어의 총체로서 다루기 때문이다. Derrida는 쓰기를 부재 중인 독자와 의사소통하려는 시도로 정의한다. 현장에 없는 사람과의 의사소통은 문어의 '반복적 사용'에 의해서만 가능하다. 다시 말해, 기호들은 그것이 생산되는 상황 맥락을 넘어서서 읽을 수 있는 상태로 남아야 하고, 새로운 맥락에서 새로운 수신자들에게 되풀이될 수 있어야 한다(말은 반드시 반복 가능할 필요가 없다. 왜냐하면 단 한 명의 수신자를 위하여 일회성의 기호를 만들어 내는 발화 상황을 상상할 수 있기 때문이다. 반면에 글이란 Derrida의 말처럼 그것의 수신자가 현장에 없기 때문에 의미가 전달되기 위해서는 되풀이될 수 있는 기호에 의존해야 한다). Davidson처럼 Derrida는 언어의 반복성을 설명하는 언어의 비관습적인 특성을 찾아 낱말과 그 의미 사이에는 연결할 수 없는 간극이 존재한다는 결론을 내린다. 따라서 우리는 의미가 어떻게 전달되는지 이해하기 위해 관습에 의존해서는 안 된다. 이에 대해 Derrida와 Davidson의 견해는 상호 일치한다:

> 세상에 존재하는 기호 혹은 문장과 그 효과 사이에는 화합할 수 없는 균열이 존재한다. Davidson이 말하는 '의미의 자율성(the autonomy of meaning)'과 Derrida가 말하는 '전위(displacement)'에 해당하는 이러한 균열 때문에, 우리가 사용하는 해석 전략(우리의 기호 사용)이 제삼자

> 의 해석 전략과 일치하는지 결코 확신할 수 없다. 물론, 어떤 공통적인 관습을 공유하는 사회적 조건화는 해석의 출발점을 제공하여 균열을 좁히는 것을 도와준다. 다시 말해, 물론 우리가 틀렸다고 할지라도 주변 사람들이 일상의 의사소통에서 우리가 사용하는 것과 똑같은 해석 전략을 사용한다고 가정한다.('Paralogic Hermeneutics' 28)

바꾸어 말하면, 어떠한 의사소통 상황도 정확히 똑같지는 않으며, 그 의사소통이 정확히 똑같은 언어 지식을 가지고 있지 않기 때문에 의사소통은 언제나 체계화할 수 없는 해석적 행위를 수반한다.

Kent는 필자가 새로운 상황을 마주할 때마다 어떤 것이 효과적인지 예측하여 해석 전략을 만들어 내야 하므로, 이러한 해석 행위가 본질적으로 탈논리적이라고 주장한다. 다시 말해, 부호화나 체계화의 범위를 넘어선다는 것이다. Davidson은 이에 대해 다음과 같이 설명한다:

> 해석자가 언어적 만남에서 사용하는 이론이 얼마나 효과 있을지는 언제나 미결의 문제이다. 실제로, 해석자는 즉석에서 그의 이론을 조정함으로써 대화를 계속 진행시킨다. 그러한 창의적인 조절의 원리들은 우리가 그것을 사용하는 기술의 문제이지 그 자체가 이론 구성에 어떠한 것도 할 수 없기 때문에 이론화될 수 없다.(xix-xx)

관습은 추측을 더 정밀하게 만들 뿐, 어떤 추측이 정확하게 이루어질 것인지에 대해서는 확실한 답을 주지 못한다.

Kent는 의사소통이 관습에 묶여 있지 않다고 주장하면서 작문 이론, 특히 사회 구성주의 작문 이론의 파급 효과에 대하여 언급한다. 그는 만약 의미의 소통이 관습에 기반하고 있는 것이 아니라면, 담화의 생산과 분석과 관련한 대부분의 이론들이 언어의 본질뿐만 아니라 언어가 어떻게 영향을 미치는지에 대해 만족스러운 설명을 하지 못할 수도 있다고 주장한다('Beyond System' 505).

Kent는 과정 중심의 작문 패러다임의 한계를 극복하기 위해 사회 구성주의 이론을 매우 강도 높게 비판한다. 그는 사회 구성주의 이론에 대하여 다음과 같이 말한다:

> 사회 구성주의 작문 이론은 서로 다른 담화 공동체의 구성원들 사이에는 관습적인 공감대가 존재한다고 가정한다. 그리고 지식과 의미는 사회적으로 구성된 관습에 의하여 만들어지며, 따라서 기호(혹은 문장)는 서로 다른 담화 공동체들 안에서 그 기호의 관습적인 효과를 통해서만 해석될 수 있다고 한다.('Beyond System' 504)

Kent는 언어의 관습성이라는 근본적인 개념의 필요성뿐 아니라 사회 구성주의 이론의 핵심인 '담화 공동체' 개념의 유용성에도 의문을 제기한다.

그는 사회 구성주의에서 말하는 담화 공동체라는 개념이 담화에 의해 의미가 전달되는 방식에 대하여 아무것도 알려주지 않는다고 생각한다. 그는 먼저 담화 공동체에 대한 사회 구성주의자들의 견해가 하나의 스펙트럼을 따라 분류된다는 것을 보여준다. 한쪽 끝에는 담화 공동체를 강하게 지지하는 의견이 있는데, 이들은 담화 공동체를 확인될 수 있고 부호화될 수 있는 실체로 표현한다. 그리고 담화 공동체를 공동체의 구성원들이 세계를 이해하는 틀을 구성하는 확정된 체계로서 파악한다. 다른 한쪽 끝에는 담화 공동체를 거의 인정하지 않는 작문 이론가들이 위치한다. 그들은 담화 공동체를 '상대적으로 불확정적이고 부호화할 수 없는 신념과 욕망의 퇴적물' ('Discourse Community' 425)로 바라본다. 또한 담화 공동체가 보다 유동적이고, '다성적인 목소리들의 합창' 에 가깝다고 생각하며, 사람은 동시에 여러 개의 담화 공동체에 복수로 소속될 수 있다고 말한다.

Kent는 담화 공동체의 공통적인 개념을 비판하면서, 그러한 공동체들이 개념적 도식을 구성한다고 주장한다. Davidson에 따르면 경험적 도식은 경험을 조직하는 방식이며, 감각 자료에 형식을 부여하는 범주들의 체계이고, 개인이나 문화 혹은 시대가 마주하는 장면을 관찰하는 관점이다 (Davidson 183).

사회 구성주의에서 담화 공동체는 개념적인 도식으로서 많은 기능을 발휘한다. Kent는 이에 대해 다음과 같이 설명한다:

> 담화 공동체를 지지하는 입장에서 보면, 우리가 생활하는 공동체를 만들어 내는 사회적 관습 역시 우리가 마주하는 장면을 관찰하기 위하여 사용하는 체계를 구성한다. 담화 공동체를 인정하지 않는 입장에서는, 오직 Bakhtin이 말하는 공동체 생활의 이어성(heteroglossia)을 구성하는 다양하고 종종 상반되는 목소리에 귀를 기울이고 그것에 참여함으로써 일시적인 장면을 관찰할 수 있다. 하지만 두 경우 모두 타인과 세계에 대한 우리의 지식은 언제나 우리가 존재하는 공동체나 특정한 개념 도식과 관련이 있다는 것을 인정한다.(426)

Kent는 수사학자들이 담화 공동체의 개념을 부정할 수도 있다고 주장한다. 그 이유는 그 개념이 담화가 사회적 환경에서 생산된다는 것 이외에 담화 생산의 본질에 대하여 그다지 많은 것을 알려주지 않기 때문이다. 게다가 담화 공동체의 개념은 논리적으로도 이치에 맞지 않다:

> 만약 서로 다른 담화 공동체의 구성원들이 Bruffee가 말한 것처럼 '매우 다른 언어' 로 말한다면, 우리는 결코 그 언어들을 이해할 수 없을 것이다. 담화 공동체들은 공통분모가 없을 수 없다. 만약 공통분모가 없다면, 우리는 그것이 담화 공동체라는 것조차 인식하지 못할 것이기 때문이다. 따라서 공통분모가 없는 담화 공동체의 개념은 타당하지 않다. 물

> 론, 공통분모가 있는 담화 공동체를 인정하지 않는 것도 타당하지 않을 수 있다. 결국 각각의 담화 공동체가 서로 유사하다면 우리에게는 더 이상 담화 공동체라는 개념이 필요하지 않다.(428)

Kent가 자신의 주장을 관철시키기 위해 논의 범주들을 너무 엄격하게 구분했다는 점에서는 비난을 받을 수도 있다. 하지만 작문 이론가들이 사회적 환경에서 의사소통의 본질을 이해하는 데 담화 공동체의 개념이 별로 도움이 되지 않는다는 점에서는 그의 생각은 옳다.

Davidson이 충고하는 바와 같이 만약 우리가 작가의 주관적인 정신 내부와 외부의 객관적인 세계 사이의 구분을 가정하는 데카르트의 이원론적 인식을 포기한다면 그 문제를 완전히 피할 수 있다. Kent는 이와 관련하여 다음과 같이 말한다:

> 사회 구성주의 이론가들은 세계에 대한 우리의 지식이 개념적인 도식과 관련이 있다고 주장함으로써, 우리가 일반 정신 혹은 주관성으로 인식하는 '이 안쪽(in here)' 과 세계 또는 객관성으로 인식하는 '저 바깥(out there)' 사이에 균열이 존재한다는 데카르트의 개념을 지지한다. 이러한 균열은 사회적 관습이나 정신적 범주 혹은 단지 막연하게 가지고 있는 신념의 망에 의해 중재된다.('Discourse Community' 426)

만약 작문 이론가들이 내재주의와 외재주의의 이원론을 포기하면, 또는 Kent의 말대로 '내재론자(internalist)' 보다는 오히려 '외재론자(externalist)' 가 되면, 그들은 작가 내부에 존재하는 정신을 외부에 존재하는 세계와 연결하기 위한 사회적 관습의 망이 더 이상 필요하지 않다. 내재주의/외재주의의 이원론이 없으면, 의사소통은 담화 공동체나 어떤 다른 개념적인 도식에 의해 중재되지 않는 개인과 개인 사이에 이루어지는 것으로 이해될 수 있다. 따라서 Kent는 "쓰기를 사회적 관습의 중재 없이 세계 및 다른 사람들의 정신과 우리를 연결시키는 해석적인 행위로 이해하는 것이 더 자연스럽다"(427)라고 주장한다.

앞에서 언급한 것처럼 Kent는 사회 구성주의와 데카르트의 인식론에 의존하는 것 대신에 '외재주의'라는 대안적인 관점을 채택한다. 외재주의 관점에 따르면, 우리의 신념, 의도, 욕구 등과 같은 명제적 태도들은 다른 언어 사용자 및 세계와의 공개적인 상호작용에서 파생된다. 그 결과, 정신 상태는 외부 세계 없이 존재할 수 없게 된다(430). Kent는 Davidson이 말한 외재주의적 상호작용 이론에 기초한 작문 이론을 소개하고자 한다. 그 이유는 Davidson이 의미의 소통을 설명하는 데 있어 개념적 도식에 기반하지 않아도 되는 의사소통 이론을 이끌어 냈기 때문이다. Davidson은 의미 소통을 위해서는 '의사 전달을 목적으로 한 상호작용'이 필요하다고 말한다. 이 상호작용은 '삼각 분할(triangulation)'이라고 말하는 과정 속에서 일어난다. 이 삼각 분할은 '생각하는 사람', '지각이 있는 다른 존재' 그리고 '그들이 알고 공유하는 세계'의 세 요소들 사이에서 일어난다(430-31). 요컨대, 의미는 적어도 두 명 이상의 개인이 어떠한 사회적 연관성을 가지고 특정 화제와 관련된 대화에 참여할 때에 소통된다. 이들 세 가지 요소가 삼각형의 세 군데 정점을 차지하고 하나의 통일체로 간주된다. 만약 누군가 그 요소들 중 하나를 알고 있다면, 그는 반드시 나머지 두 요소에 대한 지식도 가지고 있다.

현재 작문 이론의 근간을 이루고 있는 인식론과는 다르게 Kent는 Davidson을 통하여 심지어 사회 구성주의 이론보다 훨씬 더 사회적 상호작용에 관여하는 담화 생산 및 분석 이론(Freire 이론에 대한 예외를 가지고 있으며[3], 엄밀히 말하면 작문 이론이 아니라 문식성 이론이면서 일반적으로 사회 구성주의자들에 의해 거론되지 않는)을 제공한다:

> 담화 생산 이론에 있어서 Davidson의 삼각 분할 개념이 중요한 이유는 그것이 의사소통의 사회적이고 공개적인 특성을 잘 설명하기 때문이다.

> 〈중략〉 그의 관점에서 보면, 쓰기는 우리의 어휘를 다른 사람들의 어휘와 연결시키고자 우리가 끊임없이 그리고 공개적으로 다른 사람의 언어를 해석하도록 요구하는 또 다른 종류의 의사소통 행위이다.('External-ism' 66-67)

요약하면, 의미가 소통되기 위해서는 두 사람이 그들이 살고 있는 세계 안에 존재하는 대상과 관련된 대화에 참여해야 한다. 그 과정에서 참여자 1, 참여자 2 그리고 대화의 화제가 되는 대상 모두에 대한 지식이 드러난다. 즉, 화자 1은 자기가 가지고 있는 지식, 화자 2가 가지고 있는 지식 그리고 대상에 대한 지식을 가지고 있다. 그리고 화자 2에게도 똑같은 과정이 이루어진다. Davidson에 따르면, 개념과 신념, 지식은 바로 의사소통의 과정 안에 존재한다. 바꾸어 말하면, 우리는 우리가 알고 있는 것을 대화를 통하여 아는 것이다. Kent의 말처럼, "우리가 무언가를 의도하거나 믿고 있다는 것을 아는 것은 단지 다른 누군가가 우리의 신념이나 의도를 해석할 수 있으리라는 것과 우리의 의도나 신념이 다른 사람들과 공유하는 세계를 참조한다는 것을 의미할 뿐이다"('Discourse Community' 431).

이 도식에서는 대화 참여자들이 의미 설정에 필요한 토대가 대화 외부에 존재하지 않기 때문에 그들은 대화가 진행되는 동안 그들 내에서 의미를 정한다. 이렇게 하기 위하여 그들은 언어와 세계에 대한 얼마간의 지식을 공유해야 하며, 분명 더 많이 공유할수록 의사소통은 더 효과적으로 이루어진다. 하지만 어떠한 대화 참여자도 그 대화 상황에 대하여 자신이 소통하기를 원하는 사람과 공유하고 있는 것이 얼마나 되는지 미리 알 수는 없다. 따라서 Davidson에 따르면, 대화 참여자들은 "다른 사람들의 신념과 의도에 대하여 완전히 잘못 이해할 수는 없다"는 사실을 받아들이고, 그가 말하는 '자비의 원리(principle of charity)*'에 따라 움직인다. 그리고

* 역주: 대화 중에 상대방을 배려하는 것을 말한다. 설사 상대방의 말이 틀렸다고 할지라

이것이 의사소통적 상호작용의 시작이 된다. 그것은 우리가 세계에 대해 말할 때 사용하고 싶어 하는 어휘뿐만 아니라 적어도 처음에는 다른 사람들이 우리의 표현을 믿고 싶어 한다는 가정을 나타낸다('Externalism' 64-65).

Davidson과 Kent에 따르면, 비록 삼각 분할의 각 정점을 차지하고 있는 요소들이 의사소통의 필요조건이긴 하지만 필요충분조건은 아니다. 삼각 분할을 할 때 우리는 또한 다른 사람의 말을 서둘러서 해석할 수 있어야만 한다. 이를 위해 우리는 항상 Kent가 말하는 해석적 추측과 발견적 추측 그리고 Davidson이 말하는 일시적인 이론 형성에 참여한다. 이에 대해 Kent는 다음과 같이 말한다:

> Davidson에게 있어서 의사소통적 상호작용은 도식적인 인지 과정이나 어떤 종류의 인식론적 체계로 단순화될 수 없는 즉각적인 해석을 요구한다. 우리는 의사소통을 하면서 실제 의사소통 상황에 처하기 전에는 만들어낼 수 없는 일시적인 이론들, 즉 다른 사람들의 말을 이해하기 위한 조악한 전략들을 만든다. 따라서 일시적인 이론이 언어 능력과 같은 것으로 혼동되어서는 안 된다. 왜냐하면 상호작용적 의사소통 이전에 확립된 체계(Chomsky의 문법과 같은 것)는 의사소통 행위 중에 발생하는 사안을 설명할 수 없기 때문이다.('Externalism' 67)

요컨대, 일시적인 이론이나 해석적인 추측은 발화가 어떻게 받아들여질지를 정확하게 예측하는 '선험적인 토대'가 되지 못한다. 일시적인 이론들은 즉석에서 생성되며, 개인적인 의사소통 상황에만 나타난다.

확실히 의사소통적 상호작용과 삼각 분할이라는 개념은 작문 이론가

도 옳다고 인정을 해주며, 자신과 생각이 다른 부분은 반론이 아닌 질문을 통해 바로잡아 가는 원리를 말한다.

의 연구 방향을 인간 내부의 정신과 인지 과정에서 해석과 담화 생산의 개념으로 전환시킬 것이다. 사실 Kent는 담화를 생산하고 분석하는 과정을 '대화적 해석(dialogic interpretation)' 으로 이해한다.

> '대화적' 이라는 말은 해석 전략들 사이의 개방적이고, 비체계적이고, 탈논리적인 상호작용을 의미한다. 담화를 생산하거나 분석할 때마다 우리는 항상 다른 사람이 사용하는 해석 전략을 추측한다. 그리고 그러한 추측을 할 때, 끊임없이 상대방의 언어를 해석하면서 대화를 나눈다. 결과적으로 이 대화는 항상 각각의 참여자가 의사소통적 상호작용에서 취하는 잠정적인 의미를 만들어 내고, 그 잠정적인 의미로 인하여 대화 참여자는 세상에서 상이한 효과들을 일으키는 새로운 대화에 다시 참여한다. 언어 부호들이 상호 교차할 때 혹은 사람들이 함께 대화를 나누거나 독자가 텍스트를 읽을 때에 의미 해석이 이루어진다. 이러한 의미 해석은 화자나 필자의 의도와 정확하게 일치할 수도 있고 일치하지 않을 수도 있다. 만약 정확하게 일치한다면, 그 의미 해석은 특정 대화적 상호작용을 끝내는 해석자의 판단과 일치한다. 하지만 이러한 일치가 결코 대화의 종결로 이어지지는 않는다. 왜냐하면 한 대화의 끝은 단지 또 다른 대화의 시작을 알리는 신호가 되기 때문이다. 개방적인 대화의 개념은 담화 생산 및 분석 모두의 고유한 탈논리적이고 해석적인 행위를 기술하는 데 사용될 수 있다.('Paralogic Hermeneutics' 31)

다시 설명하면, 대화의 과정(대화의 교환에 있어서 '즉각적인' 조정을 이끌어 내는 지속적인 해석적 추측에 참여자들을 끌어들이는 과정)은 근본적으로 말하기, 쓰기 및 읽기를 통해 나타난다. 그리고 이러한 대화 과정은 결코 끝이 없다. 왜냐하면 대화는 차례로 또 다른 대화를 시작하는 잠정적인 합의로 끝날 뿐이기 때문이다.

그러므로 Kent의 이론에서 말하는 읽기와 쓰기는 근본적으로 대화의 과정이다. 하지만 그 과정은 선형적으로 이루어지는 단계이거나, 심지어 '생각 꺼내기, 조직하기, 초고 쓰기, 교정하기, 편집하기' 와 같은 회귀적인 단계로 단순화할 수 있는 것이 아니다. 비록 그러한 일이 일어난다고 할지라도, 그것이 구어와 문어로 된 담화가 의미를 전달하는 방식을 설명하지는 못한다. 우리가 대화적 해석이나 해석적 추측에 참여하는 방법을 배우기 위해서는 지속적으로 다른 사람들과 의미를 소통하려고 노력해야 한다. Kent가 말한 대로, "우리는 대화적 추측을 통하여 대화를 종료하는 방법을 배운다" (32).

이러한 이론적 체계는 Kent가 제기하는 의문점에 부딪히게 된다: 만약 읽기와 쓰기가 특정 담화 활동을 예측하는 부호화된 체계로 단순화될 수 없다면, 어떻게 이러한 활동들을 기술하고 가르칠 수 있는가? Kent도 담화의 형식적인 요소들을 가르칠 수 있음을 인정한다. 이에 대해 그는 다음과 같이 말한다:

> 우리는 문법, 구두점, 문장 구조, 문단의 응집성, 해설 방식 그리고 학술 에세이, 업무 서신, 연구 보고서, 제안서 등의 작성에 필요한 관습과 같은 담화 요소들을 가르치기 위하여 메타언어를 사용할 수 있다. 하지만 이러한 요소들을 배운다고 해서 학생들이 담화를 효과적으로 생산할 수 있는 것은 아니다.('Paralogic Hermeneutics' 35-36)

요컨대, 작문 이론가들은 학생들에게 담화의 관습이나 구정된 형식을 가르친다고 해서 그들이 효과적인 담화를 생산할 수 있다고 생각하지는 않는다. 교사들 역시 그렇게 하면 효과적으로 의사소통적 상호작용에 참여할 수 있다고 확신하지 않는다.[4] 효과적인 의사소통 참여는 상호 작용하는 대화 활동을 통해 이루어진다.

탈논리적인 교육에 대하여

Kent는 자신의 이론에 근거한 교육론이 요구하는 바를 가장 개략적인 용어로 기술했다. 우선 앞에서 언급한 것처럼 그는 과정 중심 패러다임의 문제를 극복하기 위한 프로그램을 개발한다. 작문 이론가들이 외재주의적 관점에서 쓰기를 개념화하는 것 대신에 쓰기를 기본적인 대화의 형태로 이해할 때, 과정 중심의 글쓰기는 더 이상 작문 교육의 일차적인 관심이 될 수 없다. Kent에 따르면, 과정 중심의 작문 교육과 관련된 어휘들은 '언어의 사회적이고 공적인 사용' 을 논의하는 장에서는 배제가 될 수 있다('Externalism' 70). Kent는 학생들이 '특정한 대화 상황' 에서 다른 사람들의 해석 전략을 다시 해석하는 그러한 교실을 상상한다('Paralogic Hermeneutics' 37). 요컨대, 그 교실은 학생들이 직접적으로 의사소통적 상호작용에 참여할 수 있도록 구성되거나 혹은 Ulmer의 표현대로 교실이 쓰기 상황을 공연하는 장이 될 것이다.

따라서 그러한 교실에서의 교사는 전통적인 입법자의 역할을 버리고 다양한 협력자의 역할을 수행해야 한다고 Kent는 주장한다. 교사는 대화에서 단지 참여자의 한 사람으로서 목소리를 내며, 학생들이 자신의 글이 세상에서 어떠한 구체적인 의미를 만들어 내는지에 대하여 해석적인 추측을 할 때 도움을 제공하는 조언자가 되는 것이다(37).

또한 Kent는 작문 교사들이 독백적인 쓰기와 대화적인 쓰기의 차이를 구별할 수 있어야 한다고 주장하며 다음과 같이 말한다: 대화적인 쓰기와 읽기는 학생이 상대방과의 협력적인(따라서 해석적인) 상호작용에 가담할 때 일어난다. 반면에, 독백적인 쓰기와 읽기는 학생이 상대방을 알 수 없고, 그로 인해 상대방과 대화할 수 없을 때 일어난다(37). 학교에서 과제로 제시되는 쓰기는 상당수가 독백적인 성격을 지닌다. 따라서 그것은 기억이나 분석 능력을 시험하거나 평가하는 근거 자료가 된다. 독백적인 쓰기는 작가와 독자 사이의 대화적이고 협력적인 상호작용을 허용하지 않는다. 그 이유를 구체적인 교실 상황을 예를 들어 설명하면, 평가자인 교사를 제외하고는 아무도 학생 글에 반응을 하지 않는다. 심지어 교사조차도 그 글에 대하여 진지한 반응을 하지 않기 때문에 학생은 의미 없는 담화를 생산하게 되어 둘 사이에는 어떠한 상호작용도 일어나지 않는다(38). 반면에 대화적인 쓰기는 반응을 유발한다. 그것은 의사소통적 상호작용의 일부이며, 이때 학생은 앞에서 논의한 삼각 분할의 과정에 따라 상대방에게 의미를 전달하려고 한다.

Raul Sanchez는 Kent의 연구를 분석했다. 그는 이 분석을 통해 학생들을 의사소통적 상호작용에 가장 효과적으로 참여시키는 개별화된 교수를 강조하는 Kent의 이론이 주는 시사점에 대해 다음과 같이 언급한다:

> 형식, 구조, 조직 등과 같은 쟁점들이 이제 보다 직접적인 맥락적 요인으로 고려되기 때문에 강연과 같은 전통적인 교사 주도 수업의 필요성이 현저하게 줄어들었다. 이제는 개인 혹은 소집단의 개별 학생들이 다양한 상황에서 자기만의 방식으로 학습할 때 생겨나는 문제, 걱정거리, 관심에 초점을 맞추고 수업을 진행하는 것이 좋을 듯하다.(25)

더 나아가 Raul Sanchez는 의사소통적 상호작용에 학생들이 직접적으로 참여하지 않은 채 이루어지는 모든 쓰기는 불필요한 것이 된다고 주장한다. 그는 작문 과목의 '내용' 이 기껏해야 '담화' 로 기술될 수 있기 때문에, 학생이 그것을 생산하고 분석하는 데 더 많은 시간을 들이는 것이 좋다고 말한다(25).

Ulmer의 연극 은유와 관련지어 보면, Kent의 교육론에서 '쓰기 장면(scene of writing)' 은 학생들이 의사소통적 상호작용에 참여하는 장소가 된다. 학생들은 교실에서 대화 및 질문과 지식 생성의 과정이 계속 진행되도록 유지하면서, 상대방에게 의미를 전달하기 위하여 즉각적으로 대화적 해석을 하거나 실제로 그 과정에 참여한다. 요컨대, 교실은 대화적인 상호작용의 공연장이 될 것이다. 학생들은 연습으로의 담화가 아니라, 그들이 사는 세상에서 실제로 활용되는 담화를 글로 쓸 것이다. 이러한 종류의 교육 목표는 3장에서 논의한 급진적 교육론의 목표와 비슷할 것이다. 담화는 궁극적으로 세상에 영향을 미치려는 목표를 가지고 생산되어야 한다. 필자들은 이러한 공개적이고 대화적인 상호작용에서 그들 자신과 다른 사람들 그리고 구체적인 실재에 대하여 배울 것이다.

Kent는 의사소통과 관련된 포스트모던 언어 이론을 응용하여 포스트모던 사고와 대화주의를 작문 이론에 종합적이고 알기 쉽게 그리고 유용하게 적용한다. Kent는 주로 사회 구성주의 작문 이론의 핵심 내용들을 비판하였다. 하지만 그는 여러 가지 면에서 쓰기를 사회적 행위로 보고, 그것을 대화적 활동으로 이해하려고 하는 작문 연구 경향을 더욱 공고히 하였다. Kent는 사람이 글을 쓰는 행위를 이해함에 있어서 대안적이고 보다 유용한 생각을 제공한다.

포스트모던 교육과 대화주의

포스트모던 교육은 지식이 대화적 상호작용을 통해 밝혀진다고 가정한다. 이때의 대화적 상호작용은 Ulmer가 말하는 사회극에 비유될 수 있다. 지식은 이 대화의 과정 안에서 우리의 눈에 들어오기 때문에 수업의 모든 참여자는 창의적이어야 하며, 자유롭게 대화에 참여해야 한다. 또한 모든 참여자들이 대사가 있는 역할을 맡아야 한다. 그러므로 교사는 말하고 지식을 창안할 수 있는 권한을 혼자만 가질 것이 아니라 학생들과 공유해야 한다. 포스트모던 교육에서 언어는 앎의 주체(knowers)와 지식 사이에 위치하는 것이 아니라 지식의 구성 요소로 간주된다. 아울러 언어와 지식이라는 용어는 구별되지 않는다. 상황성(situationality)은 특정 담화가 생산되고 가르쳐지는 사회적이고 공개적인 맥락에 대한 강조는 또 다른 주요 관심사이다. 그것은 특히 대화적인 방법론뿐만 아니라 포스트모던 교육 이론의 전개에도 중요하다. 덧붙여, 포스트모던 대화 교육론은 권력과 가치관이 진리 주장과 담화의 생산에 영향을 주는 방식에 대해서도 연구를 한다. 따라서 포스트모던 대화 교육론에는 진실의 동기, 작용 양식, 그것에 대한 가정, 안건뿐만 아니라 진실 그 자체의 주장에 대하여 끊임없이 재검토하는 자아 성찰 연습이 포함된다.

일부 참여자들에게 말할 권한을 주지 않고, 그리하여 지식을 만드는 일 또는 Freire가 말한 것처럼 지식의 명명 과정(the naming)에 동참할 수 있는 기회를 박탈하는 권위적이고 위계적인 상황에서는 대화적 상호작용이 이루어질 수 없다. 해방 학습 이론가들처럼, 포스트모던 관점의 이론가들은 전통적인 '헤겔식' 혹은 '은행 예금식' 교육 모형이 시대에 뒤떨어지고, 최악의 경우에는 억압적인 인식론적 가정에 기반을 두고 있다고 비판한다. 급진적 교육론처럼, 포스트모던 교육론은 만약 교육이 어떤 중요성을 가지려면 실제 생활 혹은 일상생활과 교육 사이에 존재하는 간극이 메워져야 한다고 가정한다. 아울러 두 관점 모두 학습이 맥락적이라고 주장한다. 대화적 수업은 학생으로 하여금 다른 사람들 및 세계와의 상호작용을 허용하여 다른 사람들에게 말하고 그들의 말에 반응하게 하는 것을 통해 학생 자신의 텍스트를 능동적으로 쓰게 함으로써 학습을 촉진한다. 쓰기는 언제나 동시에 또 다른 사람에게 반응하거나 또 다른 사람을 대상으로 하여 이루어지는 것이기 때문에 쓰기 학습은 언제나 대화적인 활동이다.

Covino는 포스트모던 인식론의 대화적인 측면을 규정하는 교수법을 고안하려고 시도한다. 그는 지식을 잠정적인 종결을 획득하고 항상 다양한 목소리와 관점을 수반하는 개방적인 과정으로 이해한다. 따라서 그는 학생들이 수사적인 목적을 가진 담화 형식을 생산하도록 하는 것이 대화를 유지시키는 방법이라고 말한다. 유감스럽게도 그는 개방적인 대화를 수행하는 교수법을 만족스럽게 만들어 내지 못한다. 학생들의 쓰기가 결코 그 글에 실제적으로 반응할 수 있는 타인을 대상으로 이루어지지 않기 때문에 그의 교수법은 한계에 부딪힌다. 다시 말해서, Covino가 요구하는 쓰기는 학생이나 교사와의 상호작용이나 독자가 없는 그러면서도 비수사적이고 독백적인 '학교 담화' 로 남는다.

Covino처럼 Kent는 작문 이론에 있어서 대화의 중요성을 완전히 이해하고 있다. 대화는 우리가 자신을 포함하여 어떻게 모든 것을 알게 되는지에 대하여 설명해 주는 인식론적 개념이다. 우리 자신이 이해하는 바를 알게 되는 것은 바로 의미를 전달하려고 시도하는 과정, 다시 말하면 누군가 다른 사람이 이해할 것에 대하여 해석적 추측을 하는 과정을 통해서 이루어진다. 앞에서 언급한 것처럼, 지식은 대화적 상호작용 혹은 의사소통적 상호작용의 과정에서 발생한다. 수년 동안 Janet Emig와 같은 작문 이론가들은 쓰기와 학습이 긴밀하게 관련되어 있다고 주장해 왔다. 그리고 이제 Kent가 왜 쓰기와 학습이 관련되는지 설명하는 데 도움이 되는 이론적 구성 개념을 제공한다.

대화주의, 적어도 Kent가 말하는 대화주의는 작문 연구의 틀을 급진적으로 재구성한다. 예를 들면, 언어는 그것에 의미를 부여하는 (내적인 정신 구조와 같은) 어떤 체계나 개념적인 도식에 고정되어 있지 않으므로, 이제 Elbow가 말하는 개인적인 쓰기 및 무청중(non-audience) 개념은 불필요한 존재가 되었다. 모든 쓰기는 대화와 관련이 있으며, 청중이라는 개념(우리가 우리 자신을 이해하기 위하여 글을 쓰는 내재화된 타자)을 수반한다. 학생들이 '무청중' 개념을 가지고 글을 쓰면 자아를 성찰하는 법을 배우지 않으려 할 것이라는 Elbow의 우려는 기우에 불과했다. 사실, 어린 필자에게는 즉각적인 피드백이 필요하다고 Elbow가 강조한 것처럼, Kent의 이론은 학생들이 대화에 참여함으로써 자아를 인식하거나 자아를 성찰하게 된다고 주장한다. Kent의 이론과 유사한 포스트모던 이론은 고독한 작가의 독립적인 내면 세계와 다른 사람들과의 상호 교환적인 피드백의 필요성 사이에 존재하는 표현주의의 불안 요소를 해결한다.

게다가 포스트모던 교육론은 작문 연구가 어떻게 하면 데카르트의 주체/객체 이분법을 극복할 수 있는지 보여준다. 일단 데카르트의 이분법에서 성공적으로 벗어나게 되면, 의사소통은 대화적인 상호작용의 외부에 존재하는 '실재'에 고정되지 않는다. 그리하여 상황적이거나 맥락적이면서 완전히 공개적인 대화적 상호작용 안에서 이루어지는 자연발생적인 과정으로 이해될 수 있다. 그리고 이 때문에 작문과 수사학이 모든 학습의 인식론적 기반이 되는 것 같다:

> 쓰기와 읽기를 탈논리적/해석적 행위로 바라볼 때, 우리는 쓰기와 읽기 교육이 모든 학생의 교과 교육과정의 중심에 자리 잡고 있다는 것을 알게 된다. 그리고 이처럼 쓰기와 읽기가 모든 학생의 교과 과정의 필수적인 요소가 될 때, 학생은 지식의 창출과 보급이 사회적인 담화 안에서만 일어난다는 중요한 교육을 배우게 될 것이다. 뿐만 아니라 대학은 담화의 생산과 분석이 모든 학문 분야의 존재 이유가 된다는 것을 다시 배울 수도 있다.('Paralogic Hermeneutics' 39-40)

요컨대, 만약 우리가 Kent, Davidson 그리고 그 외 포스트모던 이론가들의 주장에 동의한다면, 쓰기 과목은 더 이상 학생들에게 관습적인 담화의 표준 형식들을 가르치는 '서비스' 과목으로 전락하지 않는다. 쓰기 과목은 학생들이 작문에 대한 메타언어를 배울 뿐 아니라, 더 중요하게는 학습하는 방법, '지식을 만드는' 방법을 배우는 도구가 된다.

하지만 Kent, 포스트모던 이론에서 여전히 해결되지 못한 문제가 일부 있다. 예를 들면, Kent의 이론은 아직까지 말하기 상황에 너무 초점을 많이 맞추고 있고, 작가마다 처한 상황의 차이점을 충분히 고려하지 않는다. 말하기 상황에서는 화자가 어떻게 다른 사람의 언어 부호에 대해 즉각적으로 추측하는지 설명하기 쉽다. 하지만 글을 쓸 때에는 필자가 결코 청중을 직접 만나지 못한다. 즉, 필자가 글을 쓰는 과정에서 청자의 즉각적인 반응을 확인할 수 없는 것이다. 따라서 즉각적인 반응은 미래로 연기되고, 우리에게는 Derrida가 말한 것처럼 부재 중인 사람들을 대상으로 글을 쓰는 문제가 생긴다. 내면화된 청자의 개념이 이 상황을 완전하게 설명할 수 있는가? 예를 들어, 분명히 우리는 '담화 공동체' 와 같은 개념적인 도식이 글을 읽는 사람들에게 그 글이 궁극적으로 효과적인 담화라고 여겨질 것이라는 아주 간단한 예측변수를 제공하지 못한다는 Kent의 주장에 동의할 수 있다. 하지만 작문 이론이 담화 공동체의 개념을 버리기 전에, 어쩌면 우리가 작가들이 만들어 낸 관습적인 선택에서 그것이 어떤 도움을 주는지에 대한 추가적인 연구를 여전히 더 해야 할지도 모르겠다. 아마 담화 공동체는 특정 분야에서 현존하는 문서와 개별 작가들의 상호작용으로 인식될 수 있을 것이다. 이러한 식으로 Bruffee는 담화 공동체를 '이질 언어' 를 말하는 화자들의 집단이 아니라 다수의 텍스트들과 상호작용하는 사람들의 집단으로 바라본다. 담화 공동체와 같은 개념은 어떻게 담화가 세상에 영향을 미치는지를 이해하는 데 여전히 유용하게 쓰인다.

더욱이 지금까지 논의된 다른 모든 관점들이 그러했듯이 대화주의 교육론이 민주적이라고 가정(대화주의 교육론은 만약 모두가 동등하고 정직하게 대화에 참여하고자 한다면, 대화 참여자들 사이에는 상호 신뢰와 존중이 있어야 한다고 주장)한다면 포스트모던 작문 교육론 역시 불공평한 권력 관계가 교실 환경에 영향을 미친다는 사실에 대한 인식을 필요로 한다. 하지만 유감스럽게도 포스트모던 이론은 여전히 어떤 참여자들의 목소리에 특권을 부여하고, 다른 사람들에게는 침묵을 강요하는 그리고 개인적인 차이(인종, 계급, 성과 같은)의 문제들과 대화 상황에서 불공평한 권력 분배에 의해서 초래되는 상황에는 아무런 답을 주지 못한다. 이것은 Kent가 의사소통적 상호작용의 근간을 이루는 Davidson의 '자비의 원리' 에 의존하는 것을 보면 분명히 알 수 있다. 자비의 원리는 화자로 하여금 그(녀)가 대화를 시작할 수 있을 정도로 잠재적인 응답자와 충분한 공통점을 가지고 있으며, 응답자가 적어도 처음에는 화자가 진실로 믿는 바를 표현하고 있다고 생각한다는 것을 가정할 수 있게 해준다. Evelyn Ashton-Jones의 연구에서 잘 설명하고 있듯이, 특히 남녀가 뒤섞인 집단의 의사소통에서 이루어지는 대화에서는 거의 찾아볼 수 없는 것이 바로 이 자비의 원리이다. 혹 누군가는 여러 가지 다른 유형의 불평등이 대화 상황에 존재한다고 쉽게 주장할 수도 있다. 하지만 포스트모던 작문 이론은 이 문제들에 대하여 지금까지 침묵을 지켜왔다.

분명 포스트모던 이론은 언어와 현재 보편적으로 받아들이고 있는 언어의 기저에 있는 인식론적 가정들에 대한 작문 연구들의 주장을 혁명적으로 변화시킬 것이다. 그리고 현재 작문 연구에 큰 영향을 미칠 것이다. 지금까지 논의한 다른 관점들처럼, 포스트모던 이론 역시 작문 연구 분야에 일부는 수용되고 일부는 수용될 수 없는 대화주의의 개념을 제공한다. 그렇다면 이제 작문 연구에 있어서 현재까지 논의된 대화주의의 개념을 새롭게 종합하는 시도가 필요한 때가 된 것 같다. 다음 장에서는 대화주의의 개념을 종합하는 시도를 할 것이다.

주석

1. Crowley의 『A Teacher's Introduction to Deconstruction』 33~34쪽에서 Gayatri Spivak이 Derrida의 『The Post Card』를 재검토한 논의 참조.

2. Ulmer의 『Telethory』 참조.

3. 데카르트의 이분법에서 멀어진 Freire의 움직임과 5장에서 논의할 Kent와 Davidso一의 움직임 사이의 공통점과 차이점.

4. 이 논쟁은 전통적 문법의 규칙을 아는 것이 학생들로 하여금 좋은 글을 쓰도록 보장하지 않는다는 주장, 그런 문제를 다루는 데 있어서 직접 교수법은 학생들이 글을 쓰는 데 필요한 소중한 시간을 낭비한다는 주장과 유사하다. Hartwell 참조.

제5장

작문을 위한 기능적 대화주의

(Toward a Functional Dialogism for Composition)

나는 가끔 많은 수의 학생들을 대상으로 강의하는 것이 불편하다. 학생들이 매 학기 14시간 동안 아무런 발언 기회도 얻지 못한 채 내가 혼자 떠드는 것이 필요 없다고 생각한다. 나는 수업 중에 거의 학생과의 대화를 시도하지 않았고, 하다 못해 학생들끼리의 대화 기회도 박탈한 채 그저 그들을 가르치기만 했다. 그러다 보니 수업이 지루하고 짜증만 났다. 〈중략〉 나는 수업 중에 여학생들이 남학생이 말하는 동안 그냥 기다리고만 있는 것을 보면서 적잖이 당황했다. 그 장면을 보면서 나는 학생들이 내 수업에서 그들의 표현을 억누르도록 교육받고, 성차별적이고 인종차별적인 언어 관습이 실제로 행해지고 있다는 것을 깨달았다.

—Bleich, 『이중 관점(The Double Perspective)』

지금까지 논의한 모든 작문 이론가들은 상호작용적이고 대화적인 과정에서 학습이 가장 효과적으로 이루어진다는 데 동의한다. 대화적 학습 과정은 의사소통 과정의 대화적 본질 때문에 특히 작문 교육 방법으로 적절한 것 같다. 다시 말해 대화적인 쓰기 교실에서 학습된 활동은 그것을 배우는 과정과 거의 동일하다. 하지만 4장에서 이미 설명한 것처럼, 대화적 교수법들은 저마다 조금씩 차이가 있고, 종종 이념적인 구조에서 충돌하는 것을 알 수 있다. 이로 인해 학자마다 쓰기 수업에서 사용하는 대화적 교수법이 각기 다르며, 저마다 다른 그리고 때로는 서로 상충되는 목표를 설정하기도 한다. 이 장에서는 쓰기 수업에서 다양하게 활용되는 대화주의 교수법을 종합하고, 작문 연구를 위한 기능적 대화주의를 발전시키기 위하여 몇 가지 방법적이고 이론적인 틀을 추가적으로 제시하려 한다.

학습은 의사소통적 상호작용에서 가장 효과적으로 이루어지기 때문에 기능적 대화주의 교육론에서는 실제로 반응할 수 있는 독자를 대상으로 공개적인 글쓰기(public writing)를 많이 해야 한다. 만약 우리가 학생들에게 정확하고 판독 가능한 의미 전달 능력을 갖추어 타인으로부터 반응을 이끌어 내는 글을 쓰도록 가르칠 수 있다면, 그들은 교실 공동체에 능동적으로 참여하는 학습자가 될 수 있다.

1장에서 4장까지 논의한 각각의 관점들은 다소 수정되어, 작문에서의 기능적 대화주의에 기여하고 있다. 이어지는 내용에서는 각각의 관점이 작문 연구와 대화주의의 기능적 결합에 어떻게 기여하는지에 대하여 논의할 것이다. 그런 다음, 보다 완전한 대화주의의 개념을 구성하는 데 필요한 부가적인 측면들에 대하여 논의할 것이며, 보다 종합적인 대화주의의 관점과 작문 교육에 주는 시사점에 대해 논의하며 마무리할 것이다.

작문 수업을 위한 대화주의의 이론과 실천의 핵심은 의사소통적 상호작용과 해석학적 추론의 개념이다. 의사소통적 상호작용은 담화에서 의미가 만들어지는 과정뿐 아니라 학습이 이루어지는 방식에 대해서도 설명한다. 이러한 방식으로, 학습 과정은 문어 담화의 목표를 재생산하는데, 이를 의미의 소통이라 한다. 의사소통적 상호작용부터 시작하여 모든 경쟁적인 대화적 실천 혹은 상호작용은 수많은 조합을 만들어 낸다. 따라서 기능적 대화주의의 특정 측면에 대해 이야기하기 위해서는 다양한 대화적 상호작용의 양상을 함께 살펴보지 않을 수 없다. 지금까지 논의된 대화적 상호작용의 양상은 크게 다섯 가지 유형으로 나눌 수 있다:

- 자아와 내면화된 청자 사이에서 이루어지는 내적 대화
- 교사와 학생 사이의 대화

- 학생과 보다 큰 사회 조직의 대화로, 여기서 말하는 사회 조직이란 한 명 또는 그 이상의 학생들의 참여로 이루어지는 교육 기관 또는 다른 사회 기관을 포함한다.
- 담화의 주제 및 아이디어 혹은 작문의 형식적 문제에 대하여 이루어지는 학생들 사이의 대화
- 다양한 관점에서 사회 문제를 이해하기 위하여, 아이디어들 사이의 관계를 바라보는 통찰력을 얻기 위하여, 그리고 이미 공적인 대화 속으로 들어간 수많은 목소리들에 의해 표출되는 복합적인 관점에 대한 식견을 갖추기 위하여 대화적 형식을 이용한 작문

그러나 이들 대화적 상호작용의 유형은 여기서 말하려고 하는 기능적 대화주의의 완전한 그림을 담아내지는 못한다. 우리는 또한 대학 강의실을 구성하는 사회 환경 중에서 효과적인 대화를 방해할 수 있는 요소들에 대해 살펴볼 필요가 있다. 앞에서 언급한 모든 작문 이론가들이 참된 민주적 대화는 신뢰와 상호 존중의 분위기에서만 이루어진다는 데 뜻을 같이하고 있으므로, 참여자들이 대화에 참여할 수 있는 기회를 동일하게 가지고 서로의 말을 진지하게 듣고 이해하려 노력하는 것은 매우 중요하다. 만약 대화적 상황이 최적의 학습 경험을 제공하는 기능을 한다면, 모든 학생들은 서로를 가치 있는 참여자로 바라보아야 한다. 하지만 사회에서 구성원들의 불평등한 상태는 교실 안에서 또다시 되풀이된다. 학생들은 이미 불평등한 상태에서 교실 수업에 참여하게 되고, 종종 그 지위의 차이가 사회적 상호작용에 영향을 미치는 방식을 깨닫지 못한다. 또한 교실이 성별, 계층, 인종, 종교, 직업 등의 차이가 사라지는 중립적인 장소라고 생각하는 근거 없는 믿음을 가지고 있다. 이 장의 후반부에서 이와 관련된 문제를 다루면서 대화가 효과적으로 기능하는 데 꼭 필요한 신뢰를 높일 수 있는 방법을 소개할 것이다.

내적 대화: 자기 인식의 전개

표현주의자들은 주로 문어 담화의 생산을 작가가 혼자서 행하는 일방적이고 고독한 내적인 과정으로 바라본다. 그들도 작가들이 텍스트를 생산하는 과정에서 타인과 다양한 종류의 대화적 상호작용에 참여해야 한다고 충고한다. 하지만 1장에서 논의한 것처럼, 표현주의 교육의 일차적 목표는 자아 발견이며, 타인과의 의사소통은 이차적 목표에 해당한다.

그럼에도 불구하고, 표현주의자 중 특히 Elbow와 Murray는 기능적 대화주의와 관련하여 내적 대화와 관련된 유의미한 개념을 처음으로 제공한다. 수정된 내적 대화의 목표는 여전히 자기 인식이지만, 그 지식의 원천은 거추장스럽고 현혹시키는 언어로 인하여 어려움을 겪는 내적 존재로부터 내면화된 타자들 사이에서 이루어지는 내적 대화로 옮겨졌다.[1] 대화적 교육에서의 자아는 독자적이거나 고독하지 않고 복합적이다. 또한 이때의 자아는 이전에 들었거나 읽었던 모든 목소리 혹은 텍스트를 알고 있어서 내적인 대화적 상호작용에 무한하게 기여할 수 있다. 필자의 내포 청자가 필자를 억압하거나 방해할 때, 그들은 머지않아 대화에 참여하고 싶어 하는 내포 청자를 상상하게 된다. 이를 Elbow의 용어로 설명하면, 학생들은 자아 인식을 가능하게 하는 내적 대화의 지속을 위하여 내적으로 '위험한' 청자와 '안전한' 청자를 생산적인 방식으로 다루고 협상하는 방법을 학습하는 것이다.

Murray가 말한 필자의 타자 개념은 이들 내포 청자들 중 한 명으로, 특정한 수사적인 상황에서 담화의 가능성을 측정하는 보다 차별화된 청자이다. 이 내포 청자는 우선 문어 담화의 생산 방법을 알고, 문어 담화에서 경험을 얻으며 표준 문법의 관습과 사용 방법을 이해하고 있다. 또한 언제 형식적 어휘와 속어를 선택해야 하는지 결정하며, 언제 글쓰기가 잘 되고 언제 잘 안 되는지에 대하여 알고 있으며, 언제 보다 생산적인 내포 청자를 찾아야 하는지 알고 있다.

Elbow는 '말할 때는 눈을 감고(Closing My Eyes As I Speak)' 에서 작문 교육은 외부 청자의 요구를 지나치게 강조하고 있으며, 실제적 대화의 부재 상황에서 학생의 자기반성 전략 발달을 저해한다고 주장한다. 수정된 대화적 교수법에서, 일차적인 초점을 반응 가능한 타자 혹은 공개적인 담화에 참여하는 타자와의 의미 소통에 두는 교육 방식에 내적 대화의 개념이 균형을 제공한다. 학생들에게 내적인 대화를 조정하는 데 필요한 전략을 개발하게 함으로써, 작문 교육자들은 개별 학생이 지식과 타인 사이의 관련성 속에서 자신의 상황을 이해하도록 도와준다. 다시 말하면, 학생들 역시 자신들이 지식과 상호 대화적 관계에 있음을 이해하게 되는 것이다. 하나의 대화가 다른 대화를 포함하고 있는, 다시 말해 다양한 유형의 대화가 섞여 있어서 그 안에 있는 개개인의 목소리와 관련된 상호작용을 분리할 수 없는 상황이 있다고 가정해 보자. 이와 같은 생산적인 대화의 뒤섞임을 설명하기 위해, 이어지는 내용에서는 Don Bialostosky가 Mikhail Bakhtin의 이론 중 일부를 작문 이론과 교육에 적용한 내용을 소개한다.

내적 대화와 '이데올로기적 생성(Ideological Becoming)'

Bialostosky는 러시아의 언어학자이자 문학 이론가인 Mikhail Bakhtin이 창안한 담화의 대화적 개념을 자신의 연구에 적용하였다. 그는 쓰기 강좌의 목표가 학문적인 담화의 관습인 경우에는 담화의 대화적 특성을 감추는 경향이 있다고 주장한다. Bakhtin은 이를 '대화적 배경' 이라고 하였는데, 학문적 담화의 관습에서는 이를 숨기는 것이 일반적이다. 대화의 기호를 숨김으로써, 학문적 담화는 "통일된 주장과 그 주장에 동의하는 자아를 대표한다. 또 권위를 강화하고 작가가 다르게 생각했거나 또는 다르게 생각할 수 있는 가능성을 감춘다"(11). 이것은 Covino가 독백이라고 부른 담화의 종류에 해당한다. 그 이유는 학문적 담화가 작가와 세상을 고정되고 통일된 그림으로 나타내기 때문이다.

Bialostosky는 작문 강좌에서 그러한 관습을 강조하는 것은 학생들로 하여금 타인의 목소리(동일한 주제를 다루는 다른 텍스트에 담겨 있는)와 의도된 청자가 어떻게 특정 담화를 형성하는지에 대한 이해 없이 단순히 형식만 배우게 한다고 생각한다. 그는 이에 대해 다음과 같이 말한다: "학문적인 관습을 배우는 것은 뭔가 부족하다고 생각한다. 왜냐하면 우리가 말하는 혹은 이야기하는 상대를 모르면 우리 자신을 바보로 만들 수도 있기 때문이다" (14). 다시 말하면, 정확하게 쓰는 것만으로는 뭔가 부족하다. 따라서 사람은 자신의 지식이 타인의 지식과 어떻게 관계되어 있는지 이해해야만 한다. Bialostosky는 이 문제를 Bakhtin의 이론을 통해 설명하였는데, Bakhtin은 누군가의 지식을 알아가는 과정을 권위와 내적 설득력을 지닌 담화의 대화적 상호작용으로 보았다.

권위적 담화는 독백적 담화라고 부르기도 하는데, 이를 다음과 같이 설명할 수 있다:

> 권위적 담화는 수용되고 재생산될 수는 있지만 그것에 반응하거나 혹은 그것을 수정하고 그에 대해 의문을 제기할 수는 없다. 그것은 학생들이 시험을 보기 위해 앵무새처럼 배우는 교과서나 강사의 목소리이며, 교사의 판단으로 요약된 목소리이고, 지켜져야 하지만 스스로 설명할 필요는 없는 주어진 규칙과 관습의 목소리이다.(15)

권위적 담화는 또한 Freire의 은행식 교육 그리고 Ulmer가 말한 헤겔식 교육 모형의 목소리이다. 그것은 또한 학생들과는 거리가 먼 그리고 그들에게는 생경한 모습을 가지고 있는 목소리이기도 하다. 내적으로 설득력 있는 담화는 학생이 직접 접촉하는 목소리를 형성한다. 그것은 표현주의자들이 말하는 독립적이고 고독한 필자의 목소리는 아니다. 또한 그것은 권위적 담화의 내적인 보충도 아니다. 오히려 권위적 담화는 개인적

이고 사회적인 환경 모두와의 교류를 유지한다. Bakhtin은 이에 대해 다음과 같이 설명한다:

> 내적으로 설득력 있는 말의 반은 우리의 것이고 나머지 반은 다른 사람의 것이다. 그것의 창조성과 생산성은 그러한 언어가 새롭고 독립적인 언어를 일깨운다는 것, 그리고 실제로 우리 내부로부터 형성된 언어 덩어리를 조직한다는 사실을 정확하게 말해준다. 또한 이러한 발호는 고정되고 고립된 상태로 존재하지 않는다. 새로운 자료와 새로운 조건에 맞게 심층적으로 개발하고 적용하기는 크게 어렵지 않다. 그것은 새로운 맥락에서 관계에 활기를 불어넣어 준다.(『Dialogic imagination』 345-46)

Bakhtin은 내적으로 설득력 있는 담화를 수용되고 변형되어 그 다음에 사용되는 것으로 인식한다. 그것은 이미 타인의 의미로 가득 찬 담화 생산의 장에 도달하고, 강렬한 상호작용을 시작하며, 다른 담화와 대결한다(346). 그런 다음 다시 변형되고 개발되어 새로운 상황과 과정에 적용되며, 개인적인 언어 사용자에 의해 추가되거나 변형된 의미가 덧붙여진다. 아울러 내적으로 설득력 있는 담화는 대화적 지식을 표방한다. 이것은 언어 사용자들이 자신이 이미 가지고 있다고 판단되는 지식과의 관계를 이해하려 애쓰며 대화에 참여하게 하는 것이다.

부분적으로는 자신의 것이며 부분적으로는 타자의 것인 담화와의 이 대결을 Bakhtin은 이른바 '개인의 이데올로기적 생성' (342)이라고 하였다. 이러한 관점은 Freire가 말한 의식화 운동(conscientization)의 개념 또는 비판적인 의식화와 밀접한 관련이 있다. 이 대화적 과정은 학생들이 확장된 지식 공동체와의 관계를 통찰할 수 있도록 하고, 그들 자신의 이데올로기적 상황을 이해할 수 있도록 해준다. Bialostosky는 이에 대해 다음과 같이 설명한다:

> 인간의 정신을 언어들 사이에서 이루어지는 대화의 장으로 인식하는 것은 우리의 곤경과 타인의 언어와의 관련성, 그리고 세계와 그에 대한 대화를 공유하는 타인의 곤경과 우리 언어의 관련성 양쪽 모두를 발견하는 것이다. 구성원의 자격을 얻는 것은 단지 주어진 학문, 종교, 계층의 권위, 그리고 그 언어에 의해 규정되는 공동체 안에서만 이루어지는 것이 아니다. 그것은 저마다의 언어들이 내적으로 설득력을 얻기 위한 화자들의 목소리 안에서, 그리고 그러한 화자들의 목소리들끼리 경쟁하는 전체 집단 안에서 이루어진다.(17)

Bakhtin이 말하는 이데올로기적 생성의 개념은 '확산적이고 생산적인 사고' 에 참여시키는 핵심적인 인지적 능력으로 '자신과 반성적으로 대화하는 능력' 을 말한다. 이는 Elbow의 교육 목표인 특징적인 개인적 글쓰기를 확장한 개념이다('Closing My Eyes' 62). 자신과 반성적으로 대화하는 능력은 개인적인 글쓰기를 통해 자신을 인식하게 하는 교육 목표를 전적으로 개인적인 소유로서가 아니라 타인, 지식, 세계와의 특정한 대화적 관계의 본질을 발견하는 것으로 확장시킨다. 학생들은 이와 같은 '자신과의 반성적인 대화' 를 통해 세계와 관계를 맺고 있는 자신의 위치를 발견한다. Bialostosky에 따르면 학생들은 사물의 의미와 언어의 소유를 두고 투쟁하는 이데올로기적 상황에 처한 개인이다(15).

그는 쓰기 교실을 학문적인 언어와의 만남에 의해 우연히 개인적이고 이데올로기적 발달이 이루어지는 곳이 아닌 계획적으로 반성적인 연습이 이루어지는 곳으로 바라본다. 그는 또한 교사의 역할은 학생들이 단지 스스로 행동하는 것뿐이 아니라 스스로 배움을 유지하도록 하는 지적인 경쟁에 자유롭게 참여하게 하는 것이라고 생각한다. 다시 말해, 쓰기 교실은 학생들이 대화에 생산적으로 참여하는 방법을 스스로 학습하는 장소가 되는 것이다. 따라서 내적 대화의 개념은 균형 잡히고 기능적인 대화주의 교육론에서 필수 요소가 된다.

작문 교육에서 이미 널리 알려진 친숙한 교수 방법들이 학생의 내적 대화를 개발시키는 데 도움이 될 수 있다. 예를 들면, 학생들은 종합 저널을 쓸 수 있다. 이 저널은 독서한 것에 대하여 자신만의 언어로 생각을 표현하고, 아이디어들 사이의 관련성을 만들고 그들이 이미 알고 있는 것 그리고 일상생활과 그 내용을 연결하는 것이다.[2] 저널 혹은 좀 더 형식적인 쓰기 과제에서, Covino가 제안한 것처럼 학생들은 특별한 주제에 대한 전문가와의 대화에서 자신의 관점이 들어간 대화를 구성할 수 있다. 대화를 더 확장시키기 위해 이들 대화는 학급 친구들과 공유될 수 있으며, 이를 통해 학생들은 친구들이 지식과 어떻게 관계를 맺어 가는지 이해할 수 있게 될 것이며, 아마도 그들의 상황도 더 잘 이해하게 될 것이다.

대화주의와 동료 비평

수정된 대화적 교수법의 또 다른 중요한 측면은 Bruffee의 동료 비평 방법(2장에서 자세히 설명한)을 적용한 것인데, 그것은 몇 가지 수준에서 대화적 상호작용을 결합시킨다. 내적 대화를 그만두지 않는다고 할지라도, 이제 대화적 상호작용의 초점은 명백히 구체적인 타자와의 의사소통에 있으며, 이러한 상호작용은 서로가 반응을 주고받을 수 있는 교실 동료와의 사이에서 가장 뚜렷하게 일어난다. 동료 비평에서는 몇 가지의 대화가 동시에 이루어진다. 예를 들면, 학생들은 개인적으로 관련이 있는 문제에 대하여 공개적인 청자의 영향을 되도록 많이 받은 글을 쓴다. 그리고 그들은 작문의 다양한 측면에 대하여 전체 학급, 혹은 소집단 단위로 함께 이야기한다. 또한 다른 학생들의 작문에 대하여 몇 가지 형태의 글로 반응을 보인다. 학생들은 다른 학생들과 직접 맞대고 글에 담긴 아이디어에 대하여 이야기할 때와 다른 사람의 글에 대하여 글로써 반응을 보일 때 의사소통적 상호작용에 가장 직접적으로 참여할 수 있다. 학생들이 가장 효과적으로 Kent의 해석적 추측 전략을 사용하고, 가장 빨리 추측의 결과를 볼 수 있는 것은 이러한 뜻밖의 만남에 의해서다. 2장에서 언급한 것처럼, 수사학적인 관점에서 보면 이 교육론은 학생들이 복합적이고 다양한 수사학적 상황에 참여하고, 매우 훌륭한 피드백을 제공할 뿐 아니라 타인과의 의사소통을 연습하도록 도와준다.

나는 학생들에게 교실 밖의 청자들을 대상으로 공적인 생활의 담화에 참여하는 실제적인 글(동료 반응보다는)을 쓰게 함으로써 Bruffee의 교육론에서 말하는 대화적 상호작용을 더욱 복잡하게 만들 것이다. 유감스럽게도 Bruffee가 쓴 『단기 글쓰기 과정(Short Course in Writing)』에 제시된 작문 과제는 특별한 목적이나 공개적인 청자를 고려하지 않는 수사학적 작문 연습인 경우가 대부분이다. 물론 모든 작문 과제가 교실 밖의 청자를 대상으로 하고 특정한 목적을 가질 필요는 없다는 것을 이해하지만, 대부분의 경우 실제 청자에게 소개되어야만 한다. 그렇지 않으면 학생들은 불필요하게 제한적인 대화적 상호작용에 참여하게 되며, 그러한 상호작용은 결국 다른 수사학적 글쓰기 상황으로 거의 전이되지 않는다.

이러한 유형의 대화는 학생들의 담화와 탐구의 궁극적 목표를 억압받는 사회적 상황의 변혁에 두는 급진적 교육의 핵심 내용과 뒤섞이거나 겹쳐진다. 3장에서 기술한 것처럼, Freire의 실천(praxis)은 항상 반성적 사유와 행동을 수반한다. 사람들은 내적으로 설득력 있는 언어로 상황을 정의하기 위해 자신이 처한 상황을 반성적으로 살펴봄으로써 지식 공동체, 교육 기관, 사회적으로 구성된 성별 · 인종 · 계급의 전형 등을 포함하는(그러나 제한되지는 않는) 힘의 구조와 자신의 관계에 대해 비판적으로 이해하게 된다. 결과적으로 비판적인 반성은 억압적 사회 구조를 변화시키는 어떠한 행동을 이끌어 내야 하며, 문식성 사회에서 이들 변화의 행동은 문어 담화에 의해 이루어진다. 억압적인 사회 구조에 대한 이러한 토의가 북미의 대학 작문 교실에서는 다소 극단적이라고 할지라도, 수많은 사업, 정부, 교육, 종교 기관들의 업무가 문자 텍스트 중심의 대화적 상호작용을 통해 이루어진다는 사실에서는 벗어날 수가 없다. 따라서 이들 북미 대학의 작문 교실에서 학생들이 실제 청자를 대상으로 자신을 비롯한 공동체에게 중요한 관심 상황에 대하여 글을 쓰는 것은 매우 중요하다.

대화적 작문 수업에서 교사의 역할

지금까지 살펴본 바에 따르면 작문 이론가들은 전문가는 강의하고 초보자는 열심히 듣는 작문 교실의 수업 유형을 반대한다. 작문을 연구하는 Elbow의 교사 없는 교실, Bruffee의 동료 비평주의, 해방 학습 이론가들의 급진적 교실, 후기구조주의자들의 포스트모던 교실은 모두 대화적 방식으로 작문 교실을 재구성한다. 권위와 전문성은 더 이상 교육자만의 고유한 영역이 아니다. 그렇다고 반대 상황을 주장하는 것도 아니다. 교육자에게 모든 권위가 속하지 않는 것처럼, 학생도 모든 권위를 포기할 필요가 없다.

작문 교사가 대화적 교실에서 행하는 역할은 동료 작가, 편집자, 코치, 촉진자, 훌륭한 청자 등으로 매우 다양하다. 그런데 초기에는 이것들을 잘 조화시키지만 점차 결과의 통제자가 되고, 마침내는 많은 경우에 등급을 매기는 평가자가 된다. 대화의 초점이 시간에 따라 변화하는 것처럼 교사의 역할도 변하는데, 이는 종종 주어진 순간에 학생들이 대화의 어떤 면에 참여하는지에 따라 결정된다.

코치로서의 교사는 학생들이 문어 담화 기술을 다루는 전략을 습득하도록 하고, 독서 능력을 증진시키는 효과적인 방법을 보여주고, 구두법 문제를 해결하거나 그 외 문어 담화의 관습에서 학생들이 겪을 수 있는 특정한 형식적 문제들을 해결하도록 도와줄 수 있다.

많은 작문 이론가들은 교사가 학급에 최근의 작문 과제를 도입하거나 과정의 일부분으로 담화에 학생들과 함께 참여해야 한다고 주장한다. 이 전략은 교사들이 구체적 수준에서 대화에 참여하게 하며, 자신을 직접 상호작용의 일부로 만드는 이점이 있다. 그러나 그 집단이 교사의 인식된 '전문성'에 의존하게 되고, 따라서 집단의 다른 구성원들의 기여는 무효화될 것이라는 위험이 있다.

때때로 교사는 촉진자나 훌륭한 청자로서 다른 참여자들을 격려해 줄 필요가 있는데, 이를 통해 학생들의 경험을 인정하고 그들에게 유용한 전략을 효과적으로 선택하여 사용하도록 도와줄 수 있다. 이 역할은 1장에서 논의한 작가의 '타자' 훈련에 대한 Murray의 언급과 매우 유사하다.

편집자로서의 역할은 쓰기 수업에서 매우 생산적일 수 있다. 전문적인 쓰기 수업에서 편집자의 역할은 회사의 오너로서 인력을 적재 적소에 배치하는 것과 유사하다; 나는 학생들에게 이런 역할을 상상해 보게 하였다. 학생들이 완성된 글을 고객에게 보내기 전에 또는 그러한 서비스에 대해 비용을 지불하기 전에 학생들과 나는 완성된 글의 효과를 평가하려 할 것이다. 설명적인 글을 쓰는 작문 수업에서 나는 학생들에게, 그들이 썼거나 쓰고 싶어 하는 특정 기사가 특정 시장에 알맞은지를 문의하는 편지를 쓰도록 요구한다—때로는 허구의 편집자로서의 나에게, 때로는 국가 정기 간행물의 실제 편집자에게. 이렇게 하기 위해, 학생들은 어려운 청자의 문제를 해결해야 한다: 첫째는 편집자에게 그 기사가 자신들의 잡지에 알맞다는 확신을 주는 설득적인 과제이고, 둘째는 국가 정기 간행물 독자들의 요구를 이해하려고 노력하는 과제이다.

이제 마지막으로 남은 것은 대화적 학습 이론의 가장 어려운 문제인 평가이다. 대화적 수업에서 권위는 공유되지만, 궁극적으로 교육자는 학생들을 평가하기 위해—교육 기관의 권위(위엄)를 세우기 위해—자신의 권위를 사용해야만 하는데, 이는 많은 면에서 대화적 수업 이론의 정신에 위배된다. 개별 학생들을 등급화하기 위한 교사의 권위는 대화를 훼손하고 대화적 수업이(내가 그 유용성을 옹호했던) 교육 기관에 얼마나 맞지 않는지 증명한다. 대화적 정신이 더 높은 미래의 유토피아적 대학에서는 구성원들이 그러한 대화의 정신에 위배되는 실천은 포기할 것이다. 하지만 오늘날 유용하게 활용될 수 있는 기능적 대화주의 교육론에서 학생들의 등급을 매기는 평가는 대화적 실천과의 관련 속에서 적당한 긴장 상태로 남아 있어야 한다.

내가 한 집단의 교수들에게 이 책의 3장에 기반을 둔 수업을 보여주자 한 교수가 자신이 경험했던 특정 교수 상황에 대해 질문했다: "교실에는 학생 수가 많고, 나는 그 시간에 학습할 D. H. Lawrence의 생애에 대하여 흥미로운 자료를 많이 가지고 있어 그것을 여러 학생들과 공유하고 싶은 상황에 대해서는 어떻게 생각하나요?" 그가 정말로 묻고 싶은 것은, "강의가 적합한 순간은 존재하지 않나요?" 였다. 나는 아니라고 대답할 것이다. 대화적 교실이라도 강의하기에 알맞은 때는 있을 것이다. 질문을 한 교수의 상황에서, 대화적인 질문의 방향이 학생 집단을 올바른 방향으로 인도한다고 확신했다면, 그는 강의를 매우 잘 할 수 있었을 것이다. 그는 또한 학생들이 Lawrence의 학문에 대해 다른 방식으로 교수의 전문성을 사용하기를 원하는 상황을 준비해 두었어야 했다. 예를 들면, Lawrence가 작품을 썼던 역사적이고 문화적인 맥락을 이해하도록 도와주거나, 또는 학생들 중 몇 명이 Lawrence의 전기적 생애, 화가로서 Lawrence의 기여도 등을 자세히 알고 싶어 하는 상황에 준비해야 한다. 요약하면, 대화적 교실에서 탐구의 과정은 교사에 의해서만 통제되지 않는다.

이상적으로 대화적 교실은 교육자의 전문성과 특정 집단 학생들의 필요, 흥미의 대화적 상호작용을 통해 학급 탐구의 주제를 구성한다. 이에 대해 Freire는 최근의 인터뷰에서 다음과 같이 말했다:

> 대화와 학생 그리고 그들의 맥락을 존중한다는 것은 교사가 사라져야 한다거나, 교사가 가르칠 필요가 없다는 것을 의미하는 것은 아니다. 가르치는 것 없이 교사의 존재를 상상하는 것은 불가능하다. 즉 교사는 가르칠 의무가 있다. 나의 의문은 교사가 어떻게 자신의 권위를 사용하는 가이다. 나는 교사의 권위에 반대하지 않는다. 다만 학생의 자유가 적은

> 것에 비해 교사의 권위가 지나치게 큰 것에 반대하는 것이다. 또한 나는 교사의 권위가 약하여 학생의 자유가 지나치게 큰 것도 반대한다.
> ('History, Praxis and Change' 159-60)

요약하면, 대화적 교실은 교사와 학생의 권위가 항상 생산적이고 균형 잡힌 긴장 상태 — 모든 수준의 담화에서 대화에 참여함으로써 유지되는 긴장 — 에 있는 곳이다.

대화주의에서 갈등과 차이 조화시키기

표현주의, 사회 구성주의, 후기구조주의, 포스트모던 대화 이론에서는 학생들은 모두 같다 — 또는 적어도 매우 유사하다 — 고 소리 없이 주장한다. 그래서 이론가들은 학생들 사이의 차이점이 교수 방법의 실행 결과에 영향을 미치지 않을 것이라고 생각한다. 비록 학생들이 학급에서 — 억압받고 억압하는 학급 — 차별받는다는 것을 인식하더라도, 해방 학습은 학생들이 세계에 대한 견해와 많은 경험을 공유하는 상황에서 주로 발전한다. 대부분의 이론은 성별, 국적, 계층(특히 학급 구성원들이 다양한 계층일 때), 종교, 인종 같은 차이점에는 거의 관심을 갖지 않는다. 사실, 주요 이론들은 여전히 백인 중상류 계층의 남학생을 모델로 한 '보편적 학생' 을 가정하고 있다. 그러나 대학의 교실은 점차 동시대 미국 문화의 다양성을 반영하고 있다. 게다가 2장에서 논의한 것처럼, 많은 사회 구성주의 이론가들은 상호작용적 교육이 민주적 상호작용과 가치를 기른다고 주장한다.

앞서 주장한 것처럼, 대화가 학생 필자의 글쓰기 능력을 신장시키는데 기여한다는 것을 인정하고 나면, 교실의 사회적 배경이 아주 대화적으로 바뀌어야 한다. 모든 학생들이 실제로 다양한 대화에 참여하게 되고, 그들의 경험이 학급의 다른 구성원들의 경험이나 태도와 상충될 때라도 편안하게 개인적 경험을 표출할 수 있다는 것에 확신을 가져야 한다. 이 책에서 논의된 작문 이론가들은 대화적 방법이 신뢰와 상호 존중의 분위기에서 가장 잘 적용된다는 데 동의한다. 그러나 작문 이론가들은 학급 안의 불평등한 사회 구조가 이런 분위기를 침해한다는 것을 증명해 보이지 못했다. 많은 학급에서 학생들의 불평등한 상태 때문에 신뢰의 분위기가 구축되고 유지되기 어렵다.

대화적 작문 교육은 여전히 학생들 사이의 차이점을 조화시킬 방법이 필요하다. 다음 절은 학생들 간의 차이점과 불평등한 사회적 관계의 문제가 종종 그런 차이점을 포함한다는 것과, 그것이 어떻게 부정적인 방식으로 생산적인 대화적 상호작용에 영향을 미치는지 보여줄 것이다. 주로 성별의 차이점을 논의할 것이지만, 성별이 인종, 계급, 국적, 종교, 성적 지향, 나이 등을 비롯한 학생들 간의 수많은 차이점 중 하나일 뿐이라는 것을 명심해야 한다.

페미니스트 인식론과 차이점의 수용

최근 이 문제를 인식하고 탐구하기 시작한 교육자들이 점점 늘어나고 있는 추세이다. 예를 들면, Susan Jarratt은 한 기사에서 "우호적이고 허용적인 분위기를 조성하는 데 최우선을 두는"(105) 대화적 교육이 학생들 사이의, 그리고 학생과 교사 사이의 불평등한 사회적 지위로 인한 갈등을 억누르기 때문에 더 강제적으로 되어 버리는 위험을 감수하고 있다며 우려를 나타냈다. 뒤에서 더 자세하게 다루겠지만, Jarratt은 "집단이 이러한 상황에서 교육을 받을 때, 역설적으로 이상(ideal)은 사회적 차이와의 정면 대결을 피하는 또 다른 방식이다."(109)라고 썼다. 한마디로, Jarratt은 Evelyn Ashton-Jones(2장 참조)와 마찬가지로 대화적 작문 교육은 다른 작문 교육과 같이 인종주의 · 성차별주의 · 계급주의를 조장할 잠재력을 가지고 있다고 주장한다(109). Ashton-Jones의 설득력 있는 주장처럼, 이

들 교육론은 다음과 같이 가정한다:

> 사회적으로 소외되고 '다른' 관점에서 이들을 말하는 것은 — 인종, 국적, 성별, 계급, 나이, 성적 지향 또는 직업의 관점에서 — 사실 대화에 접근하게 할 것이다. 더 나아가, 대화 자체의 역동성은 참여자들의 '차이점' 에 영향을 받지 않은 채 남을 것이다.(3)

학생들을 집단에 집어넣고 대화에 참여하도록 요구한다고 해서 반드시 그들이 생산적으로 배우는 것은 아니고, 민주적 이상이 강화되는 것도 아니다.

다소 모순되게도, 페미니스트들은 대화적 교육의 형식을 경쟁과 계급 조직 같은 가부장적 교육 가치의 전복으로 받아들인다. Ashton-Jones가 지적한 대로, "페미니스트 학파는 협동 학습의 틀이 여학생에게 이롭다는 의견에 거의 합의해 왔다. 그들은 더 전통적인 교육에서 성차별주의와 남성 편향과 싸워 왔고, 학문에 침투한 남성 우월적 관점과 투쟁해 왔다"(6). 그러나 Ashton-Jones와 Jarratt이 둘 다 주장한 대로, 페미니스트들은 이런 교육을 너무 성급하게 받아들인 경향이 있으며, 따라서 그것이 실제로 학생 상호작용에 어떻게 영향을 미치는지에 대한 검증이 필요하다.

전통적 서구 인식론에 대한 페미니스트들의 비평에서, Lorraine Code는 탐구의 대화적 형식이 전통적 교육 방법과 반대되는 이유와, 여성과 그 외 소외 계층들이 종종 이들 방법과 갈등 상태에 놓이는 이유를 통찰한다. Code는 비록 인식론이 '중립적이고 보편적으로 객관적인' 그래서 '명백히 중성적' 일 것을 요구하더라도, 중립성에 대한 호소는 백인 기득권층의 특정 흥미 목록의 흥미와 같은 배타성과 유래를 기정 사실로 만든다. 요약하면, 인식론은 중립적이기보다는 전통적인 서구의 남성 가치에 특권을 부여하는 가치이며, 아울러 전통적으로 여성을 부정적으로 평가해 왔고 사회적으로 압박해 온 가치 체계에 이미 빠져 있다는 것이다. 결국 그런 인식론에서 파생된 교육, 즉 대화적 교육을 포함하여 성차별 의식이 있는 인식론적 가정으로부터 나온 차이점을 조정하는 데 실패한 모든 교육은 이러한 사실로부터 자유로울 수 없는 것이다.

앞서 논의한 교육 이론가들처럼 전통적 인식론자들은 이상적인 데카르트 학파의 지식인(knower)들을 전제로 삼고 있다. 즉, "모든 지식인은 그들의 지식의 양과 지식에 도달하는 방법 둘 다에서 똑같이 존경받는 것으로 믿어진다"(6). 그들은 탐구를 '지식인의 구현 또는 간주관적인(intersubjective) 관계'와 상관없는 '개별 정신의 자기 반성적 활동'으로 이해하며, 지식은 이성적 사고에 의해 얻어지고 감각의 도움을 받지 않는다고 생각한다. 그들은 지식인이 객관성에 대한 요구를 훼손하고 상대적으로 곤경에 빠진 인식론을 희망 없이 내버려두기 때문에 적절하지 않다는 의문을 제기한다. 그러나 Code는 전통적인 인식론은 지식인의 환경을 대표하는 데 실패함으로써, 안다는 것이 무엇을 의미하는지에 대해 단지 제한된 이해만을 제공한다고 주장한다. 그녀는 만일 인식론자들에게 '전체 이야기를 말하도록'(4) 요구한다면, 지식인의 성별 같은 주관적인 요소의 역할을 재고해야 한다고 주장한다. 그녀는 다음과 같이 말한다: "지식인의 성별이 인식론적으로 매우 중요하다고 생각하며, 나는 그동안 인식론적 탐구의 범위가 너무 편협하게 정의되어 왔다고 말하고 싶다"(7).

Code는 전통적인 인식론적 사고가 객관성에 의해 지배되었다고 보고, 주관성에 대한 객관성의 우위가 어떻게 여성과 남성의 개념 이해 방식에 영향을 끼쳐 왔는지 다음과 같이 설명하고 있다:

> 남성/여성, 객관성/주관성을 이분법의 관계로 파악하는 철학적 전통에서 보면, 종종 (다소 경솔한 생각일 수 있으나) 여성의 '지식'이 지나치게 주관적이라는 주장에 근거하여 지식인 공동체에서 중요하게 취급하

> 지 않았다. 그런 주장은 대개 일상생활의 실증적, 감각적, 감정적 선입견에 기초된 여성의 무능력에 기초하고 있다. 이들은 여성이 진정한 지식인이 누려야 하는 순수 이성의 추상적 삶에 적당하지 않다고 판단한다. 그래서 주관성/객관성 이분법으로 연속되는 일련의 이분법들이 생긴다: 이론/실제, 이성/감성, 보편/특수, 정신/육체, 추상적/구체적. 그들은 인식론적 측면에서 볼 때에 너무 평범하거나 또는 너무 특별한 경험을 지식과 분리하여 각 쌍의 왼쪽에 제시한다. 이 부분은 전형적인 여성다움에 해당한다. 반면에 오른쪽에는 지식 관련 사례를 체계적으로 제시한다.(28-29)

위와는 또 다른 증거에 의해 Code는 다음과 같은 결론을 내린다:

> 주관적/객관적 이분법은 표제가 될 만한 가치 있는 지식을 덜 가치 있는 지식과 구분하면서 주류 인식론의 중심을 차지하고 있다. 그 이분법의 복합적인, 성별 특정적인 작업은 의심의 여지 없이 지식인의 성별이 인식론적으로 매우 중요하다는 것을 보여준다. 이상적인 객관성의 숭배와 그에 수반하는 주관성의 멸시는 서구 사회의 모든 불평등한 배치를 구조화하며, 심지어 성별로부터 자유로워 보이는 '객관적' 지식 같은 삶의 영역에서조차 그러한 모습을 드러낸다.(67)

Code는 또한 여성의 전형이 그들을 부정적으로 형성하므로, 여성은 확실한 지식인으로 성장하기가 어렵다고 주장한다:

> 다른 지식인들처럼, 지식을 추구하는 여성은 삶의 형태에서 다른 참여자들로부터 지식을 요구해야만 한다. 그러나 그런 요구를 발전시키는 것은 지극히 인식론적인 것만큼 정치적 행동이다. 여성은 지식을 추구하기 전에, 자신이 '사회 저변' 에 있다는 인식 상태, 인지적 무능력, 불

> 합리에 대한 두려움의 전형화된 개념에서 스스로 자유로워져야 한다. 여성의 말을 경청하거나 신뢰를 보이기를 거절함으로써 여성의 능력을 종종 거부하는 사람들의 관점에서나, 전형적으로 형성된 자신의 관점—여성의 경험이나 사고하는 능력이 지식의 원천으로 믿을 만하지 않다는 가정으로 형성된—모두에서 이 자유를 성취해야 한다.(215)

여성은 타인의 신뢰를 받지 못한다는 위험에 노출되어 있다. 그러나 보다 중요한 것은 때때로 여성 스스로 '지성인' 으로 행동하는 자신의 능력에 대한 자신감이 부족하다는 것이다. 특히 지금, 아주 많은 젊은 여성들이 성차별 문제가 이미 모두 해결되었기 때문에 더 이상 중요하지 않다고 믿을 때, 여성은 타인의 요구에 의해 자신들의 지식이 철회되는 것을 요구가 무가치해서 발생한 결과로 파악한다. 여성은 타인의 반응이 자신의 신뢰성에 대한 전형적인 고정관념의 결과라는 것을 발견하지 못할 것이다. 이후 그녀는 완전히 발전되기 전에 탐구의 대열에서 탈락하여, 의사소통적 상호작용에서 미성숙한 채 분리될 것이다. 여성이 가진 신뢰성의 문제는 Ashton-Jones의 지지를 받는다. 혼성 집단을 포함한 대화 상황에서, 여성이 제시한 화제는 집단의 남성 구성원이 제시한 화제보다 구성원들의 선택을 받지 못할 가능성이 높다. 확실히 대화적 작문 교실에서 그런 위치에 있는 여성은 자신의, 타인의, 세계의 지식이 표명하는 일종의 의사소통적 상호작용에 완전히 참여하지 못한다. 그래서 여성은 대화 상황에서 권위적으로 불리한 위치에 있을 수 있다는 중대한 잠재적 위험이 생겨난다.

이 상황은 Code가 쓴 대로, 여권적인 지식을 찬미하려 하는 페미니스트 이론가들의 '평가적 반전(evaluative reversals)' —즉, 경쟁 · 독립성 · 객관성 · 이성 · 무신론 등의 전통적인 남성적 가치의 자리에 배려 · 감수성 · 민감성과 책임감 · 직관과 믿음 같은 대표적인 여성적 가치를 대치하는—을 통해 더 복잡해질 수 있다. 그러나 이 같은 여성적 가치는 적어도

'중요한 계층과 특권층 인종의 여성' 에게는 여성을 힘없고 열등한 위치에 있게 한 차이였다(17). Code는 여성이 "여자는 선천적으로 남자보다 덜 지성적이고, 더 의존적이고, 덜 객관적이고, 더 불합리하고, 덜 경쟁적이고, 더 산만하다는 본질주의자의 사고에서 대표된다" (18)는 본질적, 영구적인 여성의 이상을 찬미하려 한다고 상기시킨다. 그러므로 페미니스트의 사고에는 그러한 가치를 여성의 긍정적 대표성으로 보고 찬미하려는 사고와 "여성의 계속되는 압박의 도구로 보고 두려워하는 사고" (17) 사이의 긴장감이 존재한다.

몇몇 페미니스트들이 찬미하려 하고, 전통적 인식론의 범주에 의해 강조되는 전형적 가치들은 그들을 이상한 이중의 속박에 밀어 넣음으로써 다른 미묘한 방식으로 대화적 상황에서 여성의 자리를 침해할 수 있다. 첫째, 만일 그들이 여성적 가치와 사고방식을 찬미한다면 객관적 지성인으로서의 신뢰성을 잃을 위험을 감수해야 하며, 따라서 청자에 의해 '진지하게 받아들여질' 위험은 없게 된다. 둘째, 만일 그 같은 여성적 가치들을 거부하고 스스로를 객관적 지성인으로 표현한다면, 그들은 대화적 교실에서 신뢰의 분위기를 발전시키는 데 기여할 수 있는 긍정적인 여성적 가치－배려, 감수성, 책임감과 민감성－와의 연계를 잃게 된다. 이 같은 성별의 역동성은 생산적 · 민주적 · 대화적 상호작용을 기르는 여성의 능력을 주관적 또는 객관적 방향으로 훼손시키며, 여성 교육자에게 안 좋게 작용할 수도 있다.

> 남학생에 대해 무비판적으로 개방된 입장을 취하는 여성 교사는－특히 사회 계층의 차이도 적용된다면－우리 사회의 모든 남자들이 무비판적으로 수용하고 당연하게 여기는 가부장적인 지배를 실천하는 것이다. 대부분의 고등학교 교사들이 여성이고 모성적인 인물로 보여져 왔으므로, 남학생에게 우호적이고 양육적인 태도를 수행하는 여교사는 작문 교실에서 아이와 같은 행동을 반복하는 것이고, 여성으로서의 반지배적

> 인 권위를 정당화시키는 시도를 한다는 점에서 불이익을 당할 수 있다.(Jarratt 111)

그렇다면 여성은 어떻게 자신의 '이데올로기적 존재'에 생산적이고, 동시에 전통적으로 가부장적이고 독백적인 담화 방식을 피하면서 의사소통적 상호작용을 협상할 수 있는가? 이 질문에 대한 답은 Jarratt과 Code의 저서 그리고 최근 제기된 Sharon Welch의 의사소통적 윤리학의 이론에 근거하여 찾을 수 있다.

페미니스트 수사학자들의 초기 저서를 살펴보면, Jarratt도 표현주의 교육 이론과 특정 가치를 반대하는 페미니스트 교육 이론의 영향을 받은 작문 교육 이론가들이 학생들에게 협동, 배려, 돌봄을 강조하였고, 경쟁을 배제한 것에 대해 염려를 하였다. 그녀는 이 교육학 이론이 제안하는 '희망의 기록'을 인정하는 한편, 그들이 여전히 학생들 사이의 성별, 인종, 계급의 차이를 보다 개방적으로 인정할 필요가 있다고 주장한다.

> 우리는 교사의 권위를 교실에서 재생산된 다양한 권력 유형으로 파악하고 이해하기 위해 연구해야 한다. 학생과 교사 사이의 성별, 인종 계급의 차이는 교실에서 갈등을 일으킨다. 우리는 교실에서 이 문제를 효과적으로 다룰 수 있는 교수법을 개발해야 하고, 상호 협력하고 돌보는 작문 교실을 만들어야 한다.(113)

그러므로 기능적 대화 교육은 상호 존경과 신뢰의 분위기를 제공해 주어야 할 뿐 아니라, 대화적 상호작용의 과정에서 학생들 사이의 또는 학생과 교사 사이의 갈등을 절충할 필요가 있다. 그 이유는 담론적인 실천은 거기에 참여하는 사람과 그들에게 동기를 부여하는 사회적 맥락을 분리할 수 없기 때문이다.

위와 같은 교실에 대해 Jarratt은 다음과 같이 자신의 생각을 말한다:

> 나는 교육자들이 학생들의 개인적 경험을 역사적이고 사회적인 텍스트에 위치시키도록 도와주는 작문 과정에 희망을 걸고 있다. 다시 말해 학생들이 자신의 텍스트와 토의에서 생긴 차이를 본질적이고 논의의 여지가 없는 개별성에 의하여 해결하기보다는 해당 상황의 맥락으로 해결하도록 이끌어 주는 과정 말이다. 나는 학생들이 광범위한 주제에 대한 담화의 윤리적 함축에 대해 토의하고, 그렇게 하는 동안 서로 개인적인 흥미를 명확하게 드러내게 되고, 더 큰 공동체 배경에 함축된 내용을 이해하고, 그것을 공적인 목소리로 발전시키는 작문 과정을 상상한다. (121)

Jarratt의 작문 교실에서 이루어지는 대화에는 생산적인 의사소통적 상호작용에 참여하는 온정에 기초한 돌봄과 배려뿐만 아니라 토의의 열기도 포함된다. 만일 학생들이 이 장의 앞부분에서 Bakhtin이 말한 '이데올로기적 생성' 을 촉진하는 대화적 상호작용에 참여하려 한다면, 대화에서 다른 목소리가 동시에 서로 갈등을 일으키는 것을 이해해야 한다. 뿐만 아니라 학생들은 대화가 지속될 수 있도록 노력해야 하는 것과 이 대화를 통해 참가자들이 자신 · 타인 · 세상에 대하여 계속해서 배워 간다는 것을 꼭 알아야 한다.

대화적 교실이 앞서 묘사한 대로 기능하려면, 그곳에 확실한 근원적 인식론과 윤리적 체계가 필요하리라는 것은 명백하다. Code가 "어떤 지식의 요구는 다른 것보다 훌륭하다" (4)라고 말한 것처럼, 우리가 피해야 하는 것은 모든 의견이 집단에 의해 같은 비중으로 여겨지는 일종의 상대주의적 다원론이다. 반대로 학급의 특정 구성원 또는 교사에 의해 이루어지는 지식의 강요는 피해야 한다. 지식의 요구가 다른 것보다 훌륭하다고 결정하는 과정은 꼭대기부터 밑바닥까지, 즉 특권과 힘 있는 위치에서 무력한 위치까지 작용하는 과정이 아니다. 해방 학습 이론가들이 요구하는 대로, 그 과정은 집단 사이의 대화를 포함해야 한다. 따라서 대화적 교육은 객관적인 지식보다는 그 가치를 인식하고, 지식이 집합적인 노력임을 인식하는 인식론에 기반할 필요가 있다. 게다가 참가자 사이의 차이를 무시하지 않고 목소리의 복합성에 가치를 두고 그것을 기르는 윤리적 체계가 필요하다.

Code는 주관적이고 객관적인 지식 욕구의 균형을 맞추는 전통적인 인식론의 수정을 주장한다. 주로 물리학의 방법론적이고 인식론적인 기준에 의거한 전통적 인식론은 여전히, 소위 지식이 '가치-중립적' 이고 "지식의 목적은 지식인과 연구자로부터 분리되어 있으며, 연구적 · 정보수집적 · 지식 구성적 과정을 통해 분리되고 독립된 채로 남아 있다"(31-32)고 생각한다. 그녀는 실천적인 과학자들 중 그런 '완전한 객관성' 을 믿는 사람은 거의 없지만, 주류 인식론자들은 계속해서 이런 '엄격한 객관주의 용어' 로 지식을 해석하고 있는 것을 인정한다(32). 그녀는 이 엄격한 객관성의 이해가 물리학과 같은 순수과학 영역에서보다 지식을 묘사하는 인식론의 능력을 제한한다고 주장한다. 그리고 앞서 논의한 것처럼, Code는 전통적 인식론의 엄격한 객관성이 주관성과의 계속된 연관 때문에 어떻게 여성의 전형을 열등한 지식인으로 강화하는지를 증명한다. 그녀는 다음과 같이 말하고 있다:

> 극단적인 반대로 차이를 구성하는 것, 고정되고 엄격한 것으로 경계선을 긋는 것, 그리고 그 경계선을 강제적으로 제한하면서 탐구를 정의하는 것은 철학적 통찰을 부당하게 제한하는 것이다. 이론가들이 계층적이고 극단적인 차이를 나타내기 위해 그런 이분법을 사용할 때, 일련의 배제적이고 강제적인 압박과 불균형을 낳게 된다. 이에 비하여, 내가 이야기할 지식으로의 접근은 상보적 상호작용의 가능성에 초점을 맞추고 있다.(28)

Code는 주관성과 객관성의 상호작용을 인정하는 인식론은 심각할 정도로 상대주의적이지 않다고 주장한다. 상대주의를 비판하는 사람들은

다음과 같이 말한다:

> 상대주의가 만들 수 있는 유일하게 정직한 – 그리고 논리적인 – 움직임은 단호하게 회의론을 선언하는 것이다. 보편적인 기준이 없는 곳에서는 … 지식이라 부를 수 있는 가치가 없고 … 상대주의는 불가피한 자기 관련성(self-referentiality) 때문에 매우 쉽거 모순에 빠진다. … 한마디로, 상대주의는 종종 인식론의 가능성을 부정하는 것으로 받아들여진다.(2-3)

이와 대조적으로 Code는 상대주의가 그런 극단적인 용어로 이해될 필요가 없다고 주장한다. 그녀는 상대주의를 지위의 강요보다는 지위의 합리화로 이해하는 것이 이롭다고 주장한다. 상대주의는 "과감하게 단순화된 지식의 패러다임, 획일화된 설명적 형태, 또는 특권화되고 탈맥락화된 지위의 관점에서, 축소된 설명을 피하는 것"을 의미한다.

> 어떤 현상을 아는 타당한 방법이 다양하다고 주장하는 상대주의자는 한 설명에 대해 몇 가지 구조물, 다양한 관점을 받아들일 가능성이 있다. 따라서 상대주의는 해석적인 가능성의 범우를 열어놓고 있다. 동시에 상대주의가 단언하는 인식적 선택 때문에, 지식인들이 인식해야 하는 엄격한 책임을 요구한다. 이런 식으로 상대주의는 인식론적인 탐구의 정신에 도덕적 · 정치적 요소를 도입한다.(3)

Code에 의하면, 상대주의는 지식인들이 경쟁적인 지식욕(knowledge claims) 사이에서 비교하고, 무언가를 아는 데 있어서 한 가지 방법 이상의 가능성에 문을 열어 놓으며, 그들이 실제로 지식욕과 관점의 복합성으로부터 세상을 이해할 때 단일한 관점으로단 보는 것을 피하도록 도와준다. 그녀의 입장은 Covino가 4장에서 논의했던 다양한 방법과 일치한다.

Code가 인식론에 대해 재주장하는 주관적인 앎의 중요한 형태 중 하나는 타인을 아는 것으로, 이것은 기능적 대화 교육에도 중요한 앎의 형식이다. Code는 '타인을 아는 것' 이 일상의 목적을 아는 것과는 다르고, 그만큼 중요한 앎의 부가적 패러다임을 구성한다고 믿는다:

> 타인에 대한 지식은 발전하고, 작용하며, 다른 수준의 해석에 대해 개방적이다. 예를 들면, 타인에 대한 지식은 여러 방식의 해석을 허용하지만 "그 책은 붉은 색이다" 와 같은 객관적인 지식은 그렇지 않다. 따라서 그것은 단순히 관찰적인 지식, 주로 구성적인 인식론적 패러다임과는 질적으로 다르다.(37)

Code는 타인을 알 수 있는 정도에 대하여 "통일된 자아를 전제로 논의를 펼치는 이론에 대한 포스트모던 비판과 무의식에 대한 정신분석적 요구는 서로 잘 어울리지 않는다." (37)라고 하였다. 그러나 그녀는 앎에 대해 이야기하는 것이 아니므로 전통적이고 객관론적 인식론의 토대 위에서 이해해야 한다:

> 타인을 정확하게 아는 것은 주관성의 불안정과 모순 때문에 항상 진행중이고, 의사소통적이며, 해석적인 과정을 동반한다. 그것은 결코 고정되거나 완결될 수 없다; 타인이 '자아' 에 대해 요구할 수 있는 어떤 고정성도 기껏해야 변화 속에 존재하는 하나의 불변성일 뿐이다. 그러나 어떤 것은 심지어 '이 사람' 과의 진행 중인 관계를 받아들이기에 충분한 유동성을 '담기' 위해 고정되어야 한다. 누군가가 어떤 누군가를 안다는 가정은 이런 긴장감 속에서 만들어져야 한다.(38)

이런 식으로 기능적 대화주의는 학생들에게 주관적 지식과 객관적 지식의 상호작용 그리고 타인을 아는 것을 대화주의 교육의 일부분으로 유용하게 사용하는 인식론적 패러다임을 만든다. 아울러 이러한 인식론적 기초를 토대로 우리는 학생들에게 그들의 사회적 차이를 나타내는 살아 있는 경험을 표면에 드러내고 서로 귀 기울여 듣고, 그들 자신, 타인, 세상에 대한 지식을 얻는 데 도움이 되는 의사소통 행위를 촉진하는 수단을 제공한다.

이런 입장은 대부분 3장에서 논의된 Freire의 이론적 입장과 비슷하다. 이미 언급한 것처럼, Freire는 주관성/객관성의 이분법을 실천(praxis)이라는 개념으로 수정했다. Freire는 주관성과 객관성을 세계 속의 사람과 사람 속의 세계처럼 분리할 수 없는 통일체로 받아들인다. Kent의 교육 이론(4장)은 이와 대조적으로, 사람들이 객관적 세계에 대하여 다른 사람들과 직접 의사소통하도록 함으로써 데카르트식 이분법을 우회하려 한다. 따라서 모든 의사소통은 외향적이고 구체적 세계에 위치해 있다. 외부/내부, 정신/신체, 주관적/객관적, 사고/발화 등의 이분법적 개념으로 괴롭힐 필요가 없다.

나는 변증법적 상호작용에서 주관성과 객관성을 보는 인식론적 입장이 Freire와 Code의 견해에서처럼 대화적 교육의 기능적 이론에서 특히 유용하다고 믿는다. 왜냐하면 지식에는 개성적 · 주관적 측면이 있지만 개인적 지식은 항상 타인의 지식과 세상에 대한 소위 객관적 지식과 관계 있다는 것을 이해하도록 하기 때문이다. 그러나 Code가 쓴 대로, 이러한 인식론의 관점은 선택과 일치하므로 "인식론적 탐구의 정신에—그리고 내가 주장한 대화적 교육의 정신에—도덕적 · 정치적 요소를 도입한다"고 할 수 있다. Code의 전통적 인식론 수정은 학급에서 주관적 지식과 객관적 지식의 관계와 가치를 이론적으로 이해하는 방법을 제공한다. 그러나 갈등을 조절하는 동시에 진정한 민주적 대화가 일어나도록 생산적 분위기를 조성해야 하는 문제는 여전히 남아 있다. 필요한 것은, 계속되는 대화를 지배하거나 끊어지게 하는 관점을 사용하지 않고도 복합적이고 갈등적인 문제를 나타나게 하는 윤리적 체계이다.

Welch는 그러한 윤리적 체계를 '차이에 초점을 맞춘 윤리적 의무'를 주장한 의사소통 윤리학(communicative ethics)의 형태로 제안한다. 공동 윤리가 이성에 호소하는 발화도 아니고, 일부 포스트모던 이론가들이 말하는 윤리적, 정치적 비판에 대한 부정도 아니라는 것이다(84). Welch는 공동 윤리를 "복합 공동체와 다양한 원칙, 규범, 관습 사이에서 발생하는 물질적 상호작용"으로 규정한다. 물론 이러한 개념 규정은 구성원들이 원칙, 규범, 관습을 공유한다는 결속 공동체의 공동 이론과는 대조를 이룬다(86). 아리스토텔레스 학파의 도시국가는 종종 공동 윤리를 성공적으로 적용한 전형적 예로 들 수 있다. Welch는 그러한 공동체에서는 불평등한 제도 유형, 당시의 사회 체제를 구동하는 핵심적인 기능을 수행한 배타적이고 제한적인 제도(노예제도와 여성을 억압했던 아테네 제도처럼)를 비판하는 수단이 결여되었다고 주장한다(86-87). 도덕적 비판은 특정 유형의 물질적 상호작용—삶에서의 정치적 갈등, 제휴, 연합 관계—에서 발생하고, 서로 다른 가치를 지닌 공동체 구성원들 사이의 상호작용을 바탕으로 유지된다.

> 아리스토텔레스로 하여금 노예제도에 대해 변명하도록 이끄는 것은 우리 사회에서 가장 위험한 것이다. 자신이 속한 공동체와 사회 계급이 도덕적 판단의 필수 조건을 소유하고 있고, 다른 집단은 그런 필수 조건을 구비하지 못하고 있다는 가정 … 아리스토텔레스는 비그리스인, 야만인, 노예는 정치적 관계를 형성하기 어렵다고 보았다. 그래서 가치 실현의 필수인 정치 행위 참여를 막았다.(87-88)

그리스 사회는 '배타성의 윤리'와 고립—이 경우에는 '자유인'이 아닌 모든 사람의 특권에 의한 배타성과 고립—에 근거를 둔 자신들의 우월성에 대한 자신감 때문에 노예 제도와 여성의 억압을 낳은 윤리적 입장에 도전할 수 없었다.

Welch에 의하면 의사소통적 윤리학은 "토대가 되는 윤리적 비판은 차별을 필요로 한다"(88)라고 이해하는 특권의식의 배타성과 고립을 피하려 한다. 사람들은 차별의 입장에서, 다시 말해 '가치 있는 정의와 도구의 또 다른 체계의 관점으로부터' 윤리학의 체계 속에서 기초적인 결점을 인식할 수 있다. "흥미나 입장을 더 공정하게 결정하기 위해 필요한 것이 다원론인데, 그것은 자신이 아닌 우리의 도덕관을 확장하기 위해서이다."(88)

그러나 만일 윤리적 체계가 배타적 체계를 없애지 못하면, 의사소통 윤리학의 본질은 도덕적 비판의 참여에 머무르고 만다. Welch는 예를 들어 다음과 같이 쓰고 있다:

> 유럽, 아메리카의 페미니스트들이 다른 문화 여성을 억압하는 것, 예를 들면 인도의 suttee(남편이 죽으면 아내도 화장시키는 것), 아프리카의 genital mutilation(생식기 절단)을 비판하는 것은 정당화된다. 그러나 우리는 비판이 양방향으로 진행되어야 한다는 것을 기억해야 한다. 유럽, 아메리카 사회는 인도와 아프리카 사회에 대한 우월한 입장에서 탈피하여 명백히 나타나는 우리 문화의 결점을 인식할 때에야 진정한 의사소통이 일어난다. 예를 들어, 서구인의 극단적인 개인주의와 균형 잡힌 물가 안정책에 대한 인도인의 비판을 수용할 수 있어야 한다.(88)

한마디로, 의사소통적 윤리학은 우리가 집단에서 상보적 비평을 권장하도록 요구한다. 그리고 기초적인 윤리적 결합에 대한 인식은 공동체 간의 구체적 상호작용을 요한다. 의사소통적 윤리학은 비평주의의 형태로 갈등이 일어날 때 학급을 지배하거나 대화를 단축하지 않기를 바란다.

그러나 Welch에 의하면, 변형적인 대화—보다 많이 또는 적게 특권화된 참여자들이 변화되는(Freire의 대화와 비슷하게) 대화—는 보다 근본적인 교체의 실현에서만 일어난다(97). 이런 교체에서, 모든 참가자들은 인류로서 그들의 결속을 증명한다. 그들은 모든 참가자를 인간으로 보게 되거나, Freire가 말한 대로 사회에서 억압을 만들어 내는 불평등한 힘의 관계 때문에 왜곡되었던 인간성을 되찾는다. 근본적인 교체란 우리 모두가 문제에 대해 동의해야만 하는 것이 아니라, 각 집단이 존경심을 가지고 서로의 생각을 듣고 서로 도전받으며 다양한 집단의 삶이 서로 뒤엉켜서 각자가 서로에게 책임이 있다는 것을 인정하며 결속감을 표현하는 것을 의미한다(95). 대화 참여자들이 '차이에서의 결속감'을 표현할 수 있는 정도는, 대화적 상호작용이 그 참여자들에게 진정으로 자유롭고 변형적인 인류 경험이 될 수 있는 가능성의 정도이다.

따라서 객관적 지식뿐 아니라 주관적 지식도 유용하게 하는 인식론적 태도와, 다양한 관점의 경청과 평가를 권장하는 한편 갈등을 받아들이고 대화에 참여하는 사람들 간의 결속성을 기르는 윤리적 태도는 대학 작문 과정에서 대화적 교육이 성공하는 데 필수적이다. 게다가 인식론과 의사소통적 윤리학의 이러한 인식은 교실 대화의 일부분이 되어서, 그들이 피하려 하는 불평등을 가시적으로 만들어야 한다. 그래야 학생들이 대화가 단절되면 그들과 다른 사람의 학습 기회가 박탈될 수 있음을 이해할 수 있다.

포괄적인 대화주의에 대하여

지금까지 살펴본 것처럼 작문 이론가들은 각자 다양한 유형의 이데올로기에 갇혀 있다. 때문에 그들은 대화적 교육에 대해 제한적으로 이해하고, 그러한 제한적 이해를 바탕으로 개념을 설정한다. 필자는 이 책에서 대화주의에 대한 연구 성과를 바탕으로 작문 연구의 개념을 확장하고자 하였고, 그러한 확장된 개념을 바탕으로 작문 교육 이론이나 고실 수업을 보완하고자 하였다. 이를 위해 작문 이론가들이 이미 적절하게 사용하고 있는 대화주의 관련 논의들은 일부 수정해서 사용하였고, 대화주의에 대한 이해가 일부 미흡한 부분은 추가 연구를 바탕으로 보완하였다. 지금까지 대화주의 교육을 다각도에서 접근하여 연구한 결과, 공동체의 담화 생산에 관여하는 대화의 기능과 대화 창출 방법을 다양한 방식으로 정교하게 다듬었다. 이를 바탕으로, 유능한 학생 작가가 구비해야 할 필수 조건 중의 하나로 내적인 대화, 학생과 텍스트의 대화, 학생과 학생의 대화, 교사와 학생의 대화, 학생과 공적인 청자 간의 대화와 같은 다양한 유형의 대화를 제시하였다. 그래야 사회의 교양인으로서 업무 수행에 필요한 생산적 글쓰기 능력을 획득할 수 있기 때문이다.

한마디로 포괄적인 대화적 교육은 지식이 타인과 의사소통하려는, Kent가 말한 타인과의 의사소통적 상호작용의 노력 과정에서 나타난다. 이 과정의 주고받음에서, 사람들은 스스로에 대해, 타인과 구체적 세상에 대한 것들을 알게 된다. 또 다른 중요한 요소는 전통적으로 반성적 사고(reflective thought)라고 불리는 내면화된 타자와 대화하는 학생 능력의 발달이다. 그러나 내적 대화의 목적은 앎이 개인적 개념보다는 덜 상대적인－즉, 누군가의 개인적 지식이 다양한 공동체와 그 상호작용에 영향을 끼치는 불평등한 힘의 구조에 어떻게 관계되는지에 대한 인식－ '이데올로기적 생성' 의 설정에 있다. 내적 대화로부터 성장하는 것은 학생이 이미 존재하는 문자 텍스트에 대화적으로 참여하는 것이다. 또 학생들이 문자 텍스트에 내재되어 있는 타자의 목소리를 만나면서 이런 목소리들은 내적으로 설득력 있는 담화를 형성하도록 돕는다.

대화적 교육의 또 다른 요소인 동료 비평은 학생들이 작문 교실에서 의사소통적인 상호작용에 참가하는 가장 생산적인 방법 중 하나이다. 왜냐하면 학생들이 글을 쓰는 동안 구체적인 청자의 반응이 적시에 고려되고, 포함될 것인지 아닌지, 반응할 것인지 아닌지를 충분히 다루고 있기 때문이다. 대화적 교육은 또한 학생들이 보이는 텍스트를 구별하거나 영향을 끼칠 목적으로 '공적' 청자에게 문자 텍스트를 보이도록 격려하는데, 그 이유는 작문 교육이 공적 담화의 실제 수사학적 상황을 더 잘 반영할수록 교육이 더 효과적인 것 같기 때문이다.

전통적인 대화주의 교육에서는 학생들 사이의 차이점을 인식하지 못하였고, 거대 사회의 불평등 구조－인종주의, 성차별주의, 계급주의 등－가 교실 환경에 영향을 미쳐 특정 학생에게 불이익이나 특권으로 작용할 수 있다는 사실도 인식하지 못하였다. 이에 Code의 전통적 인식론을 일 부 수정하고, Welch의 의사소통적 윤리학의 개념을 차용하여 교육자와 학생들의 불평등한 대화 도중에 민주적 대화 방식이 단절될 수 있다는 사실을 일깨워 주고자 하였다. 아울러 성차별주의, 인종주의, 계급주의의 부정적 효과가 교실에서 재생산되지 않는 방법도 탐구하였다. 이것을 실현하기 위해 다양한 이론의 융합에 기초한 포괄적인 대화주의 교육 이론을 제시하였고, 모든 학생이 특정 '차이'와 상관없이 고등 교육을 받을 수 있도록 격려하는 장소가 바로 교실이라는 것도 제안을 하였다.

대화주의가 작문 이론과 교육에서 점점 더 중심을 차지할수록, 작문 이론가들은 편협한 이데올로기적 태도를 깨뜨리고 더 포괄적인 대화주의의 인식을 받아들이려고 노력해야 한다. 이 책에서 그려낸 포괄적 · 기능적 대화주의는 시작에 불과하다. 이제 필요한 것은 대화적 상호작용의 사회적이고 심리적인 역동성에 대한 보다 큰 규모의 연구이다. 그러한 연구는 궁극적으로 작문 교실에 적합한 더 완전하고 유용한 대화주의를 완성할 수 있다. 확실한 것은 대화주의가 현대 작문 교육의 근본이라는 것이다. 오직 대화를 통해서만 학생들은 인류의 대화에서 주체적 입장을 채택하는 방법을 배울 것이다.

주석

1. 사실, 자동적이고 고독한 자기 표현적 필자가 없이도 표현주의는 사회적 쓰기 이론에 많이 흡수되었다. 그런 현상은 자동적이고 고독한 필자의 개념과 타인으로부터 즉각적인 피드백을 필요로 하는 필자의 개념 사이의 모순에 의해 야기된 이론적 긴장감을 완화시켜 준다.

2. 이 작문 교실에서 저널을 사용한 방식과 관련하여 Gary A. Olson 교수에게 감사한다.

참고문헌

Abercrombie, M.L.J. *The Anatomy of Judgment*. London: Hutchinson, 1960.

Arnett, Ronald C. *Dialogic Education: Conversation About Ideas and Between Persons*. Carbondale: Southern Illinois UP, 1992.

__ . "Toward Phenomenological Dialogue." *Western Journal of Speech Communication* 45 (1981): 201-12.

Aronowitz, Stanley. "Mass Culture and the Eclipse of Reason: The Implications for Pedagogy." *College English* 38(1977): 768-74.

Ashton-Jones, Evelyn. "Feminist Critique of Collaborative Learning." Unpublished manuscript, 1992.

Bakhtin, M.M. *Art and Answerability: Early Philosophical Essays by M. M. Bakhtin*. Ed. Michael Holquist and Vadim Liapunov. Trans. Vadim Liapunov. Austin: U of Texas P, 1990.

__ . *The Dialogic Imagination: Four Essays*. Trans. Caryl Emerson. Ed. Michael Holquist. Austin: U of Texas P, 1981.

__ . *Problems of Dostoevsky's Poetics*. Ed. and Trans. Caryl Emerson. Theory and History of Literature 8. Minneapolis: U of Minnesota P, 1984.

__ . *Speech Genres and Other Late Essays*. Ed. Caryl Emerson and Michael Holquist. Trans. Vern W. McGee. Austin: U of Texas P, 1986.

Bakhtin, Mikhail/V. N. Volosinov. *Marxism and the Philosophy of Language*. 1929. Trans. Ladislav Matejka and I.R. Titunik. Cambridge: Harvard UP, 1986.

Bator, Paul. "Aristotelian and Rogerian Rhetoric." *College Composition and Communication* 31(1980): 427-32.

Bauer, Dale M. *Feminist Dialogics: A Theroy of Failed Community.* Albany: State U of New York P, 1988.

Baumlin, James S. "Persuasion, Rogerian Rhetoric, and Imaginative Play." *Rhetoric Society Quarterly* 7 (1987): 33-44.

Bazerman, Charles. *The Informed Writer: Uning Sources in the Disciplines.* 3rd ed. Boston: Houghton, 1989.

__ . "A Relationship between Writing and Reading: The Conversational Model." *College English* 41(1980): 656-61.

__ . *Shaping Written Knowledge: The Genre and Activity of the Experimental Article in Science.* Madison: U of Wisconsin P, 1988.

Beade, Pedro. "More Comments on 'Social Construction, Language, and the Authority of Knowledge: A Bibliographic Essay."' *College English* 49 (1987): 707-08.

Berlin, James A. "Contemporary Composition: The Major Pedagogical Theories." *College English* 44 (1982): 765-77.

__ . "Rhetoric and Ideology in the Writing Class." *College English* 50 (1988): 447-94.

__ . *Rhetoric and Reality: Writing Instruction in American Colleges, 1900-1985.* Urbana, IL: NCTE, 1987.

Bialostosky, Don H. "Liberal Education, Writing, and the Dialogic Self." *Contending with Words: Composition and Rhetoric in a Postmodern Age.* Ed. Patricia Harkin and John Schilb. New York: MLA, 1991. 11-22.

Bizzell, Patricia. "Rev. of *Invention as a Social Act*, by Karen Burke LeFevre." *College Composition and Communication* 38 (1987): 485-86.

Bleich, David. *The Double Perspective: Language, Literacy and Social Relations.* New York: Oxford UP, 1988.

Brandt, Deborah. *Literacy as Involvement: The Acts of Writers, Readers, and Texts.* Carbondale: Southern Illinois UP, 1990.

__ . "Review: Versions of Literacy." *College English* 47 (1985): 128-38.

__ . "Social Foundations of Reading and Writing." *Reader* 12 (1984): 14-21.

__ . "Toward an Understanding of Context in Composition." *Written Communication* 3 (1986): 139-57.

Brent, Doug. "Young, Becker and Pike's 'Rogerian' Rhetoric: A Twenty-Year Reassessment." *College English* 53 (1991): 452-66.

Bruffee, Kenneth A. "Collaborative Learning and the 'Conversation of Mankind.'" *College English* 46 (1984): 635-52.

__. *Short Course in Writing*. 3rd ed. Boston: Little, 1985.

__. *Short Course in Writing*. 4th ed. HarperCollins, 1993.

__. "Social Construction, Language, and the Authority of Knowledge: A Bibliographic Essay." *College English* 48 (1986): 773-90.

Burke, Kenneth. *A Grammar of Motives*. 1945. Berkeley: U of California P, 1969.

__. *The Philosophy of Literary Form: Studies in Symbolic Action*. 3rd ed Berkeley: U of California P, 1973.

Carter, Michael. "What is Advanced about Advanced Composition?: A Theory of Expertise in Writing." *Teaching Advanced Composition: Why and How*. Ed. Katherine H. Adams and John L. Adams. Portsmouth, NH: Boynton, 1991. 59-70.

Clark, Gregory. *Dialogue, Dialectic, and Conversation: A Social Perspective on the Function of Writing*. Carbondale: Southern Illinois UP, 1990.

Clark, Katerina, and Michael Holquist. *Mikhail Bakhtin*. Cambridge: Harvard UP, 1984.

Code, Lorraine. *What Can She Know? Feminist Theory and the Construction of Knowledge*. Ithaca, NY: Cornell UP, 1991.

Coe, Richard M. "Closed System Composition." *ETC: A Review of General Semantics* 32.4 (1975): 403-12.

Comprone, Joseph J. "The Function of Text in a Dialogic Writing Course." Kentucky Philological Association. Louisville, Mar. 1987. ERIC ED 284 239.

Cooper, Marilyn M. "The Ecology of Writing." *Writing As Social Action*. Ed. Marilyn M. Cooper and Michael Holzman. Portsmouth, NH: Boynton, 1989. 1-13.

Covino, William A. *The Art of Wondering: A Revisionist Return to the History of Rhetoric*. Portsmouth, NH: Boynton, 1988.

__. "Defining Advanced Composition: Contributions from the History of

Rhetoric." *Journal of Advanced Composition* 8 (1988): 113-22.

__. *Forms of Wondering: A Dialogue on Writing for Writers*. Portsmouth, NH: Boynton, 1990.

__. "Grammar of Advanced Writing." *Teaching Advanced Composition: Why and How*. Ed. Katherine H. Adams and John L. Adams. Portsmouth, NH: Boynton, 1991. 31-42.

Crowley, Sharon. *A Teacher's Introduction to Deconstruction*. Urbana, IL: NCTE, 1989.

Crusius, Timothy. "Kenneth Burke's *Auscultation*: A "Destruction of Marxist Dialectic and Rhetoric." *Rhetorica* 6 (1988): 355-79.

Davidson, Donald. *Inquires into Truth and Interpretation*. Oxford, England: Clarendon P, 1984.

Ede, Lisa. "Is Rogerian Rhetoric Really Rogerian?" *Rhetoric Review* 3 (1984): 40-47.

Elbow, Peter. "Closing My Eyes as I Speak: An Argrnient for Ignoring Audience." *College English* 49 (1987): 50-69.

__. *Sharing and Responding*. New York: Random, 1989.

__. *Writing Without Teachers*. London: Oxford UP. 1973.

__. *Writing With Power: Techniques for Mastering the Writing Process*. New York: Oxford UP, 1981.

Elbow, Peter, and Pat Belanoff. *A Community of Writers: A Workshop Course in Writing*. New York: Random, 1989.

Emerson, Caryl. "The Outer Word and Inner Speech: Bahktin, Vygotsky, and the Internalization of Language." *Critical Inquiry* 10 (1983): 245-64.

Ewald, Helen Rothschild. "The Implied Reader in Persuasive Discourse." *Journal of Advanced Composition* 8 (1988): 167-78.

Faigley, Lester. "Competing Theories of Process: A Critique and a Proposal." *College English* 48 (1986): 527-42.

Fiore, Kyle, and Nan Elsasser. " 'Strangers No More' : A Liberatory Literacy Curriculum." *College English* 44(1982): 115-28. Rpt. in *Freire for the Classroom: A Sourcebook for Liberatory Teaching*. Ed. Ira Shor. Portsmouth, NH: Boynton, 1987. 87-103.

Fish, Stanley. *Self Consuming Artifacts: The Experience of Seventeenth-Century Literature*. Berkeley: U of California P, 1972.

Fox, Thomas J. *The Social Uses of Writing: Politics and Pedagogy*. Norwood, NY: Ablex, 1990.

Freire, Paulo. *Cultural Action for Freedom*. Cambridge: *Harvard Educational Review* and Center for the Study of Development and Social Change, 1970.

__. *Education for Critical Consciousness*. New York: Seabury, 1973.

__. Interview. "History, *Praxis*, and Change: Paulo Freire and the Politics of Literacy." By Gary A. Olson. *(Inter)views: Cross-Disciplinary Perspective on Rhetoric and Literacy*. Ed. Gary A. Olson and Irene Gale. Carbondale: Southern Illinois UP, 1991. 155-68.

__. *Pedagogy of the Oppressed*. New York: Seabury, 1970.

__. *Politics of Education: Culture, Power, and Liberation*. South Hadley, MA: Bergin, 1985.

Gere, Anne Ruggles. *Writing Groups: History, Theory, and Implications*. Carbondale: Southern Illinois UP, 1987.

Gergen, Kenneth A. "The Social Constructionist Movement in Modern Psychology." *American Psychologist* 40 (1985): 266-75.

Giroux, Henry A. *Ideology, Culture, and the Process of Schooling*. Philadelphia: Temple UP, 1981.

__. "Introduction." *The Politics of Education: Culture, Power, and Liberation*. By Paulo Freire. South Hadley, MA: Bergin, 1985. xi-xxv.

__. "Literacy and the Pedagogy of Voice and Political Empowerment." *Educational Theory* 38 (1988): 61-75.

__. "Paulo Freire and the Politics of Postcolonialism." *Journal of Advanced Composition* 12 (1992): 15-26.

__. *Schooling and the Struggle for Public Life: Critical Pedagogy in the Modern Age*. Minneapolis: U of Minnesota P, 1988.

__. "Theories of Reproduction and Resistance in the New Sociology of Education: A Critical Analysis." *Harvard Educational Review* 53 (1983): 257-93.

__. *Theory and Resistance in Education: A Pedagogy for the Opposition*. South Hadley, MA: Bergin, 1983.

Greene, Stuart. "Toward a Dialectical Theory of Composing." *Rhetoric Review* 9 (1990): 149-72.

Gumperz, John J. "Interactional Sociolinguistics in the Study of Sociology." *The Social Construction of Literacy*. Ed. Jenny Cook-Gumperz. Cambridge: Cambridge UP, 1986.

Hairston, Maxine. "Carl Roger's Alternative to Traditional Rhetoric." *College Composition and Communication* 27(1977): 373-77.

__. *Contemporary Rhetoric*. 3rd. ed. Boston: Houghton, 1982.

__. "Using Carl Roger's Communication Theories in the Classroom." *Rhetoric Review* 1(1982): 50-55.

Harris, Jeanette. *Expressive Discourse*. Dallas: Southern Methodist UP, 1990.

Hart, Roderick P., and Don M. Burks. "Rhetorical Sensitivity and Social Interaction." *Speech Monographs* 39 (1971): 75-91.

Hartwell, Patrick. "Grammar, Grammars, and the Teaching of Grammar." *College English* 47 (1985): 105-27.

Holquist, Michael. *Dialogism: Bakhtin and His World*. London: Routledge, 1990.

Hymes, Dell. "Models of the Interactions of Language and Social Life." *Directions in Sociolinguistics*. Ed. Dell Hymes and John J. Gumperz. New York: Holt, 1972.

James, Charity. *Young Lives at Stake: A Reappraisal of Secondary Schools*. London: Collins, 1968.

Jarratt, Susan C. "Feminism and Composition: The Case for Conflict." *Contending with Words: Composition and Rhetoric in a Postmodern Age*. Ed. Patricia Harkin and John Schilb. New York: MLA, 1991. 105-23.

Johannesen, Richard L. "The Emerging Concept of Communication as Dialogue." *Quarterly Journal of Speech* 57 (1971): 373-82.

Johnson, Thomas S. "A Comment on 'Collaborative Learning and the Conversation of Mankind.'" *College English* 48 (1986): 76.

Jones, Steven Jeffrey. "The Logic of Question and Answer and the Hermeneutics of Writing." *Journal of Advanced Composition* 8 (1988): 12-21.

Karis, Bill. "Conflict in Collaboration: A Burkean Perspective." *Rhetoric Review* 8 (1989): 113-26.

Kent, Thomas. "Beyond System: The Rhetoric of Paralogy." *College English* 51(1989): 492-507.

__. "External ism and the Production of Discourse." *Journal of Advanced Composition* 12 (1992): 57-74.

__. "On the Very Idea of a Discourse Community." *College Composition and Communication* 42 (1991): 425-45.

__. "Paralogic Hermeneutics and the Possibilities of Rhetoric." *Rhetoric Review* 8 (1989): 24-42.

Kinneavy, James L. "The Relation of the Whole to the Part in Interpretation Theory and in the Composition Process." *The Territory of Language: Linguistics, Stylistics, and the Teaching of Composition*. Ed. Donald A. McQuade. Carbondale: Southern Illinois UP, 1986. 292-312.

Klancher, John. "Bakhtin's Rhetoric." *Reclaiming Pedagogy*. Ed. Patricia Donahue and Ellen Quandrahl. Carbondale: Southern Illinois UP, 1989.

Knoblauch, C.H. "Critical Teaching and Dominant Culture." *Resistance and Composition*." Ed. C. Mark Hurlbert and Michael Blitz. Portsmouth, NH: Boynton, 1991. 12-21.

__. "Rhetorical Constructions: Dialogue and Commitment." *College English* 50 (1988): 125-40.

Kuhn, Thomas S. *The Structure of Scientific Revolutions*. 2nd ed. Chicago: U of Chicago P, 1970.

Lassner, Phyllis. "Feminist Responses to Rogerian Argument." *Rhetoric Review* 8 (1990): 220-31.

LeFevre, Karen Burke. *Invention as a Social Action*. Carbondale: Southern Illinois UP, 1987.

Lindemann, Erika. "Ken Macrorie: A Review Essay." *College English* 44 (1982): 358-67.

Lunsford, Andrea. "Aristotelian vs. Rogerian Argument: A Reassessment." *College Composition and Communication* 30 (1979): 146-51.

__. "Nature of Composition Studies." *Introduction to Composition Stud-*

ies. Ed. Erika Lindemann and Gary Tate. New York: Oxford UP, 1991. 3-14.

Macrorie, Ken. *Telling Writing*. 4th ed. Portsmouth, NH: Boynton, 1985.

__ . *Uptaught*. New York: Hayden, 1970.

Maimon, Elaine. "Talking to Strangers." *College Composition and Communication* 30 (1979): 364-69.

Mason, Edwin. *Collaborative Learning*. New York: Agathon, 1972.

McClish, Glen. "Some Less-Acknowledged Links: Rhetorical Theory, Interpersonal Communication, and the Tradition of the Liberal Arts." *Rhetoric Society Quarterly* 20 (1990): 105-18.

Miller, Susan. *Rescuing the Subject: A Critical Introduction to Rhetoric and the Writer*. Carbondale: Southern Illinois UP, 1989.

Murray, Donald M. "The Explorers of Inner Space." *Learning by Teaching: Selected Articles on Writing and Teaching*. Upper Montclair, NJ: Boynton, 1982. 3-7.

__ . "The Interior View: One Writer's Philosophy of Composition." *Learning by Teaching: Selected Articles on Writing and Teaching*. Upper Montclair, NJ: Boynton, 1982. 7-14.

__ . "Teaching the Other Self: The Writer's First Reader." *Learning by Teaching: Selected Articles on Writing and Teaching*. Upper Montclair, NJ: Boynton, 1982. 164-72.

__ . "What Makes Students Write." *Expecting the Unexpected: Teaching Myself-and Others-to Read and Write*. Portsmouth, NH: Boynton, 1989. 108-12.

Myers, Greg. "Reality, Consensus, and Reform in the Rhetoric of Composition Teaching." *College English* 48 (1986): 154-74.

Neel, Jasper. *Plato, Derrida, and Writing*. Carbondale: Southern Illinois UP, 1988.

Oakeshott, Michael. "The Voice of Poetry and the 'Conversations of Mankind.'" *Rationalism in Politics*. New York: Basic, 1962. 196-247.

Ong, Walter J. *Ramus, Method, and the Decay of Dialogue*. Cambridge: Harvard UP, 1958.

__ . "The Writer's Audience Is Always a Fiction." *PMLA* 90 (1975): 9-21.

Perelman, Chaim. "The Dialectical Method and the Part Played by the Interlocutor in Dialogue." *The Idea of Justice and the Problem of A rgument.* Trans. John Petrie. New York: Humanities P, 1963. 161-67.

__ . *The Realm of Rhetoric.* Trans. William Kluback. Notre Dame: U of Notre Dame P, 1969.

Perelman, Chaim, and L. Olbrechts-Tyteca. *The New Rhetoric.* Notre Dame: U of Notre Dame P, 1969.

Rasinsky, Timothy V., and Sally Natenson-Mejia. "Commentary: Learning to Read, Learning Community Considerations of the Social Contexts for Literacy Instruction." *Reading Teacher* 41(1987): 260-65

Reither, James A. "Writing and Knowing: Toward Redefining the Writing Process." *College English* 47 (1985): 620-28.

Rogers, Carl R. *Client-Centered Therapy.* Boston: Houghton, 1951.

__ . *On Becoming a Person.* Boston: Houghton, 1961.

Rohman, D. Gordon, and Albert O. Wlecke. *Pre-Writing: The Construction and Application of Models for Concept Formation in Writing.* U.S. Office of Education Cooperative Research Project No. 2174. East Lansing: Michigan State U, 1964.

Rorty, Richard. *Philosophy and the Mirror of Nature.* Princeton, NJ: Princeton UP, 1980.

Sanchez, Raul, "Beyond Process: Pedagogical Implications of Post-Process Theory." Unpublished Manuscript, 1992.

Schilb, John. "Rev. of *Freire for the Classroom.*" Ed. Ira Shor. *Journal of A dvanced Composition* 9 (1989): 191-94.

Schuster, Charles I. "Mikhail Bakhtin as Rhetorical Theorist." *College English* 47 (1985): 594-607.

Shor, Ira. *Critical Teaching and Everyday Life.* Chicago: U of Chicago P, 1987.

__ . ed. *Freire for the Classroom: A Sourcebook for Liberatory Teaching.* Portsmouth, NH: Boynton, 1987.

Shor, Ira, and Paulo Freire. *A Pedagogy for Liberation.* South Hadley, MA: Bergin, 1987.

Smit, David. "Some Difficulties with Collaborative Learning." *Journal of Advanced Composition* 9 (1989): 45-58.

Stewart, Donald C. *The Authentic Voice: A Pre. Writing Approach to Student Writing*. Dubuque, IA: Brown, 1972.

__. "Collaborative Learning and Composition: Boon or Bane?" *Rhetoric Review* 7 (1988): 58-83.

Stewart, John. "Foundations of Dialogic Communication." *Quarterly Journal of Speech* 64 (1978): 183-201.

Stygall, Gail. "Teaching Freire in North America: A Review Essay of Ira's Shor's *Freire for the Classroom: A Sourcebook for Liberatory Teaching*." *Journal of Teaching Writing* 8 (1989): 113-25.

Teich, Nathaniel. "Rogerian Problem-Solving and the Rhetoric of Argumentation." *Journal of Advanced Composition* 7 (1987): 52-61.

Ulmer, Gregory. *Applied Grammatology: Post(e)-Pedagogy from Jacques Derrida to Joseph Beuys*. Baltimore: Johns Hopkins UP, 1985.

__. *Telethory: Grammatology in the Age of Video*. New York: Routledge, 1989.

Villanueva, Victor, Jr. "Considerations for American Freirestas." *The Politics of Writing Instruction: Postsecondary*. Ed. Richard Bullock and John Trimbur. Portsmouth, NH: Boynton, 1991. 247-62.

Vygotsky, Lev. *Thought and Language*. Cambridge: MIT P, 1962.

Welch, Sharon. "An Ethic of Solidarity and Difference." *Postmodernism, Feminism, and Cultural Politics: Redrawing Educational Boundaries*. Ed. Henry A. Giroux. Albany: State U of New York P, 1991. 83-99.

Young, Richard E., Alton E. Becker, and Kenneth L. Pike. *Rhetoric: Discovery and Change*. New York: Harcourt, 1970.

Zappan, James P. "Carl P. Rogers and Political Rhetoric." *Pre/Text* 1(1980): 95-113.

Zeiger, William. "A Dialectical Model for College Composition." *Freshman English News* 16 (1987): 14-16.

찾아보기

인명

역자 소개

박태호 한국교원대학교 대학원(교육학 박사)
현) 공주교육대학교 국어교육과 교수

이경화 한국교원대학교 대학원(교육학 박사)
현) 한국교원대학교 초등교육과 교수

이수진 한국교원대학교 대학원(교육학 박사)
현) 대구교육대학교 국어교육과 교수

최민영 한국교원대학교 대학원(박사과정 수료)
현) 충남 천안용암초등학교 교사

이데올로기와 대화 그리고 작문교육의 새로운 패러다임
Literacy, Ideology, and Dialogue: Towards a Dialogic Pedagogy

발행일 | 2015년 1월 5일 초판 발행
저 자 | Irene Ward
역 자 | 박태호, 이경화, 이수진, 최민영
발행인 | 홍진기
발행처 | 아카데미프레스
주 소 | 413-756 경기도 파주시 문발동 출판정보산업단지 507-9
전 화 | 031-947-7389
팩 스 | 031-947-7698
웹사이트 | www.academypress.co.kr
이메일 | info@academypress.co.kr
등록일 | 2003. 6. 18 제406-2011-000131호
ISBN | 978-89-97544-60-8 93370

값 15,000원